Christoph Beck   Professionelles E-Recruitment
Strategien – Instrumente – Beispiele

Christoph Beck

Professionelles E-Recruitment

Strategien – Instrumente – Beispiele

Luchterhand

Die Deutsche Bibliothek – CIP-Einheitsaufnahme

Beck, Christoph:
Professionelles E-Recruiting : Strategien – Instrumente – Beispiele / Christoph Beck. –
Neuwied ; Kriftel : Luchterhand, 2002
    ISBN 3-472-04958-8

Umschlaggestaltung: Schneider-Reckels GraphikDesign, Wiesbaden
Satz: Offizin Hümmer, Waldbüttelbrunn
Gesamtherstellung: Wilhelm & Adam, Heusenstamm
Printed in Germany, September 2002
♾ Gedruckt auf säurefreiem, alterungsbeständigem und chlorfreiem Papier.
www.luchterhand.de

Vorwort

Synergetisches Personalmanagement

Die ständig neuen Einsatz- und Anwendungsmöglichkeiten der Informations- und Kommunikationstechnologien haben und werden, wie kaum eine andere Entwicklung, das Personalmanagement in den nächsten Jahren gravierend verändern. Neben einer nahezu vollständigen Automatisierung der Personal-Administration, verbunden mit einer zunehmenden Aufgabendelegation an die Mitarbeiter, über die Personalbeschaffung, die Personalplanung und dem -einsatz, bis hin zur Personalentwicklung, werden die personalwirtschaftlichen Prozesse in den Unternehmen zunehmend digitalisiert. Dabei handelt es sich nicht um eine digitale Revolution, sondern vielmehr um eine digitale Evolution. Das heißt die kontinuierliche Weiterentwicklung des Personalmanagements, bei gleichzeitiger Selektion von digitalisierbaren Prozessen und Aufgaben und deren Übertragung auf die Technik; verstanden als die Gesamtheit aller Methoden, Verfahren, Maschinen und Vorgehensweisen, die die Aufgabenerfüllung unterstützen bzw. effektiver und effizienter gestalten. Erfolgreiches Personalmanagement der Zukunft wird somit im Wesentlichen davon abhängen, inwieweit die personalwirtschaftlichen Prozesse von der Technik und dem Mensch synergetisch wahrgenommen werden (Synergetisches Personalmanagement). Voraussetzung hierfür ist seitens der Verantwortlichen, eine Offenheit für Innovationen, der Wille neue Wege zu gehen, der Mut an Bewährtem festzuhalten und die hierfür notwendigen Ressourcen zur Verfügung zu stellen. »Synergetisches Personalmanagement« bedingt jedoch fundiertes Basiswissen über die einzusetzende Technik, die anzuwendenden Methoden und Verfahren. An dieser Stelle setzt das vorliegende Buch an. Zielsetzung ist die Schaffung einer weit gehenden Transparenz über die heutigen und zukünftigen Möglichkeiten, Risiken und Verfahrensweisen des E-Recruitments. Dabei wird bewusst auf ein in den letzten Jahren, all zu oft, von unterschiedlichen Institutionen durchgeführtes Ranking von Jobbörsen oder Unternehmens-Homepages verzichtet. Professionelles E-Recruitment zielt auf die ganzheitlichen Veränderungen der Personalbeschaffung ab, die durch die Digitalisierung und ihrer Möglichkeiten bestehen. Es soll weder ein digitales Evangelium, noch eine apokalyptische Darstellung sein, sondern die Möglichkeiten und Grenzen nahezu aller Aspekte der digitalen Personalbeschaffung aufzeigen und dem Leser das notwendige Praxiswissen um die Thematik vermitteln.

Das Buch beginnt mit einer Betrachtung der Virtualisierungspotenziale der Personalmanagement-Funktionen zur allgemeinen Einordnung. Anschließend wird die traditionelle Personalbeschaffung dem E-Recruitment gegenübergestellt, bevor dann die Jobbörsen als eine Möglichkeit des E-Recruiting in ihrer Leistungsfähigkeit und Funktionalität dargestellt werden. Hieran schließt sich ein Abschnitt an, der die neuen Instrumente der Personalbeschaffung, wie bspw. Bewerbungs-Controlling, Workflow- oder Response-Management behandelt. Es folgen ausführliche Erläuterungen zur Bedeutung und Notwendigkeit, als auch zur Leistungsfähigkeit der unternehmenseigenen bzw. HRM-Homepage als weitere E-Recruitment-Möglichkeiten. Auch Teilgebiete der digitalen Personalbeschaffung werden behandelt, wie z. B. die Zielsetzungen und Funktionsweisen, sowie die Möglichkeiten und Grenzen von Online-Spielen, aber auch die Bedeutung der digitalen Darstellung von Trainee-Programmen oder Zeitarbeitsfirmen im World Wide Web. Am Ende wird ein Zukunfts-Szenario zum E-Recruitment gezeichnet und ein Ausblick zur weiteren Entwicklung des HRM-Bereiches in Unternehmen gegeben.

Bei der Erarbeitung wurde dem Thema entsprechend, sehr großen Wert auf die Internet-Recherche gelegt und die dort zur Verfügung gestellten Informationen priorisiert. Die Nennungen bzw. Nicht-Nennungen oder auch die Häufigkeit von zitierten Jobbörsen oder Unternehmen stellen keine Beurteilung bzw. qualitative Bewertung dar, sondern dienen ausschließlich der Veranschaulichung der Praxis.

Ein besonderer Dank gebührt Monster.de, und hier vor allem Herrn Dr. Falk von Westarp, für die Bereitstellung der Informationen, der ständigen Gesprächsbereitschaft, den Anregungen und die aktive Unterstützung. Ferner ist zu danken Herrn Prof. Dr. Markus Vinzent von der University of Birmingham und Vice President der JobContact AG für die Ausführungen über die Jobbörse unigateway, Herrn Joachim Kehr (Geschäftsführer der GenoPersonalConsult GmbH) und Markus Vitinius (Berater der GenoPersonalConsult) für den Praxisbericht zum E-Recruiting sowie Herrn Bernhard Rauscher, Gründer der recruitwerk GmbH und Mitbegründer der romling.com AG.

Neuwied, August 2002   Prof. Dr. Christoph Beck

Inhaltsverzeichnis

1. Die Virtualisierung des Human-Resources-Managements

Ist die Virtualisierung des HR-Bereiches eine zwangsläufige Folge der technologischen Entwicklung und damit verbunden womöglich die Zielsetzung der vollständigen Automatisierung sämtlicher personalwirtschaftlicher Prozesse in einem Unternehmen, die durch eine virtuelle, und damit nur noch bedingt realen, aber existenten Personalabteilung geplant, gesteuert und kontrolliert werden? Oder ist die Virtualisierung nicht vielmehr eine Antwort auf die kontinuierlichen Veränderungen der Unternehmen an sich und der möglichst optimalen Nutzung des technisch Machbaren?

Die Virtualisierung des Human-Resources-Managements soll hier im letzteren Sinne verstanden werden, im Vorwort als »Synergetisches Personalmanagement« bezeichnet. Diese synergetische, arbeitsteilige Aufgabenerfüllung von Mensch und Technik bedeutet somit nicht die unreflektierte Computerisierung aller personalwirtschaftlicher Aufgabenstellungen und deren Erledigung, sondern vielmehr die Konzentration auf die Kernkompetenzen bei gleichzeitiger Realisierung einer höchstmöglichen Wertschöpfung. Es geht somit nicht um ein Entweder-oder, sondern um den Einsatz von Mensch und Technik bei optimaler und sinnvoller Arbeitsteilung. Dies wird jedoch vom Menschen bestimmt und erfordert die Fähigkeit, unter Berücksichtigung der jeweiligen Rahmen- und Umweltbedingungen, sinnvollen und weniger sinnvollen Technikeinsatz beurteilen zu können, was voraussetzt, dass die Möglichkeiten und Grenzen des Technikeinsatzes den Verantwortlichen transparent und damit bekannt sind. Somit kann die Virtualisierung von HR-Bereich zu HR-Bereich in der Praxis unterschiedlich ausfallen und auch völlig verschiedenartige Ausprägungsformen besitzen. Erfolgsdeterminierend für die zukünftige Personalarbeit wird somit die Nutzung der jeweiligen komparativen Vorteile von technischen und personalen Netzwerken sein sowie das integrative, zielorientierte Zusammenwirken beider Netzwerkverbünde. Damit wird deutlich, dass die höchstmögliche Wertschöpfung personalwirtschaftlicher Arbeit von dem Human-Resources- und Information-Resources-Management gleichermaßen abhängt.

1.1 Human-Resources-Management & Information-Resources-Management

Die Gemeinsamkeiten zwischen Human-Resources- und Information-Resources-Management sind größer als man auf den ersten Blick vermuten könnte. Beide legen besonderen Wert auf eine hohe »Software-Orientierung« und beide realisieren einen höchstmöglichen Zielbeitrag durch ihre »Netzwerk-Konfiguration«, d. h. Kommunikationsnetze, Intranet und Internet auf der technischen Seite und inter- und intraorganisationale (personale) Netzwerke auf der anderen Seite. Ein weiteres Merkmal der Gemeinsamkeit ist die »Dezentralisierung«, die Verabschiedung von der zentralisierten Großrechnerwelt, hin zur Client-Server-Umgebung und die Etablierung dezentralisierter und dislozierter, demokratischer Strukturen der Aufgabenerfüllung und Endscheidungsfindung. Die zunehmenden Bestrebungen zur »Integration« sind ebenfalls Beiden gemeinsam, d. h. von Daten- und Kommunikationstechnik auf der einen Seite und die vertikale, horizontale und diagonale Arbeits- und Aufgabenintegration (Mischarbeitsplätze, Projekt-Management etc.) auf der anderen Seite. Daneben besteht dann noch ein ausgeprägtes Streben nach »Autonomie«, sowohl im Bereich des Information-Resources-Managements, wo die Entwicklungen hin zum M-Business (Mobil) bereits weitgehend realisiert sind, als auch im Bereich des Human-Resources-Managements, in dem die Forderung nach Mitunternehmertum sowie selbstständig und eigenverantwortlich agierenden Mitarbeitern die Autonomiebestrebungen im Wesentlichen kennzeichnet. Auf einer Meta-Ebene sind die Gemeinsamkeiten in einem sehr stark ausgeprägten Interdependenz- und Komplexitätsgrad ebenso in der hohen Investitionsnotwendigkeit zu sehen.

Festzustellen ist, dass die vielen Gemeinsamkeiten in der Entwicklung, aber auch die Abhängigkeiten der Ressourcen Mensch und Information heute ein Ausmaß erreicht haben und zukünftig erreichen werden, das Querschnitts-Know-how immer erforderlicher macht. Es geht hierbei eindeutig um die provokante Frage: Folgt die IT dem Personalmanagement oder das Personalmanagement der IT? Anders ausgedrückt: Wird zukünftig der IT-Verantwortliche der Primus der personalwirtschaftlichen Haupt- und Teilprozesse im Unternehmen sein oder kann das Human-Resources-Management seinen Status wahren? Eine Abrasion von Autonomie und Verantwortlichkeit, von Macht und Einfluss wird das Human-Resources-Management nur dann verhindern können, wenn die Personaler zunehmend mehr IT- bzw. Medienkompetenz aufbauen.

1.2 Das ganzheitliche HRM-Modell

Will man, Stand heute, eine Skizze der Digitalisierungspotenziale im HR-Bereich aufzeichnen, gilt es zunächst einen Gesamtzusammenhang und damit ein Rahmenmodell abzubilden, welches umfassend die wesentlichen personalwirtschaftlichen Aufgabenstellungen in einem Unternehmen verdeutlicht.

Als Ausgangspunkt wird hier der personalwirtschaftliche Hauptprozess mit den Teilprozessen Personalmarketing, Personalplanung, Personalbeschaffung, Personalauswahl, Personalentwicklung und Personalfreisetzung gewählt (siehe Abbildung 1). Dabei handelt es sich keineswegs um einen statisch, ausschließlich sequenziell ablaufenden, sondern um einen dynamisch, iterativen und teils parallel ablaufenden Prozess, den es zielgruppenspezifisch hinsichtlich der jeweiligen Zielsetzungen und der anzuwendenden Instrumente zu definieren gilt. Prozessverantwortlicher für diesen Hauptprozess ist der HR-Bereich im Unternehmen. Seine strategische Ausrichtung erhält dieser Prozess durch das Zielsystem der Personalwirtschaft und durch die zu verfolgende Personalpolitik. Querschnittlich auf die einzelnen Prozesse wirken die Leistungserhaltungs- und förderungs- sowie Steuerungsfunktionen und prozessbegleitend die Personaladministration.

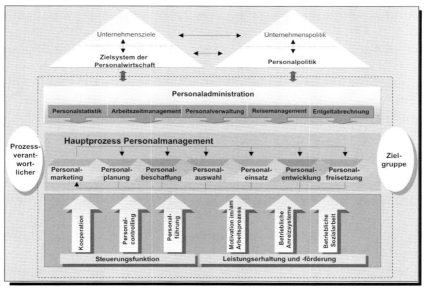

Abb. 1:   Das ganzheitliche HRM-Modell

Dieses ganzheitliche HRM-Modell verdeutlicht die Gesamtzusammenhänge in einem komplexen Wirkungsgefüge. Will man in einem nächsten Schritt die Digitalisierungstendenzen aufzeigen, so empfiehlt es sich, von dem o. g. Modell die HR-Funktionen in einem dreidimensionalen Würfel darzustellen (vergleiche Abbildung 2). In der ersten Dimension wird der personalwirtschaftliche Hauptprozess (in Teilprozesse zerlegt) dargestellt, während in der zweiten Dimension die Personaladministration und in der dritten Ebene die Steuerungsfunktionen sowie die Leistungserhaltungs- und -förderungsfunktionen abgebildet werden.

3

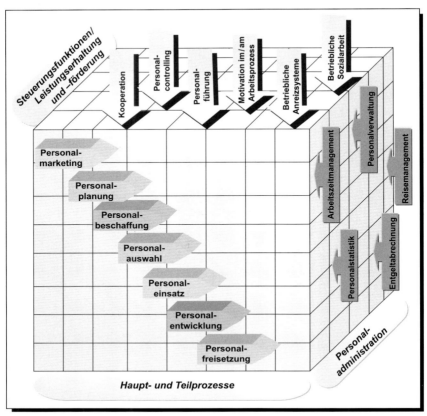

Abb. 2:   Der HR-Dimensionenwürfel

1.3 Digitalisierungstendenzen bei den HRM-Funktionen

Aufgrund des technisch und organisatorisch Machbaren, konnten gerade in den letzten Jahren eine Vielzahl an HR-Funktionen digital unterstützt werden. Als »digitales Eldorado« ist hier an erster Stelle mit Sicherheit der Bereich der Personaladministration (2. Dimension) zu nennen, der sich im Wesentlichen dadurch qualifizierte, da es als vornehmliche Aufgabe in diesem Bereich gilt, eine ständig zunehmende Datenmenge vorzuhalten bzw. Daten zu beschaffen und diese in festgeschriebener Art und Weise aufzubereiten bzw. weiter zu verarbeiten (siehe Abbildung 3). Stellvertretend für diese Digitalisierungstendenz steht die zunehmende Etablierung bzw. Implementierung bspw. der HR-Self-Service- und Skill-Management-Systeme oder auch der Groupware-Ansätze.

Würde man die heute bereits existierenden und zukünftig noch möglichen Digitalisierungspotenziale in diesem Bereich abschätzen, so liegt der Digitalisierungsgrad der Personaladministration zwischen 70% und 100%. Hierbei handelt es sich selbstverständlich um eine subjektive Einschätzung, mit der Möglichkeit zu Tendenzaussagen, um heute erkennbare Entwicklungslinien zu verdeutlichen und gleichzeitig Anregungen zur Diskussion zu geben.

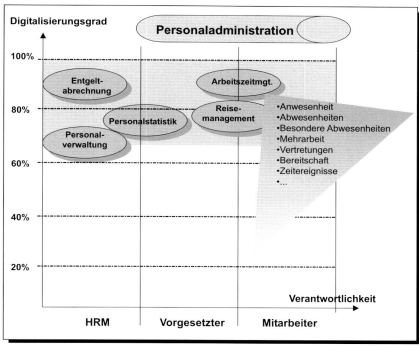

Abb. 3: Digitalisierungspotenzial der Personaladministration

Verbunden mit der zunehmenden digitalen Unterstützung ist gleichzeitig eine veränderte Aufgabenverteilung zwischen dem HR-Bereich, den Vorgesetzten und den Mitarbeitern zu verzeichnen. Die Entwicklungen gehen eindeutig in die Richtung, dass die Eigenverantwortung und Eigenverwaltung der Mitarbeiter kontinuierlich ausgeweitet werden, die Vorgesetzten zunehmend mehr personalwirtschaftliche Aufgabenstellungen wahrzunehmen haben und im HR-Bereich der administrative Aufwand, zugunsten von Controlling- und Kontrollaufgaben (bezogen auf die Personaladministration), reduziert wird.

Betrachtet man im Gegenzug die zweite Ebene des HR-Dimensionenwürfels, d. h. die Steuerungsfunktionen sowie die Funktionen der Leistungserhaltung und -förderung, ist festzustellen, dass die Digitalisierungspotenziale als sehr gering eingeschätzt werden. Der Grund hierfür ist darin zu sehen, dass die Aufgabenstellungen in der Regel als überwiegend interpersonal zu bezeichnen sind, wie bspw. bei der Personalführung oder auch der Motivation im / am Arbeitsprozess. Des Weiteren sind die Aufgabenstellungen in diesem Bereich wesentlich weniger operativ ausgerichtet und vor allem kaum standardisierbar, da die Ergebnisse einen recht hohen Individualisierungsgrad aufweisen müssen, wenn sie wirksam sein sollen. Die Digitalisierungspotenziale liegen in dieser dritten Dimension des HR-Dimensionenwürfels vorwiegend in der Bereitstellung der notwendigen Datenmenge bzw. in der Aufbereitung derselben (= Datenqualität) sowie in der Kommunikationsunterstützung.

Betrachtet man den Hauptprozess Personal (1. Dimension), zerlegt in seine Teilprozesse, unter dem Blickwinkel der Digitalisierungspotenziale wird sehr schnell deutlich, dass sich diese noch sehr heterogen darstellen. Während das Digitalisierungspotenzial der »Personalfreisetzung« als sehr gering eingeschätzt werden darf, kann demgegenüber das Potenzial bei den Teilprozessen »Personalplanung«, »Personalbeschaffung« und »Personaleinsatz« als recht hoch bewertet werden (siehe Abbildung 4).

Berücksichtigt man bei der Personalauswahl die Möglichkeiten des Bewerber-Screenings und den Einsatz von Online-Tests, so kann das Digitalisierungspotenzial mit ca. 50% veranschlagt werden, ungeachtet der Tatsache, dass technisch ein wesentlich höherer Digitalisierungsgrad heute bereits realisiert werden kann.

Bei der »Personalentwicklung« könnte man, aufgrund der in den letzten Jahren geführten Diskussionen rund um das E-Learning, hohe Digitalisierungspotenziale vermuten (siehe Abbildung 5). Dies würde jedoch nur dann zutreffen, wenn man ein sehr eingeschränktes Verständnis der Personalentwicklung zugrunde legt und zum anderen sich nicht die Digitalisierungspotenziale einzelner Personalentwicklungsinstrumente bzw. -methoden vergegenwärtigt.

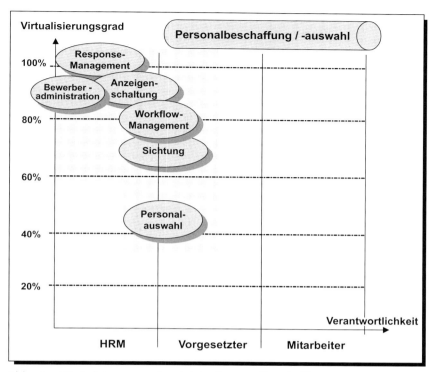

Abb. 4: Digitalisierungspotenzial der Personalbeschaffung

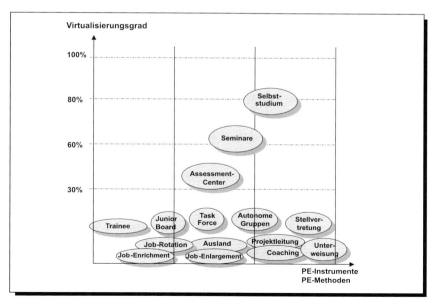

Abb. 5: Digitalisierungspotenzial von PE-Instrumenten/-Methoden

Während zwar in einzelnen Bereichen, wie z. B. der Seminar-Administration und -Planung, wesentlich höhere Digitalisierungspotenziale im Rahmen der Personalentwicklung realisiert werden können, sind insgesamt die Möglichkeiten, bei einer ganzheitlichen Betrachtung der Personalentwicklung (neben der Bildung, auch der Bereich der Förderung und Organisationsentwicklung), eingeschränkt und damit zur Zeit eher gering zu bewerten.

Stellt man die Digitalisierungspotenziale der HR-Funktionen, wie in der Abbildung 6 gezeigt, zusammen, so wird das Ausmaß bzw. der digitale Durchdringungsgrad erst richtig deutlich.

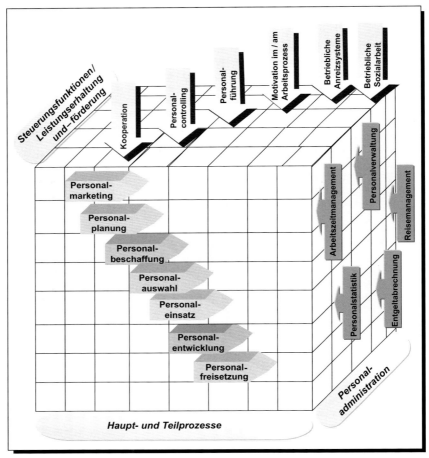

Abb. 6: Digitale Durchdringung der HR-Funktionen

Der zukünftige Stellenwert der Informations- und Kommunikationstechnologie für ein erfolgreiches Personalmanagement geht somit weit über die »instrumentelle Bedeutung« hinaus. Die Entwicklung von Personal-Informations-Strategien und deren Umsetzung sowie das Interface-Management zwischen EDV und HR-Bereich wird zukünftig immer notwendiger und wird den Erfolg personalwirtschaftlicher Aufgabenerfüllungen nicht nur beeinflussen, sondern auch wesentlich mitbestimmen. Die hieraus abzuleitenden neuen Aufgaben- und Verantwortungsfelder lassen sich durch den Begriff »Digitales Personalmanagement« beschreiben. Dabei handelt es sich um die inter- und intraorganisationale Planung, Steuerung und Kontrolle der informationellen, personalwirtschaftlichen Prozesse, unter besonderer Berücksichtigung der heutigen und zukünftigen Einsatzmöglichkeiten der Informations- und Kommunikationstechnologie. Mit der Wahrnehmung solcher Aufgaben würde zum einen dem Tatbestand Rechnung getragen und entgegengewirkt werden, dass die Medienkompetenz in den HR-Bereichen der Unternehmen teilweise sehr defizitär ist, und zum anderen würde die Zielsetzung eines »Synergetischen Personalmanagements« weiter unterstützt werden.

In diesem Sinne sollen die folgenden Ausführungen über das E-Recruitment ihren Beitrag zur Transparenz leisten, und zwar dahingehend, dass am Ende des Buches die Leser ein umfassenderes Verständnis über die Möglichkeiten und Grenzen, die angewandten Instrumente und Methoden und über die Vorgehensweise der digitalen Personalbeschaffung in der Praxis, aufbauen können.

2. E-Recruitment

In den letzten Jahren hat eine starke Veränderung beim Einsatz der Rekrutierungsmethoden stattgefunden. Neben den Mitarbeiterempfehlungen, Personalagenturen und der Anzeigenschaltung in Printmedien gewinnt die web- oder internetbasierte Option der Personalbeschaffung zunehmend mehr an Bedeutung. Zahlreiche Studien, repräsentativ oder nicht, national oder international versuchen bzw. verdeutlichen diese Entwicklung.

So zeigt eine Kundenbefragung der jobpilot AG im Frühjahr 2001, dass das Internet bereits heute als bevorzugtes Rekrutierungsinstrument eingesetzt wird. 86% der befragten 430 Firmenkunden (von unter 100 bis über 10.000 Mitarbeitern) nutzen die Online-Jobbörsen, während 71% die Printanzeigen und 60% die eigenen Webseiten für die Personalsuche einsetzen (Mehrfachnennungen waren möglich).[1] Als Konsequenz werden die meisten Kunden ihr Budget für die Online-Nutzung bis zum Jahr 2003 von 22% auf 39% erhöhen, verbunden mit einer Reduzierung im Printbereich von 24% auf 8% (siehe Abbildung 7).[2]

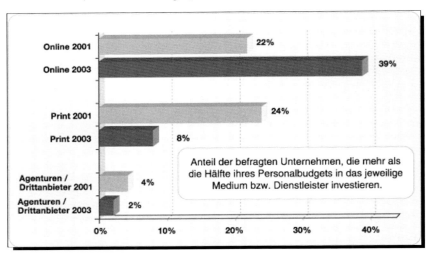

Abb. 7: Entwicklung der Budgetverteilung für die Personalsuche 2001/2003[3]

1 Vgl. jobpilot AG (2001): Kundenbefragung 2001, Studie der MR&S Market Research & Services GmbH, Frankfurt, online: http://www.jobpilot.de/content/service/pr_ir/news/grafik-rekrutierungs-budgets.html (04. 06. 2002)
2 Vgl. ebenda und siehe hierzu Finke, A./ Eckl, M. (2001): Evolution E-Recruitment – Das Internet als Rekrutierungsmedium, in: Hünninghausen, L. (Hrsg.): Die Besten gehen ins Netz; online: http://www.symposion.de/e-recruitment/e-recruit-12.htm (06. 06. 2002)
3 jobpilot AG (2001): Kundenbefragung 2001, Studie der MR&S Market Research & Ser-

Ähnliche Tendenzen zeigt die Studie (»Global 500 Website Recruiting Survey«) des Marktforschungsunternehmens iLogos Research (USA) auf. Während 1998 29% der größten Unternehmen der Welt ihre vakanten Positionen auf den firmeneigenen Webseiten im Internet veröffentlichten, waren es im Jahre 2001 bereits 90%.[4]

Solche Ergebnisse verdeutlichen zum einen den Stellenwert des digitalen Mediums und zum anderen auch die Bedeutung des E-Recruitments oder auch des Online-Recruitings in der heutigen, aber noch viel mehr, im Rahmen der zukünftigen Personalbeschaffung. Im Folgenden soll nicht nur der Frage nachgegangen werden, was E-Recruitment ist, sondern vor allem auch die Frage beantwortet werden, ob sich nur das Medium ändert oder auch der Personalbeschaffungsprozess.

2.1 Traditionelle Personalbeschaffung

Der Thematik möchte ich mich neutral annähern, ohne als digitaler Evangelist die All-Herrlichkeit des Internets zu apostrophieren oder auf der anderen Seite als Apokalyptiker den Untergang der traditionellen Personalbeschaffung heraufzubeschwören. Die Wahl des Terminus »traditionell« ist dabei nicht gleichzusetzen mit veraltet bzw. überholt, sondern dient lediglich als Abgrenzung gegenüber dem E-Recruitment.

Unabhängig ob es sich um die traditionelle Personalbeschaffung handelt oder das E-Recruitment, den Ausgangspunkt jeder Maßnahme bildet die Personalplanung mit einer fundierten quantitativen und qualitativen Definition des tatsächlichen Personalbedarfs und der Genehmigung zur Beschaffung. An dieser Stelle beginnt dann der Beschaffungsprozess, d. h. in der Praxis dort, wo zielgerichtet, als Ergebnis der kurz-, mittel- oder langfristigen Personalplanung, eine (oder mehrere) konkrete Stelle(n), mit angegebenem Zeithorizont, mit einem/r den Anforderungen gerecht werdenden Stelleninhaber/in, zu besetzen ist (sind). Hierzu stehen zunächst die unterschiedlichen externen und internen Handlungs- und Maßnahmenalternativen zur Verfügung. In der Abbildung 8 werden die unterschiedlichen Möglichkeiten der traditionellen Personalbeschaffung (ohne Anspruch auf Vollständigkeit) dargestellt. Die aufgezeigten Handlungsalternativen zeigen bereits, dass gerade in den letzten Jahren durchaus zunehmend moderne und kreative Maßnahmen zur Personalbeschaffung einge-

---

vices GmbH, Frankfurt, online: http://www.jobpilot.de/content/service/pr_ir/news/grafik-rekrutierungs-budgets.html (04. 06. 2002)

4 Vgl. 4 managers-Team (2001): E-Recruiting, online: http://www.4 managers.de/01-Themen/HTML-Sites-Innen/e-recruiting.asp Stand: 14. 01. 2002 (04. 06. 2002)

setzt werden. So werden Pink-Slip-Partys organisiert, um Arbeitssuchende der IT-Branche mit Beratern oder Unternehmen zusammen zu bringen, mobile Informationsstände fahren die Hochschulen auf der Suche nach den so genannten High Potentials ab, und Recruiting-Messen werden für fast jede Branche national oder international durchgeführt. Der Kreativität bei der Personalbeschaffung sind keinerlei Grenzen mehr gesetzt. Erlaubt ist, was gefällt, und vor allem, was Erfolg hat. So sucht die Landespolizei Rheinland Pfalz neue Mitarbeiter mittels Aufklebern auf Polizeiautos, andere nutzen den Pizza-Delivery-Service, um mittels Anzeigen auf Pizza-Schachteln Mitarbeiter zu akquirieren und wieder andere veranstalten kulinarische Karriereretreffs in Küchen oder entwickeln eigene Recruiting-Comics, welche die Zielgruppen in der IT-Welt ansprechen sollen.

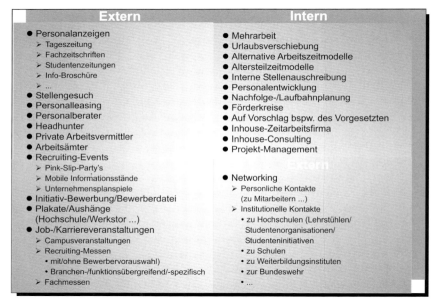

Abb. 8:   Wege der traditionellen Personalbeschaffung

2.2 Theorie von Arbeitskraft-Anbietern und Arbeitskraft-Nachfragern

Das grundsätzliche Problem, das allen Personalbeschaffungsmaßnahmen gemeinsam ist, lässt sich durch die Informationsverfügbarkeit (Transparenz) beschreiben. Informationsverfügbarkeit wird dadurch bestimmt, ob eine Information vom Sender zum Empfänger gelangt, dieser sie verarbeiten kann und gleichzeitig handlungsauslösend wirkt (in Form einer Bewerbung).

Am Anfang des Personalbeschaffungsprozesses steht ein tatsächlicher Bedarf auf der Angebots- und/oder Nachfrageseite. Die Angebotsseite wird durch die Arbeitskraft-Anbieter beschrieben, während die Nachfrageseite durch die Arbeitskraft-Nachfrager (Unternehmen) bestimmt wird. Ein erfolgreicher Beschaffungsprozess setzt zunächst voraus, dass der Bedarf auf beiden Seiten vorhanden sein muss oder zumindest ein latentes Bedürfnis existiert. Ist der Bedarf seitens des Arbeitskraft-Anbieters vorhanden, sei es durch Arbeitslosigkeit, mangelnde Perspektive etc., so sucht er aktiv und zielgerichtet die Informationen der Arbeitskraft-Nachfrageseite. Ist ein (latentes) Bedürfnis auf der Seite des Arbeitskraft-Anbieters vorhanden, tritt er zunächst als Konsument von Informationen auf, d. h. die Suche nach Informationen der Nachfrageseite ist eher passiv und wenig zielgerichtet. Dies beschreibt in der Praxis die Situation, in der ein Arbeitskraft-Anbieter zunächst zufrieden mit seiner derzeitigen Situation, aber offen für neue Angebote bzw. Herausforderungen ist. Erreichen ihn nun von der Nachfrageseite die richtigen Informationen (Position, regionale Präferenzen, Aufgabenbereich u. v. m.), wird aus dem (latenten) Bedürfnis ein Bedarf und der Arbeitskraft-Anbieter verlässt die Passivität und wird aktiv.

Die gleiche Situation existiert auf der Nachfrageseite, wo der Bedarf durch die tatsächliche Notwendigkeit zur Stellenbesetzung beschrieben wird und das Bedürfnis durch die Bereitschaft und Empfänglichkeit, stets Arbeitskraft-Anbieter mit einem bestimmten Qualifikationsprofil einzustellen. Dabei kann das Bedürfnis gesteuert sein durch die Suche nach den »Besten« oder aber auch nach Mangel-Qualifikationen. Handelt es sich nachfrageseitig um einen tatsächlichen Bedarf, wird die Informationsarbeit aktiv und zielgerichtet betrieben, während bei einem (latenten) Bedürfnis diese eher passiv und wenig zielgerichtet abläuft.

Aktivität und Passivität werden somit im Wesentlichen von der Zielgerichtetheit und der Reichweite bestimmt. Zielgerichtetheit wird durch die Genauigkeit in der Zielgruppenansprache beschrieben, während die Reichweite durch die Informationsverfügbarkeit in zeitlicher Hinsicht (kontinuierliche Information/temporäre Information) und in räumlicher Hinsicht (regional/überregional/international) definiert wird. Je konkreter der Bedarf, desto höher die Reichweite und desto höher die Zielgerichtetheit. Dies bedeutet jedoch auch, dass je höher die Reichweite und die Zielgerichtetheit, desto höher die Wahrscheinlichkeit Bedarfe zu wecken (vom latenten Bedürfnis zum konkreten Bedarf). Dies gilt sowohl angebots-, als auch nachfrageseitig. Diese grundsätzliche Ausgangssituation wird in Abbildung 9 veranschaulicht.

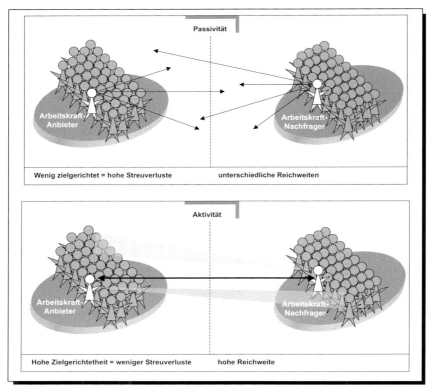

Abb. 9: Aktivität/Passivität bei der Personalbeschaffung

Bisher ist man davon ausgegangen, dass die Arbeitskraft-Anbieter und -Nachfrager eine direkte Bedarfsdeckung durchführen, in Abgrenzung zur indirekten Bedarfsdeckung. Von indirekter Personalbedarfs-Deckung wird dann gesprochen, wenn die Personalbeschaffung über eine Schnittstelle erfolgt. Hierbei obliegt den Schnittstellen u. a. die Aufgabe der Bedarfs-Synchronisation. Der jeweilige Bedarf wird gegenüber der Schnittstelle artikuliert, z. B. der konkrete Beschaffungsauftrag für ein bestimmtes Anforderungs- und Qualifikationsprofil bei Einschaltung eines Personalberaters oder die Artikulation des Bedarfes eines Arbeitskraft-Anbieters beim Arbeitsamt. Sowohl Arbeitskraft-Anbieter als auch Arbeitskraft-Nachfrager können solche Schnittstellen einschalten bzw. bemühen (Abbildung 10).

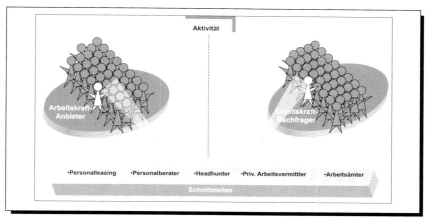

Abb. 10:   Schnittstellen bei der Personalbeschaffung

Damit ist bis dato »lediglich« die grundsätzliche Bedarfs-Situation beschrieben, nicht jedoch ein faktisches Ergebnis. Dies ist unter anderem abhängig von den eingesetzten Instrumenten und Methoden der Personalbeschaffung, die sich hinsichtlich der Wirkungen, Reichweite und Zielgerichtetheit, unterscheiden. Während beispielsweise die Direktansprache durch
einen Headhunter sehr zielgerichtet ist und auch über eine entsprechende
Reichweite verfügt, ist bspw. eine Stellenanzeige in einer regionalen Tageszeitung wenig zielgerichtet, d. h. sie verfügt über hohe Streuverluste
und nur über eine geringe bis mittlere Reichweite, da sie in zeitlicher Hinsicht nur temporär erscheint und damit in der Regel nur singulär wahrgenommen werden kann und in räumlicher Hinsicht eine gewisse Regionalität mit sich bringt.

Die Wahl einer Schnittstelle wirkt sich bereits hinsichtlich der Kriterien
Zielgerichtetheit und Reichweite unterschiedlich aus; noch vielmehr
aber die Wahl der für die Personalbeschaffung eingesetzten Instrumente.
Die Unterscheidung zwischen Schnittstellen und Instrumenten wird deshalb getroffen, da die Schnittstellen ebenfalls auf die gleichen Instrumente
zurückgreifen, wenn auch sehr unterschiedlich hinsichtlich der Qualität
und der Quantität.

Abbildung 11 zeigt eine Einordnung unterschiedlicher (ausgewählter) Instrumente hinsichtlich der beiden Kriterien Reichweite und Zielgerichtetheit. So verfügt eine Fachmesse beispielsweise über eine niedrige Zielgerichtetheit und eine geringe Reichweite, während eine Recruiting-Messe
eine relativ hohe Zielgerichtetheit, bei mittlerer Reichweite aufweist.

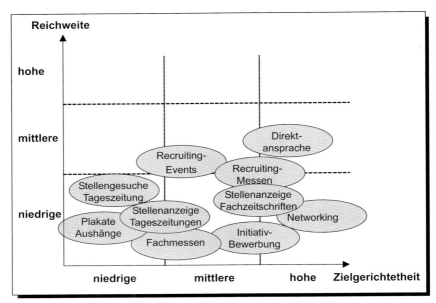

Abb. 11: Reichweite/Zielgerichtetheit von Personalbeschaffungs-
Instrumenten

Bei einer eingehenderen Analyse müssten die Instrumente wesentlich dif-
ferenzierter betrachtet (z. B. Stellenanzeige in einer regionalen oder überregionalen Zeitung etc.), und die Reichweite müsste hinsichtlich der zeitlichen und räumlichen Dimension unterschieden werden. An dieser Stelle
soll jedoch die Trendaussage genügen, dass die bisherigen, ob nun modern
oder nicht, »traditionellen« Personalbeschaffungsmaßnahmen und/oder Instrumente im Wesentlichen Reichweitenprobleme besitzen. Die Reichweite in zeitlicher und räumlicher Hinsicht, kombiniert mit der Zielgerichtetheit, entscheidet somit in der Praxis über die Transparenz der unterschiedlichen Bedarfe und die Möglichkeit der Synchronisation. Damit
wäre der Idealzustand dadurch gekennzeichnet, dass die Information
über einen Bedarf (anbieter- und/oder nachfrageseitig) omnipräsent vorhanden ist, d. h. in zeitlicher Hinsicht kontinuierlich und in räumlicher Hinsicht ortsungebunden. Mit anderen Worten bedeutet dies, dass ein Arbeitskraft-Nachfrager dann theoretisch die höchste Möglichkeit besitzt seinen
Bedarf in quantitativer und qualitativer Hinsicht optimal zu decken,
wenn sein Bedarf von allen in Frage kommenden Arbeitskraft-Anbietern
wahrgenommen werden kann. Handelt es sich dabei um Maßnahmen/In-
strumente mit unterschiedlicher Zielgerichtetheit, so entscheidet dieser
Umstand wiederum über die Streuverluste, was sich u. a. dann auf der Kos-
ten- und Nutzenseite positiv oder negativ auswirkt.

2.3 E-Recruitment/Online-Recruiting

Das E-Recruitment eröffnet zunächst die Möglichkeit der Nutzung eines zusätzlichen Mediums für die Personalbeschaffung, dem des Internets. Beschränkt sich damit eine Abgrenzung hinsichtlich der traditionellen Personalbeschaffung »nur« auf das Medium?

Während zuvor Stellenanzeigen in der Zeitung geschaltet wurden, werden diese jetzt auch digitalisiert; während Bewerber Stellengesuche zuvor an Zeitungen verschickten, werden diese jetzt ins Internet gestellt, und waren es zuvor Bewerbungsmappen, sind es jetzt E-Mails, Online-Formulare oder Bewerber-Homepages. Neben dieser Fragestellung gilt es jedoch auch Antworten darauf zu finden, ob und inwieweit sich durch das Medium ggf. auch Instrumente verändern oder hinzukommen bzw. ob und inwieweit der Personalbeschaffungsprozess von diesem Medium beeinflusst wird.

Zunächst einmal weist das Internet als Medium eindeutige komparative Vorteile auf, die für die Personalbeschaffung von eminenter Bedeutung sind. Die im vorangegangenen Kapitel beschriebene Hauptproblematik der begrenzten Reichweite in zeitlicher und räumlicher Hinsicht bei den traditionellen Instrumenten der Personalbeschaffung scheint hierdurch gelöst. Das Internet bietet sowohl dem Arbeitskraft-Anbieter als auch dem Arbeitskraft-Nachfrager die Möglichkeit, die Reichweite seiner Information zu maximieren. In zeitlicher Hinsicht ist dies dadurch gegeben, dass die Information theoretisch 24 Stunden pro Tag, an 352 Tagen im Jahr verfügbar gemacht werden kann. Die räumliche Reichweitenbegrenzung wird dadurch aufgelöst, dass die Informationen bei Nutzung des Internets stets weltweit verfügbar sind, d. h. ortsungebunden. Damit kann als Abgrenzung zur traditionellen Personalbeschaffung zunächst einmal festgehalten werden, dass das E-Recruitment, mediumbedingt, als Instrument der Personalbeschaffung eindeutige Reichweitenvorteile besitzt.

Die Lösung der Reichweitenproblematik ist für die Personalbeschaffung zunächst einmal revolutionär, aber nicht zwingend problemlösend, da es nicht zwangsläufig hierdurch zu einer Bedarfs-Synchronisation kommt. Eine Bedarfs-Information nachfrageseitig kann zwar jetzt die maximale (theoretische) Reichweite aufweisen, doch ohne die Synchronisation der Angebotsseite ist dieses Teilergebnis wert- bzw. erfolglos. Des Weiteren wird hierdurch die Problematik der Zielgerichtetheit allein noch nicht gelöst, sondern verstärkt sich ggf. nur noch, d. h. die Streuverluste werden noch größer. Damit werden Methoden und Instrumente notwendig, die an der Zielgerichtetheit ansetzen. Um den (theoretischen) Idealzustand vorwegzunehmen bedeutet dies, es gibt im Internet nur eine Adresse, die weltweit alle nachfrage- und angebotsseitigen Bedarfsinformationen aufnimmt und die Möglichkeit zur Synchronisation bietet.

In den vergangenen acht Jahren, seit dem das Internet zunehmend als Medium für die Personalbeschaffung entdeckt und genutzt wurde, haben sich eine Vielzahl an Instrumenten und Methoden mit unterschiedlichen Erfolgen etablieren können. So ist es erst durch das Internet möglich geworden, dass ein Arbeitskraft-Nachfrager kontinuierlich, weltweit seine Bedarfs-Information verfügbar machen kann u. v. m. (siehe Abbildung 12).

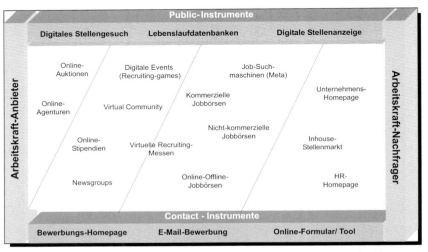

Abb. 12:   Methoden und Instrumente der digitalen Personalbeschaffung

Dies bedeutet, dass mit der zunehmenden Internetnutzung für die Personalbeschaffung auch Methoden und Instrumente entwickelt wurden und zukünftig noch werden, die es bei der traditionellen Personalbeschaffung nicht gab oder besser gesagt, nicht in dieser Form existierten.

Damit lässt sich zunächst festhalten, dass E-Recruitment zum einen sich gegenüber der traditionellen Personalbeschaffung dadurch abgrenzt, dass ein digitales Medium, welches die Reichweitenproblematik auflöst, zum Einsatz kommt, aber auch damit verbunden neuere Methoden und Instrumente entwickelt wurden, die es bis dato nicht bzw. nicht in dieser Form gab.

2.4 Der Personalbeschaffungsprozess

Es wäre jedoch viel zu kurz gegriffen, würde man E-Recruitment auf die oben gemachten Aussagen reduzieren wollen. Neben dem Medium und den Methoden/Instrumenten gilt es die Veränderungen des gesamten Beschaffungsprozesses zu untersuchen, um abschließend wirklich den Unterschied zwischen traditioneller Personalbeschaffung und E-Recruitment deutlich zu machen.

Der Beschaffungsprozess ist zunächst unabhängig von der Nutzung des Mediums mit seinen Teilprozessen in Abbildung 13 skizziert. Dieser Beschaffungsprozess ist idealtypisch und wird i. d. R. immer so durchgeführt.

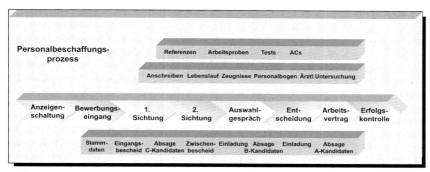

Abb. 13:   Der Personalbeschaffungsprozess

Durch die Verwendung des Internets, d. h. die Nutzung eines anderen Mediums, ändert sich damit am eigentlichen Prozess zunächst nichts. Eine Anzeigenschaltung, hier synonym für die Artikulation des Bedarfes, ist mit oder ohne Internet notwendig und auch der darauf folgende Aktionismus als Resultat, sprich die Bewerbung, wird weiterhin notwendig sein. Oberflächlich betrachtet bedeutet dies, dass der Prozess erst mal teilweise und/oder gänzlich digitalisierbar ist. Aber genau in dieser Digitalisierbarkeit bzw. in seinen Auswirkungen manifestiert sich das eigentliche E-Recruitment aus Prozess-Sicht.

Die Anzeigenschaltung auf traditionellem Wege ist i. d. R. eine einmalige Bedarfs-Artikulation und damit zeitpunktbezogen. Eine in der Samstagsausgabe erscheinende Stellenanzeige in einer überregionalen Tageszeitung hat damit einen Wirkungsgrad von max. 3–4 Tagen. Auf diese Zeit beschränkt sich die Möglichkeit der Bedarfs-Synchronisation seitens der Arbeitskraft-Nachfrager und -Anbieter, verbunden mit erheblichen Streuverlusten. Beim E-Recruitment, z. B. mittels eines digitalen Stellenmarktes, wird die Informationsverfügbarkeit hinsichtlich des Bedarfes zumeist auf vier bis sechs Wochen (an 24 Stunden pro Tag) ausgedehnt. Wird der Bedarf auf der eigenen Website artikuliert oder im Inhouse-Stellenmarkt, kann ein Bedarf kontinuierlich veröffentlicht werden.

Des Weiteren verfügt das Printmedium bei der Anzeigenschaltung über eine gewisse Regionalität. Daran ändert auch die Tatsache nichts, dass einige überregionale Zeitungen im Ausland verbreitet werden. Beim E-Recruitment stellt sich die Frage der räumlichen Reichweite nicht, da vom Grundsatz her die Informationen weltweit verfügbar sind, zumindest für die Nutzer des Mediums Internet.

Daneben gilt es hinsichtlich der Anzeigenschaltung noch anzumerken, dass eine Online-Anzeige während der Verfügbarkeitszeit veränderbar ist. Diese Dynamik kann kein Printmedium sicherstellen. Auch hinsichtlich der Vielfalt an Informationen wirkt eine Stellenanzeige in einem Printmedium begrenzend, d. h. dass aus Kostengründen eine Textbegrenzung eher existiert, als bei der digitalen Stellenanzeige. Schlussendlich liegt ein weiterer Unterschied zwischen der traditionellen Stellenanzeige und der Online-Anzeige bei den Kosten zugunsten des digitalen Mediums.

Betrachtet man den nächsten Prozess-Schritt, den des Bewerbungseingangs, so liegt der Unterschied zwischen traditioneller und digitaler Personalbeschaffung in einer zusätzlichen Möglichkeit, die Bewerbungsunterlagen in digitaler Form dem Arbeitskraft-Nachfrager zur Verfügung zu stellen. Mit dieser Möglichkeit ist keine Zwangsläufigkeit verbunden, da es durchaus noch sehr weit verbreitet ist, dass Anzeigen digital geschaltet werden, der Bewerbungseingang jedoch explizit in Papierform gewünscht wird. Ein großer Unterschied hinsichtlich des Bewerbungseingangs besteht in der Steuerbarkeit des Bewerbungsaufkommens beim E-Recruitment. Das Bewerbungsaufkommen kann dadurch gesteuert werden, dass sehr zeitnah eine Online-Anzeige inaktiv geschaltet bzw. aus dem Netz genommen werden kann, während das Bewerbungsaufkommen bei einer Printanzeige nicht mehr beeinflussbar ist.

Hinsichtlich der Prozess-Schritte Erst- und Zweitsichtung besteht der Unterschied darin, dass bei einem Bewerbungseingang in digitaler Form, eine Sichtung automatisiert erfolgen kann, aber nicht muss. Auch hier kann festgehalten werden, dass das E-Recruitment neben einer traditionellen manuellen Sichtung zusätzlich die Möglichkeit des automatisierten Screenings besitzt. Der gleiche Tatbestand trifft auf den Prozess-Schritt Auswahlgespräch zu. Hier besitzt man im Rahmen des E-Recruitments grundsätzlich die Möglichkeit, unter bestimmten Umständen und Voraussetzungen, ein Auswahlgespräch ohne eine persönliche Anwesenheit eines Bewerbers zu führen, z. B. mittels einer Web-Cam. Auch seitens des Arbeitskraft-Nachfragers kann damit eine Raumunabhängigkeit verbunden sein.

In den Prozess-Schritten Entscheidung und Arbeitsvertrag sind nur marginale Unterschiede zwischen der traditionellen und digitalen Personalbeschaffung derzeit erkennbar. Während der eigentliche Entscheidungsprozess zwar grundsätzlich digitalisierbar ist, nämlich als Ergebnis eines detaillierten Screening-Verfahrens, werden solche Entscheidungen auch in Zukunft noch von Menschen mit Verantwortung getroffen, so dass kein Unterschied zur traditionellen Personalbeschaffung besteht. Im Prozess-Schritt Arbeitsvertrag besteht grundsätzlich die Möglichkeit, zum einen die Verhandlungen raum- und zeitunabhängig über das Internet zu führen und bei abschließender Entscheidung und Weiterentwicklung des Signaturgesetzes, den Arbeitsvertrag in digitaler Form den Beteiligten zur Verfügung zu stellen.

In Zeiten von zunehmenden Wirtschaftlichkeitsüberlegungen und Erfolgsmessungen kann der letzte Prozess-Schritt im Rahmen des E-Recruitments automatisiert und kontinuierlich erfolgen. Gemeint ist hierbei bspw. die Erfolgskontrolle von Anzeigen oder auch die Messung von Bewerbungen in Abhängigkeit zum Anforderungsprofil. Bei der traditionellen Personalbeschaffung erfolgt die Erfolgskontrolle manuell und ist damit sehr zeit- und kostenintensiv bzw. wird i. d. R. gar nicht durchgeführt.

Darüber hinaus bietet das E-Recruitment die Möglichkeit einer medienbruchfreien Administration, während bei der traditionellen Personalbeschaffung bspw. die Stammdaten der Bewerber, ebenso wie die Korrespondenz oder der Versand manuell erfolgen muss, verbunden mit hohen Zeitaufwendungen und Kosten.

Zuletzt kann als Unterschied noch die Interaktivität zwischen Arbeitskraft-Nachfrager und -Anbieter genannt werden, die beim E-Recruitment, wenn auch vielleicht nicht immer gewünscht, höher ist als bei der traditionellen Personalbeschaffung. (Siehe hierzu Abbildung 14)

Die oben aufgeführten Unterschiede wurden ohne Bewertung dargestellt (dies erfolgt noch ausführlich in den weiteren Abschnitten des Buches). Sie können jedoch bereits erahnen, dass das E-Recruitment ein neues Kapitel in der Personalbeschaffung aufgeschlagen hat. Hiermit werden neue Verfahren und Instrumente in die Personalbeschaffung integriert, die bis dato nicht existierten. Abbildung 15 gibt in Anlehnung an den Personalbeschaffungsprozess einen Überblick über die derzeitig erkennbaren prozessunterstützenden Instrumente.

Teil-Prozesse	Traditionelles Recruiting	E-Recruiting
Anzeigen-schaltung	■ einmalig ■ nicht veränderbar ■ regional ■ Textbegrenzung ■ kostenintensiv	■ kontinuierlich ■ veränderbar ■ regional/International ■ keine Textbegrenzung ■ kostengünstig
Bewerbungs-eingang	■ Papier ■ nicht steuerbar	■ Digital + Papier ■ steuerbar
1. u. 2. Sichtung	■ manuell	■ manuell +/automatisier-bar
Auswahlgespräch	■ persönliche Anwesenheit	■ persönliche Anwesenheit + ■ Raumunabhängigkeit
Entscheidung	■ –	■ –
Arbeitsvertrag	■ Papierform	■ Papierform ■ digitale Form
Erfolgskontrolle	■ manuelle Statistiken	■ automatische Statistiken ■ kontinuierlich
Administration	■ Medienbruch bei Stamm-dateneingabe ■ manuelle Erstellung der Korrespondenz /Versand	■ Medienbruchfrei ■ manuelle Erstellung der Korrespondenz ■ automatische Erstellung der Korrespondenz/Ver-sand
Allgemein	■ zeitintensiv ■ persönlich	■ Zeit sparend ■ persönlich/unpersönlich ■ Interaktivität ■ Geschwindigkeit/Flexibilität ■ Recherchemöglichkeit

Abb. 14: Unterschiede zwischen traditioneller Personalbeschaffung und E-Recruitment

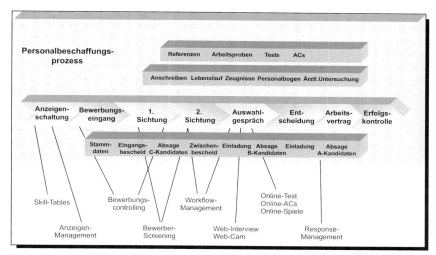

Abb. 15:   Prozessunterstützende Instrumente der Personalbeschaffung

An dieser Stelle gilt es jedoch noch einmal zu verdeutlichen, dass E-Recruitment keine ausschließliche substituierende Wirkung besitzt, sondern im Wesentlichen komplementär zur traditionellen Personalbeschaffung steht. Es erweitert die Möglichkeiten und bietet weitere Chancen, aber auch Risiken. In einigen Jahren wird E-Recruitment integraler Bestandteil der Personalbeschaffung sein und eine hier getroffene Unterscheidung wird obsolet. Heute gilt es E-Recruitment und traditionelle Personalbeschaffung so einzusetzen, dass die komparativen Vorteile genutzt werden können.

3. Jobbörsen verändern die Personalbeschaffung

Die Stellenmärkte im Internet bilden auf der einen Seite eine Plattform zur Artikulation und Veröffentlichung der angebots- und nachfrageseitigen Bedarfe, auf der anderen Seite sind sie heute (und zukünftig noch mehr), die Schnittstelle zur Synchronisation derselben. Sie übernehmen damit u. a. eine zentrale Schnittstellenfunktion im Rahmen des Personalbeschaffungsprozesses und sind gleichzeitig auch die Hoffnungsträger, sowohl für die Arbeitskraft-Anbieter, als auch für die Arbeitskraft-Nachfrager.

3.1 Der Markt

Der Markt der Online-Karrierenetzwerke ist in den vergangenen Jahren nahezu rasant angewachsen und hat sein Potenzial noch lange nicht ausgeschöpft, wie Analysen von Investmentbanken und Forschungsinstituten belegen. Die ersten Netzwerke sind vor circa neun Jahren in den USA entstanden. Europa zog vor etwa sieben Jahren nach. Mit der Zunahme der Internetnutzung in Europa wachsen auch die virtuellen Stellenmärkte. So wurde der Umsatz für den gesamten europäischen Markt für das Jahr 2000 auf 200 bis 300 Mio. Dollar geschätzt. Für die nahe Zukunft bis ins Jahr 2006 wird ein sensationelles Marktwachstum prognostiziert. Die Schätzungen für die nächsten fünf Jahre reichen von 4 bis 7,5 Mrd. Dollar (Marktvolumen für E-Recruiting in Europa).[1] Nach Studien von JP Morgan und Lehman Brothers soll in Europa damit das Wachstum für E-Recruiting in den nächsten Jahren sogar deutlich über dem des US-Marktes liegen, und die IT-Optimisten von Forrester Research prognostizieren das Marktvolumen gar auf bis zu acht Milliarden Euro im Jahr 2003.[2]

Das Marktwachstum wird nicht unerheblich von der weiteren Verbreitung des Internets abhängen. Während 1999 gerade einmal 19 Prozent der Europäer im Alter von über 16 Jahren regelmäßig das Internet nutzten, lag ihr Anteil Ende 2001 nach Schätzungen von Forrester Research bereits bei 43 Prozent, was einer Nutzerzahl von 127 Millionen entspricht.[3] Bereits

---

1 Siehe hierzu Bröll, C. (2000): Der Markt für Internet-Jobbörsen ist in Bewegung, in: Frankfurter Allgemeine Zeitung vom 25. November 2000 und auch Aschenbeck, A. (2002): Schnell zum neuen Job klicken. – Warum Internet-Stellenmärkte eine Konkurrenz für die etablierten Personalvermittler werden können, in: Financial Times Deutschland vom 12. Januar 2002

2 Vgl. Monster.com (2001): Wenn das Monster kommt, Auszug aus »Euro am Sonntag« vom 01. Juli 2001, online: http://www.monster.de/about/presse/spiegel/20010701 b/ (07. 06. 2202)

3 Vgl. Robben, M. (2002): Internetnutzung in Europa – ein Puzzle mit 1000 Teilen?, online: http://www.ecin.de/marktbarometer/europa2 (07. 06. 2002)

2006 sollen etwa 200 Millionen (67 Prozent) Europäer im Internet präsent sein.[4]

In der Bundesrepublik Deutschland vergrößerte sich die Internetgemeinde bis zum Mai 2002 auf insgesamt 26,7 Millionen Nutzer, das entspricht einer Zunahme von ca. drei Millionen Nutzern gegenüber dem Vorjahr.[5] Nach Angaben der NetValue Deutschland GmbH besuchten im Januar 2002 insgesamt etwa 1,8 Millionen deutsche Internetnutzer die Jobseiten im Netz.[6]

3.2 Die Marktteilnehmer

In einem solch stark wachsenden Markt war zu erwarten, dass eine Vielzahl von Marktteilnehmern an dieser Entwicklung erfolgreich partizipieren wollen. So haben sich in den letzten Jahren eine Vielzahl von Jobbörsen, Karrierenetzwerken oder Portalen etabliert. Einen sehr guten und umfassenden Überblick bietet hierzu Crosswater Systems Ltd. (London) auf der Internetseite http://www.crosswater-systems.com/ej2000.htm. Hier wurden mit Stand 07. Juni 2002 allein in Deutschland 476 Profile deutscher Jobbörsen aufgelistet und darüber hinaus 470 International Job Sites in 91 Ländern. (Auch auf den Internetseiten von http://www.jobs.zeit.de und so genannte wird eine so genannte Hotlist der Online-Stellenmärkte oder eine Auswahlliste mit Kurzbeschreibung angeboten. Die Zeitschrift Personalwirtschaft veröffentlicht jedes Jahr einen Marktüberblick über die Jobbörsen für alle Zielgruppen und Branchen[7])

Angesichts dieser Entwicklung stellt sich der Markt der Online-Stellenbörsen in Deutschland sehr heterogen dar und wird sich innerhalb der nächsten drei bis fünf Jahre sehr stark verändern. Da Quantität noch nie als Synonym für Qualität verwendet werden konnte, werden vor allem die Nachfrageseite und die Kapitalstärke der einzelnen Jobbörsen über Erfolg oder Misserfolg in Zukunft entscheiden. Auf der Nachfragerseite stehen in diesem Fall zum einen der Jobsuchende, zum anderen die Unternehmen. Ähnlich wie in anderen Branchen wird nach den anfänglichen drei Jahren des »virtuellen gamblings« eine Phase erreicht, die im Wesentlichen die »Spreu vom Weizen« trennen wird. So werden zukünftig einige Wenige (Jobbörsen/Karrierenetze) den Markt unter sich aufteilen. Übernahmen und Zu-

---

4 Vgl. ebenda
5 Vgl. TNS EMNID (2002): Studie: Die deutsche Internet-Teilung, online: http://www.emnid.tnsofres.com/index1.html (07. 06. 2002)
6 Vgl. NetValue Deutschland GmbH (2002): Deutsche nutzen das Internet zur Karriereplanung, online: http://de.netvalue.com/presse/index_frame.htm?fichier=cp0047.htm (07. 06. 2002)
7 siehe hierzu die Zeitschrift Personalwirtschaft, Sonderheft 6/2002 S. 36–41

sammenschlüsse werden den Markt korrigieren und auch weiter stärken. Nischenanbieter mit hoher Dienstleistungsorientierung und herausragender Funktionalität werden dann noch bestehen können, die übrigen Online-Stellenmärkte werden sich vom Markt bereinigen bzw. keine nennenswerte Rolle für die Nachfragerseite spielen.

Dass diese Phase der Online-Jobbörsen bereits begonnen hat, zeigt sehr gut ein Blick in die Historie eines einzelnen Stellenmarktes:

> 1996 wurde in Schweden die Jobline International gegründet. Im Februar 2000 beteiligte sich die Verlagsgruppe Georg Holtzbrinck GmbH im Rahmen eines Joint Ventures mit 45% an der bereits etablierten Jobline International AB (Stockholm/Malmö) und brachte damit die JBG Jobline Germany GmbH unter der Web-Adresse www.jobline.de auf den deutschen Markt. Bereits im April 2000 verkündete die JBG Jobline Germany GmbH die Übernahme des Online-Recruiters Karriere-Direkt, dem etablierten Online-Stellenmarkt des Handelsblattes. Mit einer Meldung im Februar 2001 machte Jobline die Übernahme von Wideyes, eine Online-Personalvermittlungsfirma mit Büros in sechs europäischen Ländern, bekannt. Wideyes, ein 1999 gegründetes Unternehmen, soll die Vorreiterrolle von Jobline innerhalb der Online Search Services ausbauen und darüber hinaus auch eine führende Stellung auf dem Markt für Online-Human-Resources-Software verschaffen.

Juli 2001: Monster.com, das nach eigenen Angaben weltweit größte Karriere-Netzwerk von TMP Worldwide Inc., übernimmt die Aktienmehrheit an Jobline International AB (Stockholm Stock Exchange: JOBL). Mit dieser Expansionsstrategie erhöhte Monster.com die Gesamtzahl der europäischen Monster-Sites auf 14 und die der internationalen Sites auf 21, verteilt auf vier Kontinente.[8]

Solche Übernahmen, wie am Beispiel Jobline dargestellt, waren in der Vergangenheit keine Seltenheit. So übernahm die StepStone ASA im Jahr 1999 die deutsche Stellenbörse Careernet, eine weitere Fusion erfolgte im Herbst 2000 mit der Berliner Stellenbörse DV-Job.[9] Auch bei den Nischenanbietern wird der Konsolidierungsprozess stark forciert. So übernimmt die VIVAI Software AG mit ihrer Jobbörse www.kliniken.de, eines der ältesten und größten Online-Stellenbörsen im Gesundheitssektor, www.medizinische-berufe.de. Damit wird die Internet-Serviceplattform

---

8 Vgl. Monster.com (2001): Monster.com schließt Übernahme von Jobline International AB ab, online: http://www.monster.de/about/presse/mitteilungen/20010727/ Stand: 27. 07. 2001, (08. 06. 2002)
9 Vgl. StepStone ASA (2002): StepStone, Über uns, online: http://www.stepstone.de/ start.php3?menu=1–1, (08. 06. 2002)

zum Marktführer im Segment der Jobbörsen im Web für das Gesundheitswesen.[10]

Zusammenfassend kann festgehalten werden, dass der Online-Stellenmarkt als solcher erkannt wurde und die Akteure zukünftig agieren bzw. reagieren werden.[11] In den nächsten ein bis drei Jahren werden zunächst die Marktanteile verteilt bzw. eindeutige Marktführerschaften (national und international) angestrebt. So unterbreitete das Internetportal Yahoo Inc., Ende 2001, der Hotjobs Inc., eines der bekanntesten Online-Stellenmärkte in Amerika, ein feindliches Übernahmeangebot. Ähnliches geschieht in Europa. Unter der Überschrift »Das Karussell dreht sich weiter« veröffentlichte Crosswater Systems Ltd. im Februar 2002, dass der Personaldienstleister Adecco ein empfohlenes Übernahmeangebot für alle ausgegebenen und ausstehenden Aktien der jobpilot AG gemacht hat. Der Kaufpreis soll einer Börsenkapitalisierung von rund 70 Millionen Euro entsprechen, und der Abschluss des Übernahmeangebotes war für April 2002 vorgesehen.[12] Im Mai 2002 gab dann der Personaldienstleister Adecco bekannt, dass bei Ende der Annahmefrist (10. Mai 2002, 12:00 Uhr MEZ) mehr als 93 Prozent der jobpilot Aktionäre das Angebot angenommen haben.[13] Mit diesem Schritt baut der 1957 von Henri Lavanchy im schweizerischen Lausane gegründete Personaldienstleister Adecco (ehemals ADIA), mit zurzeit 6.000 Büros in 58 Ländern und einer Vermittlungsquote von 700.000 Zeitarbeitern pro Tag und fast 100.000 Vollzeitarbeitsstellen pro Jahr, seine Geschäftsfeldpolitik und damit auch das E-Recruiting-Geschäft konsequent weiter aus.[14]

Übernahmen, exorbitante Marketingausgaben, hohe Investitionen in neue Produkte und Dienstleistungen haben jedoch ihren Preis. So gibt es nahezu kaum eine Jobbörse die derzeit Gewinne realisiert, sondern im Gegenteil, die meisten Online-Stellenmärkte arbeiten sehr defizitär. Hinzu kommt eine schwache Konjunktur mit der Folge, dass der Arbeitskräftebedarf der Unternehmen in den vergangenen Quartalen stark rückgängig war

---

10 Vgl. VIVAI Software AG (2002): www.kliniken.de übernimmt www.medizinische-berufe. de und wird damit Marktführer, online: http://www.kliniken.de/aktuelles/aktuelles.jsp, Stand: 22. 05. 2002, (08. 06. 2002)

11 Siehe hierzu auch Karle, R. (2002): Jobbörsen zeigen Zuversicht, in: Personalwirtschaft, Sonderheft 6/2002, S. 34–35

12 Vgl. Crosswater Systems Ltd. (2002): Das Karussell dreht sich weiter: Adecco macht Angebot zur Übernahme von jobpilot, online: http://www.crosswater-systems.com/ ej_news_2002_02 d.htm Stand: 06. 02. 2002, (08. 06. 2002)

13 Vgl. jobpilot AG (2002): Annahmefrist für das Angebot zur Übername von jobpilot durch Adecco abgelaufen, online: http://www.jobpilot.de/content/service/pr_ir/news/Deal_ final.html (08. 06. 2002)

14 Vgl. jobpilot AG (2002): Adecco macht Angebot zur Übernahme von jobpilot, online: http://www.jobpilot.de/content/service/pr_ir/news/Adecco-jobpilot.html (08. 06. 2002)

und somit auch wesentlich weniger Anzeigen geschaltet wurden. Diese Entwicklung in Zahlen verdeutlicht auch die Abbildung 16. Im 1. Quartal 2002 konnten bspw. die beiden Jobbörsen jobpilot und StepStone 8,40 Mio. Euro und 8,50 Mio. Euro Umsatz generieren. Bei jobpilot sanken die Netto-Umsatzerlöse damit um 13 Prozent im Vergleich zum vierten Quartal 2001 und sogar um 36 Prozent gegenüber dem ersten Quartal des Vorjahres.[15] Damit erreichten jobpilot ein operatives Ergebnis von −2,19 Mio. Euro und StepStone ein Ergebnis von −1,98 Mio. Euro.[16] Nach unterschiedlichen Revitalisierungs- und Sparprogrammen, Entlassungen und Prozessoptimierungen streben beide Jobbörsen noch im Jahr 2002 die Gewinnzone an. Dennoch, solange die Konjunktur »schwächelt«, ist das Wachstumspotenzial der Jobbörsen eher begrenzt.[17] Diese Entwicklung beschleunigt den Konsolidierungsprozess und bietet zumindest den Vorteil, dass die Unternehmen und die Bewerber über eine höhere Markttransparenz verfügen werden, die zurzeit nicht gegeben ist.

---

15 Vgl. jobpilot AG (2002): jobpilot AG erreicht Profitabilität ein Quartal früher als erwartet, online: http://www.jobpilot.de/content/service/pr_ir/news/quartal1_2002.html (09. 06. 2002)

16 Vgl. Crosswater Systems Ltd. (2002): Im Gleichtakt aus dem Tal der Tränen? jobpilot und StepStone legen hoffnungsvolle Ergebnisse für das 1. Quartal 2002 vor, online: http://www.crosswater-systems.com/ej5003_fjs.htm (09. 06. 2002) und auch StepStone (2002): StepStone – Über uns –, online: http://www.stepstone.de/start.php3?menu=1–1 (09. 06. 2002) und jobpilot AG (2002): jobpilot AG erreicht Profitabilität ein Quartal früher als erwartet, online: http://www.jobpilot.de/content/service/pr_ir/news/quartal1_2002.html (09. 06. 2002)

17 Vgl. Nonnast, T. (2001): Umsätze vieler privater Internet-Stellenbörsen sinken – Job-Portale kämpfen ums Überleben –, in: HANDELSBLATT, Montag, 26. November 2001, online: http://www.handelsblatt.com/hbiwwwangebot/fn/relhbi/sfn/buildhbnw/cn/GoArt!201479,201479,480719/SH/0/depot/0/ (09. 06. 2002)

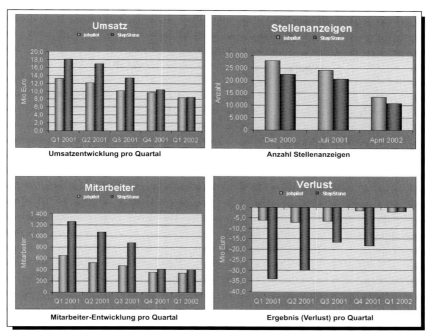

Abb. 16:   Zahlen und Fakten am Beispiel von jobpilot und StepStone[18]

Betrachtet man den nationalen Markt, so sind über 470 Online-Stellenmärkte im Netz, und damit ist eine differenzierte und vollständige Betrachtung über Marktanteile, Stärken und Schwächen der einzelnen Jobbörsen
(für den einzelnen Recruiter) nahezu unmöglich. Crosswater Systems
Ltd. hat die Marktanteile in Deutschland (inklusive Arbeitsamt Online)
mit dem Stand April/Mai 2002 bestimmt (siehe Abbildung 17, S. 30).

Hiernach wird der Markt durch die Jobbörsen (SIS und ASIS) der Bundes-
anstalt für Arbeit mit einem Anteil von 66% dominiert. Es folgen mit 5%
die Jobbörse monster.de und alma mater sowie Versum mit jeweils 3%.[19]
Damit verteilen sich 87% der Marktanteile auf zehn Jobbörsen. Ohne die
Jobbörsen der Bundesanstalt für Arbeit verbleiben z.Zt. gerade 34% des
Marktes für die Vielzahl der kommerziellen Jobbörsenanbieter.

---

18 Crosswater Systems Ltd. (2002): Im Gleichtakt aus dem Tal der Tränen? jobpilot und
   StepStone legen hoffnungsvolle Ergebnisse für das 1. Quartal 2002 vor, online:
   http://www.crosswater-systems.com/ej5003_fjs.htm (09. 06. 2002)
19 Vgl. ebenda

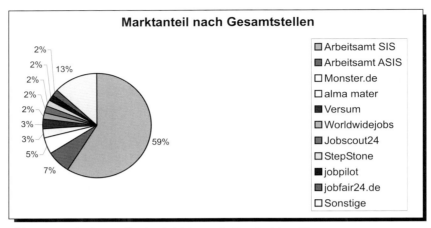

Marktanteil nach Gesamtstellen

Abb. 17:   Marktanteile der Jobbörsen in Deutschland[20]

Wird das Ranking der Jobbörsen in Deutschland nach der Anzahl der Stellenangebote bzw. nach den Stellengesuchen durchgeführt, so ergibt sich folgendes Bild:[21]

Rang 2002	Stellenangebote	Stellengesuche
1	Arbeitsamt SIS	Arbeitsamt SIS
2	Arbeitsamt ASIS	Monster.de
3	Wordlwidejobs	alma mater
4	Versum	Jobscout24
5	JobJet	Arbeitsamt ASIS
6	jobpilot	StepStone
7	Randstad	jobfair24
8	Stellenmarkt.de	jobpilot
9	Persys	Gulp Portal
10	StepStone	StepStone-IT

20 Crosswater Systems Ltd. (2002): Die elektronischen Jobbörsen in Deutschland, Dossier #2: Jobbörsen-Rangliste Mai 2002, Stand: 21.Juni 2002, S. 49 und siehe für das Jahr 2001 Crosswater Systems Ltd. (2001): Marktanteile der Online-Jobbörsen in Deutschland, online: http://www.crosswater-systems.com/ej5004 ap.htm (09. 06. 2002) (Messzahl waren die aktuellen Stellenangebote)
21 Vgl. Crosswater Systems Ltd. (2002): a. a. O., S. 66 u. 68

Neben den Online-Stellenmärkten des Arbeitsamtes sind es »lediglich« die Jobbörsen jobpilot und StepStone, die bei beiden Items unter den Top 10 vertreten sind. Dies zeigt, dass bei den anderen Jobbörsen ein größeres Ungleichgewicht zwischen den Stellenangeboten und den Stellengesuchen vorzufinden ist. Diese Betrachtungsweise führt dazu, dass neben dem Ranking mittels Stellenangeboten und Stellengesuchen auch das Verhältnis Stellenangebote zu Stellengesuche (Machting-Ratio) dem Personaler eine Orientierungshilfe geben kann (siehe Abbildung 18).

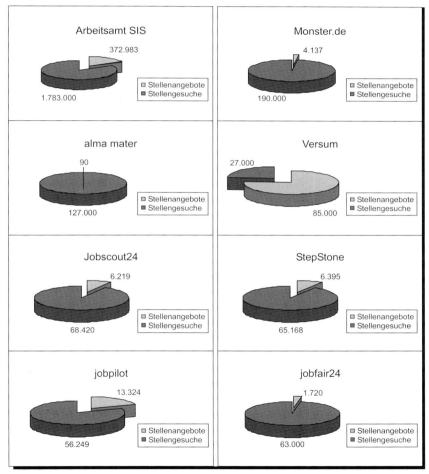

Abb. 18:   Matching-Potenzial von ausgewählten Jobbörsen[22]

---

22 Crosswater Systems Ltd. (2002): Die elektronischen Jobbörsen in Deutschland, Dossier #2: Jobbörsen-Rangliste Mai 2002, Stand: 21. Juni 2002, S. 52 ff

Eine weitere in der Praxis gern genutzte Methode zur Bewertung von Jobbörsen sind die Vergleiche über die Unique Visitors (Einzelbesucher) und die Reichweite der einzelnen Jobbörsen (siehe Abbildung 19).

Nielsen//NetRatings (August 2001)			
Rang	Website	Besucher	Reichweite
1.	Arbeitsamt	830.600	5,26 %
2.	Monster	328.300	2,08 %
3.	jobpilot	283.700	1,80 %
4.	StepStone	252.100	1,60 %
5.	Jobscout24	167.700	1,06 %
6.	Job	153.900	0,97 %
7.	Jobware	115.500	0,73 %
Nielsen//NetRatings (März 2002)			
Rang	Website	Besucher	Reichweite
1.	Arbeitsamt	1.175.490	6,21 %
2.	Monster	281.408	1,49 %
3.	jobpilot	272.027	1,44 %
4.	StepStone	255.044	1,35 %
5.	Jobware	109.584	0,58 %
6.	Jobscout24	105.007	0,56 %

Abb. 19:   Nielsen//NetRatings deutscher Jobbörsen[23]

---

23 Monster.de (2001/2002): Nielsen//NetRatings: Monster in fünf Ländern Europas auf »Platz 1«, vom 01. Oktober 2001, online: http://www.monster.de/about/presse/mitteilungen/20011001/ und Nielsen//NetRatings: Monster.de ist die beliebteste private Online-Stellenbörse in Deutschland vom 02. Mai 2002, online: http://www.monster.de/about/presse/mitteilungen/20020205/ (10. 06. 2002)

Auch diese Ranglisten geben dem Recruiter eine weitere Orientierung. Nicht ganz unproblematisch ist hierbei jedoch, dass die Ergebnisse nicht einheitlich bzw. teilweise sogar widersprüchlich sind. So listet das Marktforschungsunternehmen Jupiter MMXI im Januar 2002 das Arbeitsamt auf Platz 1, Monster auf Platz 2, jobpilot auf Rang 3 und StepStone auf Platzziffer 4. Die Internetforscher von NetValue kamen zu einem anderen Ergebnis. Sie ermittelten, dass im Januar 2002 insgesamt etwa 1,8 Millionen deutsche Internetnutzer die Jobseiten im Netz besuchten. Führend war auch hier die Jobbörse der Bundesanstalt für Arbeit, gefolgt von jobpilot und StepStone. Monster.de belegte bei diesem Ranking Platz 4 gefolgt von hotjobs.com (siehe Abbildung 20).

Jupiter MMXI Key Measures Report Januar 2002		
Deutschland	**Unique Visitor**	**Reach (%)**
Arbeitsamt	1.529.000	9,4 %
Monster	413.000	2,5 %
jobpilot	317.000	1,9 %
StepStone	207.000	1,3 %
Jobware	204.000	1,3 %
Jobscout24	181.000	1,1 %
Jobversum	8.000	0,6 %
NetValue Januar 2002		
Deutschland	**Unique Visitor**	**Reach (%)**
Arbeitsamt	948.000	6,2 %
jobpilot	324.500	2,1 %
StepStone	256.500	1,7 %
Monster	187.600	1,2 %
Hotjobs	187.400	1,2 %

Abb. 20:   Webseiten-Besucher nach Jupiter MMXI und NetValue[24]

---

24 Monster.de (2002): Jupiter MMXI Marktforschungsinstitut über Online-Stellenbörsen: Monster.de auf Platz 1 in Deutschland vom 21. Februar 2002, online: http://www.monster.de/about/presse/mitteilungen/20020221/ und NetValue (2002): Deutsche nutzen das Internet zur Karriereplanung vom 21. Februar 2002, online: http://de.netvalue.com/presse/index_frame.htm?fichier=cp.htm (10. 06. 2002)

Mögen die Ergebnisse der jeweils vorgelegten Studien noch so faszinierend wirken, vergleichbar sind nur die wenigsten, und in der Praxis stellt sich die Frage: Welcher HR-Manager verfügt über die Zeit, sich hierüber eine schlussendliche Transparenz zu erarbeiten, und welche Praxisrelevanz haben diese Rankings für den Recruiter? Die Praktiker werden zunächst weiter ihr individuelles Ranking durchführen und den situativen Erfolg im Rahmen der Personalbeschaffung als Beurteilungsmaßstab in Betracht ziehen.

Eine Markttransparenz der etwas anderen Art bietet die Deutsche Post E-Business GmbH bei eVITA mit dem »JobJones-Index«. In diesem Index werden alle aktuellen Stellenangebote der größten[25] Online-Stellenmärkte und des Arbeitsamtes zusammengefasst (siehe Abbildung 21).

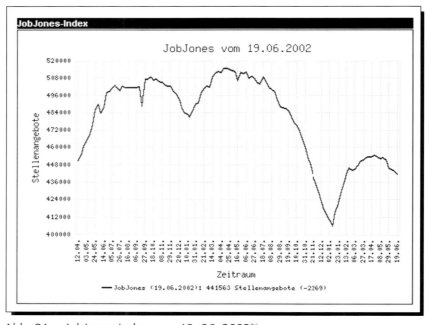

Abb. 21: JobJones-Index vom 19. 06. 2002[26]

---

25 nach eigenen Angaben
26 Deutsche Post eBusiness GmbH/eVITA (2002): JobJones-Index, online: http://www.evita.de/artikel/0,3109,57047,00.html (25. 06. 2002)

Daneben bietet der »STOX« (Stellenmarkt Online Index) einen wöchentlichen Überblick über die Gesamtzahl offener Stellen der größten[27] deutschen Internet-Jobbörsen und der »ABIX« (Arbeitsamt-Index) zeigt die Gesamtzahl offener Stellen beim Stellen-Informations-Service des Arbeitsamtes (SIS). Sowohl der »STOX« als auch der »ABIX« werden als Chart angezeigt. Als weitere Dienstleistung werden Berufs-Charts angeboten, d. h. eVITA ermittelt einmal pro Woche die berufsspezifischen Stellenangebote von 28 Jobbörsen. So zeigt der Job-Index für Controller vom 19. 06. 2002 einen Zugang von 97 neuen Stellenangeboten seit dem 12. 06. 2002 (siehe Abbildung 22).

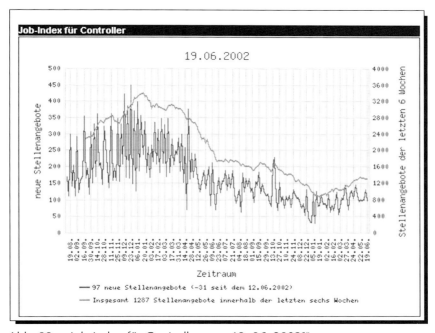

Abb. 22:   Job-Index für Controller vom 19. 06. 2002[28]

Das Dienstleistungsangebot von eVITA wird dann noch durch den »RegioSTOX« abgerundet, der dem User alle neuen Stellenangebote in einem bestimmten Bundesland bzw. Postleitzahlgebiet anzeigt.

---

27 nach eigenen Angaben
28 Deutsche Post eBusiness GmbH/eVITA (2002): Job-Index für Controller, online: http://www.evita.de/artikel/0,3109,56559,00.html (25. 06. 2002); Die linke senkrechte Achse zeigt die Anzahl der seit dem vorherigen Erfassungstag neu hinzugekommenen Stellenangebote (rote Kurve), an der rechten Achse kann die Gesamtzahl der Stellenangebote innerhalb der letzten sechs Wochen (grüne Kurve) abgelesen werden.

3.3 Jobbörsen im World Wide Web

Die Jobbörsen lassen sich nach unterschiedlichen Kriterien klassifizieren. So ist zunächst nach kommerziellen und nicht-kommerziellen Anbietern zu unterscheiden, wobei zu den nicht-kommerziellen Jobbörsen bspw. die Angebote des Arbeitsamtes (www.arbeitsamt.de) sowie die Angebote der Hochschulen, Kammern, Verbände etc. zählen. Zu den kommerziellen Angeboten zählen die Vielzahl an Anbietern wie bspw. www.monster.de, www.jobpilot.de, www.stepstone.de u. v. m. Daneben kann aber auch eine Klassifizierung nach allgemeinen und spezialisierten Jobbörsen oder nach branchenübergreifenden und branchenspezifischen Jobbörsen getroffen werden.

Eine weitere Einteilung ist insofern möglich, dass nach Jobbörsen mit eigenem und/oder ohne eigenes Angebot unterschieden werden kann. So existieren Meta-Suchmaschinen, wie bspw. www.jobrobot.de, www.jobs.zeit.de und www.jobworld.de/evita[29], die über keine eigenen Stellenangebote verfügen, sondern die Angebote mehrerer Jobbörsen präsentieren. Darüber hinaus sollten auch die Online-/ Offline-Jobbörsen genannt werden, wie z. B. die Online-Stellenmärkte von Tageszeitungen, Wochenzeitschriften, Magazinen etc., bspw. www.jobversum.de, www.welt.de/berufswelt, www.faz.de/stellenmarkt, www.sueddeutsche.de/karriere.

Eine einheitliche Klassifizierung und damit auch Kategorisierung der einzelnen Jobbörsen ist in der Praxis nicht ganz einfach, da eine Jobbörse meist mehrere Klassifikationsmerkmale enthält. Hilfreich ist hier die von der Crosswater Systems Ltd. vorgelegte »Typologie der Jobbörsen:[30]

---

29 Jobworld Meta-Suche recherchiert z. B. über folgende Jobbörsen: Berufsstart, BrassRing, bw-job.de, consultants.de, DirektIng, Ernst & Young, Eurojobline, hotel-career.de, Ingenieurweb.de, Job-Consult, jobkurier.de, jobsintown.de, JobScout24, Jobticket, Jobuniverse, JobVersum.de, Jobware, mamas, Newsgroups, PersonalProfi, Prodatex, stellenanzeigen.de, Stellenmarkt, Stellen-Online, Topjobs.ch, UNICUM.de, online: http://www.jobworld.de/evita/ (14. 06. 2002)
30 Vgl. Crosswater Systems Ltd. (2002): Die elektronischen Jobbörsen in Deutschland, Dossier #2: Jobbörsen-Rangliste Mai 2002, Stand: 21. Juni 2002, S. 35 ff

Staatliche betriebene Jobbörsen

- **Arbeitsamt**
- **Universitäten**
- **Öffentliche Hand**
- ...

Privatwirtschaftlich betriebene Jobbörsen:

- **Karriere-Portale**
  (Full-Service-Konzepte sowohl für Bewerber, als auch für Arbeitgeber)
- **Konsolidatoren/Multiplikatoren**
  (Zusammenfassung von bereits in Printmedien veröffentlichte Stellen-
  anzeigen und Stellengesuche in einer Datenbank unter einem einheit-
  lichen Portal)
- **Medien-Transformatoren**
  (Klassische Printmedien transformieren Stellenanzeigen oder Stellenge-
  suche in elektronische Jobbörsen)
- **Franchise-Betreiber**
  (Jobbörsen, die sich im Rahmen eines Franchise-Konzeptes unter einem
  einheitlichen Web-Auftritt zusammengeschlossen haben.)
- **Spezial-Jobbörsen**
  - **Regional**
  - **Branchen**
  - **Berufe**
  - **Karriere-Phase**
- **Sonderformen**
  - **Robots**
    (Spezifische Suchmaschinen, die mehrere Jobbörsen automatisch
    durchsuchen)
  - **HR-Portale**
    (Allgemeine Themen des Personalmanagements, ohne eigentliche ak-
    tive Jobangebote)
  - **Traffic-Partnerships**
    (Vertriebskooperationen von Jobbörsen mit hoch frequentierten oder
    spezialisierten Web-Portalen zur Reichweiten-Steigerung)
  - **Doubletten**
    (Eine bereits bestehende Datenbank wird unter einem anderen Namen
    im Web verfügbar gemacht.)

3.4 Branchen-Spezialisierung von Jobbörsen im World Wide Web

Neben den generalistisch angelegten Jobbörsen kann zukünftig die Spezialisierung auf eine Nische eine Chance für die ein oder andere Jobbörse bedeuten. Grundsätzlich sind mehrere Möglichkeiten der Spezialisierung denkbar. Zum einen nach Branchen, die mit Abstand am weitesten verbreitet ist und die Spezialisierung auf bestimmte Zielgruppen (für Studenten/Absolventen, bspw. www.berufsstart.de, www.abiw.de, www.bigredonline.de, www.alma-mater.de, www.career-service.de, oder für Young Professionals mit drei bis fünf Jahren Berufserfahrung, z. B. www.futurestep.com, für Fach- und Führungskräfte, www.karriere-direkt.de, www.onlineHeadhunting.com, oder für Top-Führungskräfte, zum Beispiel www.leadersonline.de). Aber auch weitere Spezialisierungen sind denkbar, wie nach bestimmten betrieblichen Funktionen (bspw. für den Vertrieb die Jobbörsen www.salesjob.de, www.vertriebs-jobs.de) oder nach Berufsgruppen (zum Beispiel www.sekretaerinnen.de), oder selbst eine Spezialisierung nach Regionalität wäre zukünftig verstärkt denkbar.

Wie bereits dargestellt, ist die Branchenfokussierung die Spezialisierung, die sich bis dato am stärksten durchgesetzt hat. Ohne einen Anspruch auf Vollständigkeit erheben zu wollen, lassen sich im Netz unter Berücksichtigung einer partiellen Zusammenlegung von Teilgebieten Jobbörsen zu folgenden Fachgebieten finden. (siehe dazu auch Abbildung 23):

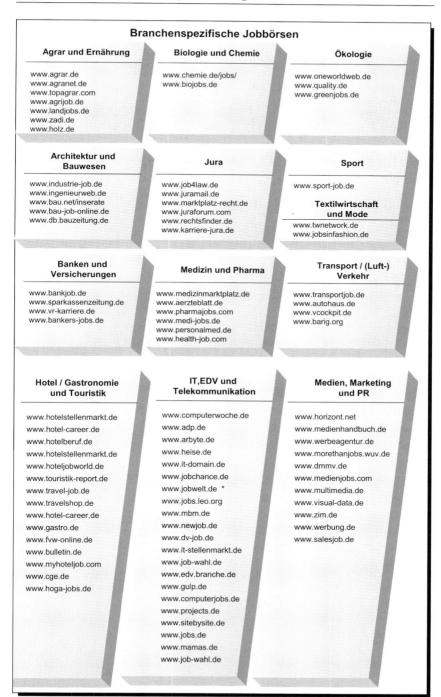

Abb. 23: Branchenspezifische Jobbörsen

■ Argrar und Ernährung	■ Medizin und Gesundheitswesen
■ Architektur und Bauwesen	■ Medien, Marketing und PR
■ Banken und Versicherungen	■ Ökologie
■ Biologie und Chemie	■ Sport
■ Hotel/Gastronomie und Touristik	■ Textilwirtschaft und Mode
■ IT, EDV und Telekommunikation	■ Transport und Verkehr
■ Jura	■ Wissenschaft und Schulen
■ Luftverkehr	

Am stärksten vertreten sind Jobbörsen in den Bereichen

■ IT, EDV, Telekommunikation
■ Hotel/Gastronomie und Touristik
■ Medien, Marketing und PR

Die übrigen Branchen sind mit 2 bis 5 Angeboten im Netz präsent, wobei grundsätzlich die Quantität der Börsen der einzelnen Branchen zunächst nichts über die Qualität aussagt.

Die Jobbörsen haben bereits die Personalbeschaffung verändert. Unternehmen mit einem hohen Bedarf an Personalbeschaffungsdienstleistungen arbeiten zurzeit nicht selten mit drei bis vier Jobbörsen gleichzeitig zusammen. Andere Unternehmen haben noch nie mit einer Jobbörse kooperiert. Die alles entscheidende Frage für den Recruiter ist, was macht eigentlich die Leistungsfähigkeit einer Jobbörse aus, was muss man an Dienstleistungsangebot erwarten und was kann man erwarten? Während die Vielzahl an Publikationen in den vergangenen Jahren sich auf das Ranking der unterschiedlichen Jobbörsen konzentrierte, sollen hier die Leistungsmerkmale, aber auch die grundsätzlichen Einzelfunktionalitäten der Jobbörsen analysiert und systematisch dargestellt werden.

3.5 Die Leistungsfähigkeit von Jobbörsen im Netz der Netze

Die Leistungsfähigkeit eines Online-Stellenmarktes wird im Wesentlichen dadurch bestimmt, inwieweit es der einzelnen Jobbörse gelingt, den Bedarf bzw. die Bedürfnisse der Arbeitskraft-Nachfrager auf der einen Seite und die der Arbeitskraft-Anbieter auf der anderen Seite zu synchronisieren und zur Zufriedenheit beider Parteien zu decken. Dies hängt davon ab, wie die jeweilige Jobbörse die formalen Anforderungen an einen Online-Stellen- markt umsetzt und welche Kernleistungen, Zusatzleistungen und Service- leistungen die jeweilige Börse in welcher Qualität bereitstellt. Dies ist die Voraussetzung für den Erfolg einer Jobbörse, aber keine Garantie. Die kon- sequente Umsetzung der o. g. Punkte führt somit nicht zwangsläufig zum Erfolg, hier werden zukünftig auch andere Marktmechanismen greifen.

3.5.1 Formale Anforderungen

Die Bestimmungsfaktoren der Leistungsfähigkeit von Jobbörsen können in einem zweipoligen Kontinuum abgetragen werden, an dessen End- punkte auf der einen Seite die Arbeitskraft-Anbieter und auf der anderen Seite die Arbeitskraft-Nachfrager stehen. Jobbörsen sind somit die »Dienstleister zweier Herren«, denen sie beiden gerecht werden müssen. Eine einseitige Ausrichtung stellt unmittelbar die Wertschöpfung für die andere Seite in Frage (siehe Abbildung 24).

Abb. 24: Kontinuum der Leistungsfähigkeit von Jobbörsen

Bevor die Kern-, Zusatz- und Serviceleistungen analysiert werden, sollen zunächst die formalen Anforderungen an eine Jobbörse formuliert werden, die in folgende Bereiche unterteilt werden können:

■ Information über den Anbieter
■ Aufbau und Gestaltung

■ Informationen über den Anbieter

Die Quantität und die Qualität der Informationen, die einem Nutzer der Stellenbörsen geboten werden, variieren sehr stark. Während manche Jobbörsen in einem extra dafür vorgesehenen *Link* eine Art Kurzvorstellung realisieren, beschränken sich andere darauf, nur Informationen zur reinen Dienstleistung anzubieten. Die Schwierigkeit in der Praxis ist es, die Informationsbedürfnisse der unterschiedlichen Nutzergruppen vollständig zu befriedigen. Zumeist stellen die Jobbörsen unter den Stichwörtern »Über uns«, »Fakten« oder »Basics« diese Informationen bereit.

In der folgenden Listung sind die Informationsgehalte aufgeführt, die für die unterschiedlichen Nutzergruppen wichtig sind:

- Informationen über das Unternehmen
- Unternehmensphilosophie/-leitlinien/-kultur
- Historische und zukünftige Entwicklung des Unternehmens
- Angabe der Zielgruppen
- Dienstleistungsinformationen für Stellensuchende
- Dienstleistungsinformationen für Unternehmen
- Aktuelles/News
- Adressen der Niederlassungen (einschließlich Ausland)
- Kontaktmöglichkeiten/Ansprechpartner/Anfahrtsskizze
- Aktuelle Messetermine
- Allgemeine Geschäftsbedingungen/Nutzungsbedingungen
- Investor Relations (bei Aktiengesellschaften)
- Referenzen von Unternehmen
- Referenzen von Bewerbern
- Kennzahlen (Stellenangebote/Stellengesuche/durchschnittliches Bewerbungsaufkommen pro Stellenangebot/Erfolgskennzahlen ...)
- Informationen zur Sicherheit & Diskretion bei Nutzung
- Presseartikel/-arbeit
- Karriere und Jobs beim Stellenmarkt

■ Aufbau und Gestaltung

Der Aufbau und die Gestaltung der Web-Sites werden zum einen durch die technischen Möglichkeiten bestimmt, und zum anderen dadurch, inwieweit die Gesamt-Konzeption die Verwendung von Logos, Texten, Bildern, Farben, Hintergründen und Werbung hinsichtlich der Quantität, Qualität, der Platzierung und der Funktionalität vorsieht (siehe Abbildung 25).

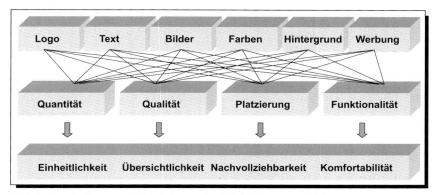

Abb. 25:   Aufbau und Gestaltung der Web-Sites von Jobbörsen

Hierbei kann es kein »Richtig« oder »Falsch« geben, sondern ausschließlich die Orientierung an den Zielen der Einheitlichkeit, Übersichtlichkeit, Nachvollziehbarkeit und Komfortabilität. Die Summe dieser Kriterien und der realisierte Mix machen dann die so genannte Benutzerfreundlichkeit (i. w. S.) aus, was teilweise auch wiederum sehr subjektiv bewertet wird.

Die einzelnen Web-Auftritte der Jobbörse fallen somit in der Praxis auch sehr unterschiedlich aus. Während die einen auf ein möglichst umfangreiches Informationsangebot bereits auf der ersten Seite abstellen, reduzieren andere Jobbörsen ihr Informationsangebot gerade auf der ersten Seite und setzen damit auch Schwerpunkte für die unterschiedlichen Nutzergruppen.

Hinsichtlich des Aufbaus einer Stellenbörse sollte generell gelten, dass dieser logisch (intuitiv) und nachvollziehbar für die jeweiligen Nutzergruppen bzw. Zielgruppen aufgebaut sein sollte und die gewünschten Informationen mit möglichst wenigen Schritten zur Verfügung gestellt werden. Das bedingt zum einen, dass bereits auf der Homepage Zielgruppen definiert sind und das Angebot bzw. die Leistungen und Services so detailliert untergliedert werden, dass der Nutzer im Idealfall jede einzelne Seite der Stellenbörse durch Anklicken eines auf der Homepage vorhandenen Links erreichen kann. Zum anderen sollte hinsichtlich des Seitenlayouts innerhalb einer Jobbörse eine Standardisierung angestrebt werden, um dem Nutzer vom Aufbau und der Gestaltung her eine Orientierung zu geben (geringe Variationsbreite). Angesprochen wird hiermit eine anzustrebende Einheitlichkeit, die neben der Übersichtlichkeit und der Nachvollziehbarkeit ein weiteres Gütekriterium für eine Jobbörse darstellt.

Eine weitere formale Anforderung an Jobbörsen ist die Mehrsprachigkeit. Inwiefern die Notwendigkeit gegeben ist, eine Stellenbörse mehrsprachig aufzubauen, hängt von dem Regionalbezug und dem Zielmarkt ab. Fakt ist, dass die zusätzliche Verfassung der verschiedenen Seiten der Stellenbörse – zumindest auf Englisch – den Globalisierungstendenzen weitgehend entgegenkommt und zukünftig die räumliche Eingrenzung des Arbeitsmarktes zunehmend aufgelöst wird. Als weiteres Argument kann gelten, dass wenn man als einen großen Vorteil des Internets die weltweite Verfügbarkeit apostrophiert, eine mehrsprachige Version der Jobbörse unumgänglich erscheint. Die größeren Jobbörsen tragen diesem Tatbestand insofern Rechnung, dass sie in den Ländern, in denen sie vertreten sind, eigene Job-Sites zur Verfügung stellen, die in der Regel mit der deutschsprachigen Seite verlinkt sind.

Insgesamt gilt für den Aufbau und die Gestaltung, dass die Internet-Präsentation:

- Interesse bei der richtigen Ziel- und Kundengruppe wecken und ansprechend wirken sollte,
- übersichtlich gestaltet ist und einen klaren Weg erkennen lässt,
- eine möglichst detaillierte Untergliederung der Rubriken bereits auf der Homepage aufweisen sollte,
- eine eindeutige Bezeichnung der Links (ggf. mit Erläuterungen) besitzt,
- durch Links aufgerufene Seiten möglichst keine weiteren Verzweigungen zu anderen Seiten aufweisen und wenn, eine problemlose Rückkehr möglich ist (Vermeidung von »Toten Links«),
- relevante Informationen, zielgruppengerecht und bedürfnisabhängig, mit wenigen Schritten zur Verfügung stellt,
- weitgehend ein einheitliches Seitenlayout durchgängig ausweist (über den gesamten Internet-Auftritt hinweg),
- Orientierungshilfen für den Nutzer (bspw. durch Sitemaps [siehe Abbildung 26]) anbietet,
- Werbung, sowohl vom Platzbedarf als auch von der Einblendung her, auf das (subjektiv) notwendige Maß reduziert.

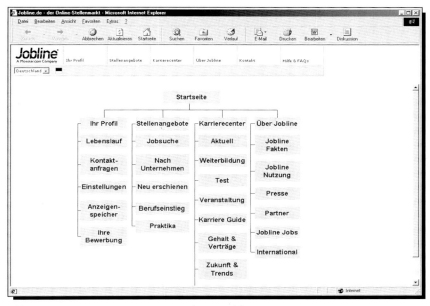

Abb. 26: Eine Sitemap am Beispiel von Jobline[31]

3.5.2 Kern- und Basisleistungen

Als Kern- und Basisleistungen von Jobbörsen werden hier jene Funktionalitäten bzw. Dienstleistungen verstanden, die unmittelbar auf die Synchronisation und die tatsächliche Deckung der von Arbeitskraft-Anbieter- und
-Nachfragerseite artikulierten Bedarfe abstellen. Dagegen sind Zusatzleistungen Additiv-Leistungen, die diesen Prozess mittelbar oder unmittelbar
unterstützen, während Serviceleistungen den Prozess nur mittelbar unterstützen bzw. im Wesentlichen eine Anreizfunktion für die unterschiedlichen Zielgruppen darstellen. Während eine weit gehende Einigkeit,
auch in der Praxis, über die Kern- und Basisleistungen von (derzeitigen)
Jobbörsen besteht, ist eine solche Trennschärfe bei den Zusatz- und Serviceleistungen nicht gegeben. Diese bieten jedoch künftig für die Jobbörsen auch Chancen, sich weiter zu entwickeln bzw. wie bereits heute schon,
sich vom Wettbewerb mehr oder weniger abzuheben (siehe Abbildung 27).

Als Kern- und Basisleistungen können die Veröffentlichung von Stellenangeboten und Stellengesuchen, sowie die Lebenslauf-Datenbank-Recher-

---

31 Jobline (2002): Sitemap, online: http://www.jobline.de/r1/startpage/r1_default.asp
(16. 01. 2002)

che verstanden werden. Dies schließt sowohl den Anzeigenservice im Rahmen der Veröffentlichung mit ein, als auch eine ausgereifte Suchfunktionalität. Die Suchfunktionalität aus dem Grunde, weil eine zielgerichtete und erfolgreiche Bedarfsdeckung im Falle der Jobbörsen im Wesentlichen von der Leistungsfähigkeit der Such- und Recherchefunktionalität abhängt.

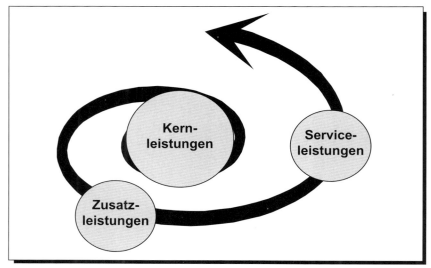

Abb. 27:   Die Dienstleistungsspirale der Jobbörsen

■ Stellenangebote

Die Attraktivität einer Jobbörse wird aus Sicht eines Arbeitskraft-Anbieters überwiegend dadurch bestimmt, ob die Quantität und Qualität der veröffentlichten Job-Offerten nach seinen subjektiven Maßstäben stimmt. Objektive Maßstäbe kann es hierbei nicht geben, wobei generell schon der Schluss zulässig ist, dass je mehr Job-Offerten eine Jobbörse anbietet, desto höher auch die Wahrscheinlichkeit, den Bedarf zu decken. Die Ausnahmen bilden hierbei jedoch die branchenspezifischen Jobbörsen, die die Quantität der Job-Offerten ggf. durch die Zielgerichtetheit kompensieren können (gleichzeitig auch die Chance für die branchenspezifischen Anbieter). Die Quantität der Stellenangebote ist jedoch nicht bei allen Jobbörsen unmittelbar transparent. Dies liegt zum einen daran, dass keine Aussagen hierüber gemacht werden bzw. erst nach intensiver Recherchearbeit bei dem jeweiligen Web-Auftritt die Quantität ermittelt werden kann. Zum anderen ist die Transparenz deswegen eingeschränkt, weil nicht bei allen Jobbörsen, wenn Angaben zur Quantität getroffen werden, zwischen weltweiten, europaweiten und deutschlandweiten bzw. nach internationalen und deutschlandweiten Stellenangeboten unterschieden wird. Dass dies für die Arbeitskraft-Anbieter ein Unterschied ist, zeigen die Zahlen bspw. von StepStone oder auch jobpilot. So wurden am 16. 01. 2002 bei StepStone z. B. in Deutschland, Österreich und der Schweiz 9.364 Jobs, von insgesamt 62.287 Job-Offerten angeboten.[32] jobpilot bietet zum gleichen Datum die Information auf der Homepage, dass 65.781 »Traumjobs« angeboten werden, und zwar in 32.034 Stellenanzeigen.[33] Weitere Informationen werden in der Rubrik Mediadaten bereitgestellt (siehe Abbildung 28).

Online-Daten Dezember 2001:	Deutschland:	International:
Stellenanzeigen:	15.592	34.790
Stellenangebote/Jobs:	40.264	66.551
Aktuelle Lebensläufe:	45.918	145.738
Registrierte »My jobpilot«-Nutzer:	506.210	1.692.488
PageImpressions November 2001: *(zertifiziert durch ABC-Interactive, November 2001)	16.346.687*	37.385.697*

Abb. 28:   Online-Daten von jobpilot[34]

Neben der Quantität spielt die Qualität der Stellenangebote eine große Rolle. Diese wiederum lässt sich sehr schwer messen. Ein Kriterium ist die Möglichkeit der Veröffentlichung einer vollständigen und umfassenden Stellenausschreibung, aber auch die Aktualität der jeweiligen Job-Offerten ist relevant. Bei den größeren Jobbörsen erfolgt inzwischen eine tägliche Aktualisierung. Entweder wird das Eingangsdatum der Stellenanzeigen angegeben und/oder es besteht die Möglichkeit der Einschränkung hinsichtlich des Erscheinungsdatums im Rahmen der Stellensuche, so dass eine Listung bspw. nach absteigender Aktualität erfolgt.

Die Stellenangebote können meist unmittelbar oder nach einer kostenlosen Anmeldung bei den jeweiligen Jobbörsen von jedem Nutzer eingesehen werden. Je nach Suchfunktionalität erhält der User eine Liste über die eingeschränkte und/oder erweiterte Suche, die den Zugriff zur Einzelaus-

---

32 StepStone (2002): Startseite, online: http://www.stepstone.de/start.php3?menu=1–1 (16. 01. 2002)

33 jobpilot AG (2002): Startseite und Mediadaten, online: http://www.jobpilot.de (16. 01. 2002)

34 jobpilot AG (2002): Mediadaten, online: http://www.jobpilot.de/content/companies/ what_we_do/cv_mediadaten.html (16. 01. 2002)

schreibung ermöglicht (auf die Suchfunktionalität wird noch im Einzelnen eingegangen).

Als Beispiel für ein digitales Stellenangebot kann das Ergebnis einer Suchanfrage bei der Jobbörse Monster (www.monster.de) am 01. 10. 2001 dienen, bei der nach einer Stelle als Personalreferent/in in Deutschland recherchiert und aus einer Liste das Stellenangebot der Audi AG ausgewählt wurde (siehe Abbildung 29).

DE-Bayern-Ingolstadt-Personalreferent/in

Willkommen als: Personalreferent/in
Ein interessantes Berufsleben – Ihr Wechsel zu uns:

»Wer die Welt bewegen will, muss Motor sein.« Wenn Sie in Ihrem Beruf erfolgreich etwas bewegen möchten und sich an anspruchsvollen Aufgaben qualifiziert weiterentwickeln wollen, bietet Audi Ihnen interessante Arbeitsplätze und konzernweite Herausforderungen an den unterschiedlichsten Standorten in Deutschland und auf dem Weltmarkt. Die automobile Zukunft wird gerade neu gestaltet, und wir suchen in dem Bereich Personalwesen Mitarbeiter mit zukunftsweisenden Ideen. Dass Sie sich bei uns voll einbringen können und auch kreative Freiräume haben, halten wir für selbstverständlich.

Mit Können und Ideen müssen Sie den Erfolg nicht erst suchen, bei uns bauen Sie ihn gleich weltweit aus.

Fordernd und vielfältig – Ihre Aufgaben:
Als Personalreferent /in liegt der Schwerpunkt Ihrer Aufgaben in der Ermittlung des Personalbedarfs für den von Ihnen betreuten Mitarbeiterkreis, sowie die Festlegung und Umsetzung geeigneter Beschaffungsmaßnahmen. Zudem betreuen Sie die Mitarbeiter und Vorgesetzten in allen personalwirtschaftlich relevanten Fragestellungen und steuern Weiterbildungsmaßnahmen und Gehalts- und Personalentwicklungsrunden.

Fachlich und persönlich – Ihre Qualitäten:
Sie besitzen ein abgeschlossenes BWL-Studium oder eine abgeschlossene kaufmännische Ausbildung mit Zusatzqualifikation Personalkaufmann /-frau mit mehrjähriger Berufserfahrung in gleicher Funktion. Fundierte Kenntnisse im Steuer-, Sozialversicherungs- und Arbeitsrecht setzen wir ebenfalls voraus. Zudem sind Sie sehr versiert im Umgang mit den modernen EDV-Hilfsmitteln (MS Office, Word, Excel, Power Point) und verfügen zusätzlich über PC-Anwenderkenntnisse (SAP-R3). Wichtig sind uns aber auch Ihre persönlichen Qualitäten wie freundliches und verbindliches Auftreten und Einfühlungs- und Durchsetzungsvermögen. Mitbringen sollten Sie zudem ein hohes Maß an Engagement, Flexibilität und Belastbarkeit, sowie einen teamorientierten Arbeitsstil.

Schicken Sie uns Ihre Bewerbungsunterlagen. Wir antworten schnell. Vertraulichkeit ist sicher.

Abb. 29:   Digitales Stellenangebot der Audi AG am 01. 10. 2001[35]

---

35 Monster.de (2001): jobsuche, online: http://jobsuche.monster.de/jobsearch.asp?brd
=1&cy=de&lid=&fn=&q=Personalreferent (01. 10. 2001

■ Stellengesuch/Lebenslauf-Einstellung

Das traditionelle Stellengesuch hat in der digitalen Welt der Jobbörsen einen Quantensprung vollbracht. Von dem meist unscheinbaren, durch Kosten häufig reduzierten Informationsangebot, als Annex in irgendeiner Tages- oder Wochenzeitung, hat sich das digitale Stellengesuch in Richtung einer aussagefähigen Komplett-Bewerbung gewandelt. Zunehmend bieten Jobbörsen die Möglichkeit, nicht nur Stellengesuche, sondern Lebensläufe kostenlos zu hinterlegen bzw. einzustellen. jobpilot weist hier sogar separat darauf hin, dass bei ihnen der Lebenslauf gleich dem traditionellen Stellengesuch (in der Zielrichtung) entspricht. Dies spiegelt sich auch in der Navigationsleiste wider, wo nicht »Stellengesuch«, sondern »Ihr Lebenslauf« erscheint.[36] Damit wird dem Arbeitskraft-Nachfrager erstmals eine adäquate Informationsbasis zugänglich gemacht, die zu »reinen« Printzeiten nicht möglich war. Die Aufgabe eines Stellengesuches soll hier beispielhaft an der Jobbörse Jobware (www.jobware.de) kurz erläutert werden. Nach der Anmeldung kann ein Stellengesuch erstellt werden, welches jederzeit aktualisiert werden kann, das Gesuch besteht aus acht Kategorien:

- Persönliche Angaben
- Schule & Berufsausbildung
- Studium
- Berufserfahrung
- Qualifikation
- Sprache & IT
- Angestrebte Tätigkeit
- Anschreiben

In der Kategorie »Persönliche Angaben« werden z. B. die Stammdaten wie Vorname, Name, Alter, Wohnort, Familienstand, Kinder und Erreichbarkeit abgefragt. Jederzeit besteht die Möglichkeit der Vorschau dahingehend, was die Unternehmen einsehen können. Im Bereich der persönlichen Daten bleibt dies zunächst auf das Geschlecht und Alter beschränkt. In den weiteren Kategorien hat der Arbeitskraft-Anbieter die Möglichkeit in vorgefertigten Feldern (menügeführt) sehr detaillierte Angaben zur Ausbildung, zum Studium, zu den Kenntnissen und Berufswünschen zu machen. Das Anschreiben bzw. die »Gesuchsbewerbung« kann anschließend frei formuliert werden[37] (siehe Abbildung 30).

---

36 Vgl. jobpilot AG (2001): Startseite, online: http://www.jobpilot.de (14. 10. 2001)
37 Vgl. Jobware (2002): Stellengesuch, online: http://www.jobware.de (15. 06. 2002)

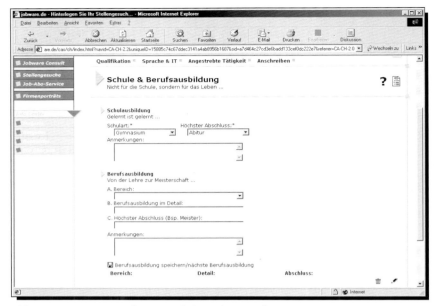

Abb. 30:   Auszug Stellengesuch bei jobware.de[38]

Wird das Stellengesuch online geschaltet, können Personalverantwortliche den Arbeitskraft-Anbieter mittels einer Nachricht an Jobware kontaktieren. Damit ist es wie bei dem klassischen Stellengesuch dem Arbeitskraft-Anbieter freigestellt, ob und wann er sich mit der Nachfrageseite in Verbindung setzt.

Die Qualitätssteigerung, die somit das Stellengesuch in digitaler Form erhalten hat, ist exorbitant. Die Jobbörse jobpilot AG präsentiert in ihrem Web-Auftritt ein Beispiel, welches die Form und den Aussagegehalt eines Stellengesuches (Lebenslaufes) sehr gut verdeutlicht.[39]

Ebenso wie bei den Stellenangeboten, gilt es bei den Stellengesuchen (Lebensläufen), hinsichtlich des Erfolges bei der Bedarfs-Synchronisation, das Postulat der Aktualität zu gewährleisten. Einige Jobbörsen arbeiten mit einer temporären Verweildauer der Stellengesuche in der Bewerberdatenbank. Hierzu wird das vom Arbeitskraft-Anbieter erstellte Stellengesuch (Lebenslauf) nach einem festen Zeitraum von x Wochen automatisch deaktiviert. Eine Aktivierung durch den Arbeitskraft-Anbieter wird jedoch als Möglichkeit angeboten, ebenso die Deaktivierung zu jedem beliebigen Zeitpunkt. Andere Jobbörsen geben die Verantwortung an die »Stellenge-

---

38 Jobware (2002): Stellengesuch, online: http://www.jobware.de (15. 06. 2002)

39 siehe hierzu jobpilot AG (2002): Beispiel-Lebenslauf, online: http://www.jobpilot.de/content/myjobpilot/example.html (15. 06. 2002)

sucher« weiter, indem diese bspw. nach einem bestimmten Zeitraum via Mail über den Verbleib des Stellengesuches in der Bewerberdatenbank selbst entscheiden können.

■ **Lebenslauf-Datenbank-Recherche**

Während die Jobbörsen der ersten Generation sich vorwiegend auf die Digitalisierung und Veröffentlichung der Stellenangebote konzentrierten, bieten die Jobbörsen der zweiten Generation die Funktionalität der Lebenslauf-Datenbank-Recherche. Die Bündelung der Stellengesuche neuer Art (Lebenslauf) und die Speicherung in einer Datenbank ist damit die konsequente Weiterentwicklung der Jobbörsen in Richtung eines weltweit verfügbaren Human-Resources-Pools.

Neben der Stellenanzeige besitzen somit die Arbeitskraft-Nachfrager die Möglichkeit, bei den Jobbörsen in den so genannten Lebenslauf-Datenbanken nach geeigneten Bewerbern zu suchen, ohne unmittelbar eine Stellenanzeige aufzugeben. Während vor der Internet-Zeit die Selektionsmöglichkeiten der Stellengesuche doch sehr eingeschränkt war, weil die Quantität der Stellengesuche im Verhältnis zu den digitalen Stellengesuchen verschwindend gering war, konnte ein Arbeitskraft-Nachfrager nicht Woche für Woche alle möglichen Print-Medien hinsichtlich der Stellengesuche durchforsten. Seitdem die Möglichkeit der Stellengesuche neuer Art besteht, ist dies ein weiterer erfolgsversprechender Weg, an geeignete Kandidaten und Kandidatinnen zu gelangen.

Die Möglichkeit der Lebenslauf-Datenbank-Recherche bedeutet jedoch auch, dass ggf. eine Vielzahl von Stellenangeboten gar nicht mehr seitens der Unternehmen veröffentlicht werden, was Auswirkungen auf die Strategie der Bewerber hat. Bis zum Zeitpunkt der Lebenslauf-Datenbanken waren die Arbeitskraft-Nachfrager geradezu gezwungen, mit ihren Angeboten an die Öffentlichkeit zu gehen. Dies ist heute nicht mehr der Fall. Daraus resultiert, dass die Nicht-Existenz des Lebenslaufes in einer Datenbank zu einem Nutzen-Entgang führt oder, positiv ausgedrückt, die Existenz des Lebenslaufes in einer Datenbank zusätzliche Möglichkeiten/Offerten bietet.

Bei der Lebenslauf-Datenbank-Recherche können die Personalverantwortlichen der Unternehmen, nach den von der Jobbörse angebotenen Such- und Selektionskriterien, mögliche Kandidaten- bzw. Anforderungsprofile artikulieren und erhalten nach einem Abgleich mit den Bewerberprofilen die möglichen Kandidaten und Kandidatinnen, ggf. je nach Jobbörse, gelistet nach Deckungsgrad der Profile. Jobline beispielsweise sprach in diesem Zusammenhang von Matching-System, d. h. die Suche nach geeigneten

Bewerbern, unter der gleichzeitigen Möglichkeit einer automatischen Übereinstimmungsprüfung, basierend auf dem Suchprofil und den Informationen im Lebenslauf.[40]

Wie funktioniert eine Lebenslauf-Datenbank-Recherche? Zum Beispiel bietet Jobpilot ein Selektionsformular an, nach denen der Bedarf spezifiziert bzw. konkretisiert werden kann. Mit jeder Einschränkung bzw. Präzisierung reduziert sich die Bewerberzahl. Es können Angaben in den Kategorien Art der Anstellung/Sprache der Einträge, Qualifikation, Einsatzort und Position/Berufsfeld/Branche artikuliert und konkretisiert werden. (Die Abbildung 31 zeigt das Selektionsformular.)

Abb. 31: Selektionsformular der jobpilot AG[41]

Nach Eingabe der Selektionskriterien erhält der Arbeitskraft-Nachfrager eine Liste angezeigt mit den Kandidaten in der Lebenslauf-Datenbank, die seinen Anforderungen oder besser den Selektionskriterien entsprechen. In Abbildung 32 ist ein Auszug aus der Liste der recherchierten Lebensläufe beispielhaft dargestellt.

Durch Anklicken des jeweiligen Stellengesuches wird der Lebenslauf des/der Bewerbers/in angezeigt. Dies erfolgt anonym und erst für die Möglichkeit der Kontaktierung muss sich bei der Jobbörse (hier: jobpilot) angemeldet werden. Der Service ist kostenpflichtig. Zur Orientierung kostet eine Recherche und Kontaktierung von Stellensuchenden, die an Positionen

---

40 Vgl. Jobline (2001): Matching-System, online: http://www.jobline.de/r1/startpage/r1_default.asp (02. 10. 2001)

41 jobpilot AG (2002): Selektionsformular, online: http://jobpilot.de/company/resume/ChooseSettings.phtml (15. 06. 2002)

Nr.	Datum	Kandidaten Nr.	Titel
1	Sa 15. 06. 2002	de427840	Diplom-Kaufmann (TH): Beratung – Vertrieb
2	Fr 14. 06. 2002	de438401	Mitarbeiterin Personal / Personalreferentin
3	Fr 14. 06. 2002	de439591	Neue Entwicklungsmöglichkeiten? Unternehmensberater sucht
4	Fr 14. 06. 2002	de416191	Hochschulabsolvent BWL (Organisation, Marketing)
5	Do 13. 06. 2002	de481206	Dipl. Kfm. incl. Industriekfm. sucht neue Herausforderung
6	Do 13. 06. 2002	de419905	Herausforderung im Marketing- oder Personalbereich gesucht!
7	Mi 12. 06. 2002	de444322	Becker Michael
8	Mi 12. 06. 2002	de485886	Prüfungsassisstentin WP-Branche sucht Veränderung
9	Mi 12. 06. 2002	de486935	Bewerbung Controlling, Marketing und HR für Osteuropa

Abb. 32: Auszug aus der Liste der recherchierten Lebensläufe bei der jobpilot AG[42]

in Deutschland interessiert sind, bei der jobpilot AG 995,– Euro für 4 Wochen (bis zu 100 Kontaktmöglichkeiten).[43]

■ Anzeigenservice

Das Einstellen fertiger Stellenanzeigen gehört zu den Routinetätigkeiten und damit zum Standardrepertoire jeder Jobbörse und i. d. R. erfolgt dann seitens der Jobbörse »nur« noch eine Verschlagwortung sowie das Einstellen in das jeweilige System. Darüber hinaus wird den Unternehmen jedoch auch ein Anzeigenservice kostenpflichtig angeboten, in dem die Jobbörsen, nach Vorlage der rudimentären Daten und Angaben, eine Anzeige gestalten und dann in das System einstellen.

Während einige Jobbörsen ausschließlich bei der Stellenanzeige auf ein einheitliches und standardisiertes Layout setzen, bieten andere wie bspw. StepStone auch die Möglichkeit, zwischen unterschiedlichen Layoutvorla-

---

42 jobpilot AG (2002): Bewerberdatenbank, online: http://jobpilot.de/company/resume/ ShowResult.phtml (15. 06. 2002)

43 jobpilot AG (2002): Für Arbeitgeber – Bewerberdatenbank, online: http://www.jobpilot.de/content/service/companies/products/cv-search.html (15. 06. 2002)

Layout 01	Layout 02	Layout 03	Layout 04

Abb. 33: Auswahl Layout-Vorlagen bei StepStone[44]

gen (bei StepStone sind es 10 Vorlagen, siehe Abbildung 33) auszuwählen, bis hin zur individuell gestalteten und mediengerechten Stellenanzeige.

Auch bei Standardvorlagen sind i. d. R. Hintergründe, Rahmen und Farben frei wählbar, die Einbindung des Firmenlogos bieten fast alle Jobbörsen an.

Neben der inzwischen klassischen Vorgehensweise im Anzeigenservice wird darüber hinaus von einzelnen Anbietern auch ein Multi-Channeling angeboten. Hierunter versteht man die einmalige Erfassung der Stellenanzeige bei mehrfacher Schaltung in unterschiedlichen Stellenbörsen ohne Mehraufwendungen. Hierfür bietet HRgate.de bspw. das Produkt »HR-Connect« (ehemals »time-4-e«) in Kooperation mit der Dohne kommunikativ GmbH (Frankfurt am Main) an, eine onlinebasierte Lösung bei der die Stellenangebote über den Web-Browser eingegeben und über eine Posting-Engine, je nach Schaltauftrag an die gewünschten Jobbörsen verteilt werden. (Die Abrechnung sämtlicher Schaltungen erfolgt über einen einzigen Ansprechpartner.)[45] Hierdurch kann der Arbeitskraft-Nachfrager sein Stellenangebot individuell bei unterschiedlichen nationalen und internationalen Jobbörsen veröffentlichen.

---

44 StepStone (2002): Produkte/Service, online: http://www.stepstone.de/start.php3?menu=1–1 (15. 06. 2002)
45 HRgate (2002): online: Produktinformation, http://www.hrgate.de/index.cfm?action=ShowDetail&contenttype_id=98&content_id=8950 (15. 06. 2002)

3.5.3 Zusatzleistungen

Unter Zusatzleistungen werden hier, wie eingangs erwähnt, all jene Leistungen verstanden, die den Recruiting-Prozess mittelbar oder unmittelbar unterstützen. Dies können sowohl technische, als auch personelle Dienstleistungen sein, ebenso wie Informationsdienstleistungen.

■ **Prozessunterstützung**

Einige Jobbörsen bieten die Möglichkeit von ASP-basierten (= Application Service Providing) Recruiting-Lösungen für Unternehmen an. So bietet z. B. jobpilot mit jobpilot workflow eine internetbasierte Rekrutierungs-Standardsoftware für Unternehmen und eine spezielle Lösung für Personalagenturen an. Personalverantwortliche können damit eine auf dem Workflow-Ansatz des Recruiting-Prozesses basierten Softwarelösung nutzen bzw. einsetzen, ohne diese in die eigene IT-Landschaft integrieren zu müssen, da die Lösung zentral im Web zur Verfügung gestellt wird. Das Recruiting-Tool ermöglicht es einem Unternehmen, die Teilprozesse von der Erstellung des Anforderungsprofils, über die Gestaltung der Stellenanzeige bis hin zur Einladung der Bewerber, dem Berichtswesen etc. EDV-technisch mit einem Tool abzuwickeln.[46] Hiermit wird eine Teil- bzw. Vollautomatisierung der Recruiting-Teilprozesse erreicht.

■ **Support des Inhouse-Stellenmarktes**

Für Unternehmen, die einen eigenen Stellenmarkt aufbauen und betreiben wollen, bieten einige Jobbörsen die Möglichkeit an, die technisch und personell sehr aufwändige Installation und das Hosting des firmeneigenen Stellenmarktes zu übernehmen. Dieser Service wird beispielsweise von Jobware unter dem Namen »Jobware deluxe« angeboten. Ohne die Berührung firmeneigener Zugriffsrechte oder den Umbau der Web-Sites wird der Service so installiert, dass alle Stellenangebote, die unter www.jobware.de veröffentlicht werden, parallel und in Echtzeit auch auf der Unternehmens-Homepage im firmentypischen Design erscheinen.[47] Reduziert wird hierdurch der technische, personelle und administrative Aufwand, so dass die Personalverantwortlichen sich auf das eigentliche Recruiting konzentrieren können. Neben der Lufthansa, Rhode & Schwarz, Continental etc. setzen zunehmend immer mehr Unternehmen einen solchen Service ein.

---

46 jobpilot AG (2002): Für Arbeitgeber – Bewerbermanagement und Individuelle HR-Systeme, online: http://www.jobpilot.de/content/companies/index.html (15. 06. 2002)

47 Vgl. Jobware Online-Service GmbH (2001): Modernes Personalmanagement braucht Kompetenz, Kundeninformation, S. 4

■ Personalberatung

Die Vorteile des Internets, kombiniert mit den Kompetenzen eines Personalberaters, führen zu Dienstleistungen, die über die klassische Jobbörse hinausgehen. So bietet z. B. Jobware Consult, die Personalberatung des Karriere-Portals Jobware, Unternehmen die Möglichkeit der Direktvermittlung an, in dem Unternehmen per Online-Formular die Positionsbeschreibung übermitteln, ohne dass diese als Online-Anzeige erscheint. Auf der Basis des individuellen Karriere-Coachings für Fach- und Führungskräfte schlägt das Beraterteam dann dem Unternehmen geeignete Kandidaten/Kandidatinnen zur Besetzung der vakanten Position vor.[48]

JobScout24 bietet über das Human-Resources-Portal HRgate einen Informations- und Dienstleistungs-Service für das Personalmanagement von Unternehmen an, bei dem Informationen und Dienstleistungen aus vielen Bereichen der personalwirtschaftlichen Aufgabenstellungen, einschließlich arbeitsrechtlicher Beratung, angeboten werden.[49] Von allgemeinen HR-Themen, über Arbeitsrecht, Führung, Mitarbeiterbeurteilung und -entwicklung bis hin zu HR-Systemen & Technologie und Mitarbeitertrennung werden Informationen und Leistungen angeboten, die sich an einer von HRgate definierten Wertschöpfungskette ausrichten (siehe Abbildung 34). jobpilot bietet das externe Recruitment ebenfalls als Dienstleistung an, bei der neben der Anzeigenschaltung, dem Web-Research (auch Jobbörsen-übergreifend), der Vor-Selektion mit und ohne Interviews (auch telefonisch), der Durchführung von Vorstellungsgesprächen bis hin zur Unterstützung bei den Vertragsverhandlungen, Berater die Aufgaben für einen Auftraggeber durchführen. Die Unternehmen können bei dem Personalberatungsservice »Direct-Selection« von jobpilot einen adäquaten Servicelevel (Database*Select,* Ad*Select oder den* Pro*Select)* selbst bestimmen und auswählen.[50]

---

48 Vgl. Jobware (2001): Schnelle Besetzung offener Positionen durch neuen Recruiting-Service, 21. Mai 2001, online: http://www.jobware.de/wu/pr/mg/29.html (15..06.2002)

49 Vgl. JobScout24 (2002): Homepage, online: http://www.jobscout24.de (15. 06. 2002)

50 Vgl. jobpilot AG (2002): Für Arbeitgeber – Direct Selection, online: http://www.jobpilot.de/content/service/companies/products/directselection.html (15. 06. 2002). Die Database*Select* Leistungen z. B. sind: die Abstimmung des Such- bzw. Anforderungsprofils, die Recherche in Online-Gesuchsdatenbanken, die Kontaktaufnahme per E-Mail, ein Telefonservice, die Vorabinformation für Kandidaten, die Vorselektion inkl. telefonischer Vorauswahl-Interviews, ein vertraulicher Kurzbericht und Übermittlung der vorselektierten und interessierten Bewerber, sowie ein wöchentliches Reporting (Laufzeit 6 Wochen, 1. Suche € 3.940,– Stand: 15. 06. 2002)

Abb. 34:   Die fünf Hauptbereiche der Personalmanagement-Wertschöp-
fungskette[51]

■ Karriere-Beratung/-Coaching

Jobbörsen sind gut beraten, ihre Dienstleistungen hinsichtlich ihrer Zielgruppen (Arbeitskraft-Anbieter und Arbeitskraft-Nachfrager) ausgewogen
zu gestalten. Dies gilt neben den Kern- und Basisleistungen in gleichem
Maße für die Zusatzleistungen. Während die Dienstleistungen der Personalberatung auf die Arbeitskraft-Nachfrager zentriert sind, stellen die
Dienstleistungen Karriere-Beratung/-Coaching im Wesentlichen auf die
Arbeitskraft-Anbieter (Bewerber) ab.

So hat JobScout24 unter Karriereberatung einen Telefonservice angeboten.
Nutzer konnten aus einer Liste von Experten und Themen auswählen und
den oder die jeweilige Karriereberater/in kontaktieren. Hierzu sendete der
User seine E-Mail-Adresse einschließlich Telefonnummer an Jobscout24
und nach eigenen Angaben wurde innerhalb weniger Sekunden zurückge-
rufen, um persönliche Fragen zur Bewerbung, zur Karriere etc. stellen zu
können[52] (siehe Abbildung 35).

Themen:		Bewerbungstipps			Karriereberatung	
☐	Verfügbarkeit	Experte		Angebot	Gespräche/ Bewertung	Gebühr pro Minute **
☐	Jetzt anrufen	Ralf_Chr_Dietrich		Was macht einen Be-werber erfolgreich?	(9) *****	1,34/1,54 €
☐	Jetzt anrufen	Agentur_Madeja-Stieren		Beruflicher Erfolg durch gekonnte Be-werbung!	(6) *****	1,12/1,32 €
☐	Jetzt anrufen	Horst_Brueckner		Auswahlverfahren für Nachwuchsfüh-rungskräfte	(2)	1,23/1,43 €
☐	Jetzt anrufen	Heidi_Krueger-Braun		Coaching – Hilfe bei der Karriereplanung	(1)	1,35 €
☐	Jetzt anrufen	Albert_Lackner		Ihr persönlicher Kar-riere-Berater	(1)	1,12/1,32 €

Abb. 35:   Auszug aus der Expertenliste bei JobScout24[53]

51 Hrgate (2002): Produkte, online: http://www.hrgate.de/?action=ShowStatic&view=pro-duct&topnode=1&topchild=7 (15. 06. 2002)

52 Vgl. Jobscout24 (2002): Karriereberatung, online: http://www.jobscout24.de (16. 01. 2002)

53 Jobscout24 (2002): Karriereberatung, online: http://www.jobscout24.de (16. 01. 2002)

JobVersum präsentierte den Internetnutzern in der Vergangenheit die Möglichkeit eines Online-Bewerber-Trainings. Die Nutzer wurden auf die Besonderheiten und »Stolpersteine« in einem Bewerbungsverfahren sensibilisiert und erhielten Tipps und Anregungen in jeder Phase, worauf sie achten sollten. Darüber hinaus wurden einige interaktive Möglichkeiten des Selbst-Testing gegeben, so z. B. hinsichtlich des Antwortverhaltens bei Vorstellungsgesprächen oder ein Selbst-Test zur Überprüfung der Wechselwilligkeit. Daneben existierte die Möglichkeit, sich Checklisten-Muster etc. zu jedem Prozess-Schritt der Bewerbungsphase down zu loaden.[54] In jüngster Zeit bietet JobVersum das Bewerbungscenter an, welches unterschiedlichen Zielgruppen Informationen und Dienstleistungen rund um die Themen Strategien, Gehalt und Vertragsrecht, Berufseinstieg, Bewerbungstipps etc. zur Verfügung stellt.[55]

Unter dem Stichwort CareerStorm bietet Monster den Arbeitskraft-Anbietern zwei Tools zur Orientierung an. Hierbei wird mit bewusst gewählten Metaphern gearbeitet. Unter der Navigationshilfe »Karte« kann ein Bewerber sich seine aktuelle Situation vergegenwärtigen, d. h. »Wo stehe ich derzeit, wo will ich hin und wie weit ist der Weg«, während das Tool »Kompass« dem Bewerber bei der Ermittlung der persönlichen Ressourcen hilft.[56] Es werden bspw. Fragen zur derzeitigen Karriere- und Lebenssituation gestellt, ebenso wie Übungen zur Fähigkeitsanalyse oder zur Zielsetzung durchgeführt, die Möglichkeit der Selbstreflexion hinsichtlich der eigenen Fähigkeiten angeboten, bis hin zu Fragen der Karrierewerte.

Zielsetzung ist, dass Bewerber die Möglichkeit der Selbstreflexion erhalten und Fähigkeiten, Ziele etc. für sich selbst besser erkennen und einordnen können. Hierbei wird besonderen Wert darauf gelegt, dass die Career-Storm-Tools keine Tests darstellen, sondern Instrumente, die dem Bewerber helfen, die richtigen Fragen zu stellen (siehe Abbildung 36).

---

54 JobVersum (2002): Service – Bewerbertraining, Sind Sie fit für die Bewerbung, online: http://www.jobversum.de/jv/FreemailInfo.jsp (16. 01. 2002)

55 Vgl. JobVersum (2002): Service – Bewerbungscenter, online: http://www.jobversum.de/jv/FreemailInfo.jsp (15. 06. 2002); Die Zielgruppen sind: Manager/Leitende Angestellte, AkademSelbstständigesnachwuchs, Angestellte/Facharbeiter/Handwerker, Selbstständige/Freie Mitarbeiter und Azubis/Praktikanten.

56 Vgl. Monster.de (2002): Karriereberatung – Erreichen Sie Ihre Ziele mit Hilfe der Storm Navigator-Tools, online: http://careerstorm.monster.de (15. 06. 2002)

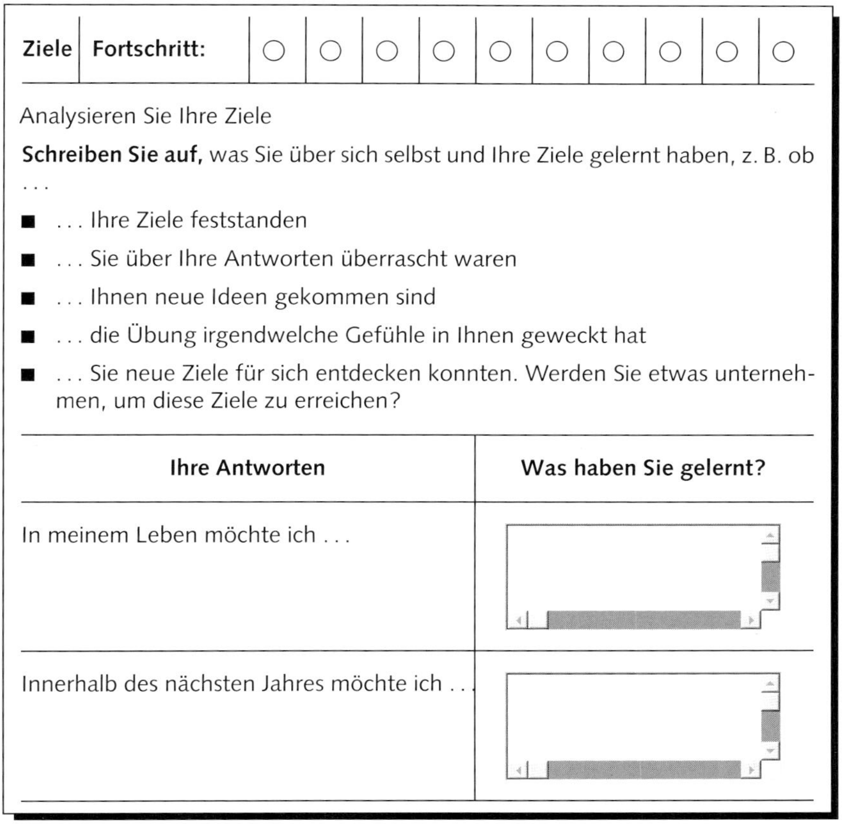

Ziele	Fortschritt:	○	○	○	○	○	○	○	○	○	○

Analysieren Sie Ihre Ziele

Schreiben Sie auf, was Sie über sich selbst und Ihre Ziele gelernt haben, z. B. ob
. . .

- ■ . . . Ihre Ziele feststanden
- ■ . . . Sie über Ihre Antworten überrascht waren
- ■ . . . Ihnen neue Ideen gekommen sind
- ■ . . . die Übung irgendwelche Gefühle in Ihnen geweckt hat
- ■ . . . Sie neue Ziele für sich entdecken konnten. Werden Sie etwas unternehmen, um diese Ziele zu erreichen?

Ihre Antworten	Was haben Sie gelernt?
In meinem Leben möchte ich . . .	
Innerhalb des nächsten Jahres möchte ich . . .	

Abb. 36:   Auszug aus dem CareerStorm von monster.de[57]

■ Persönlichkeitstest

Jobline hat in der Vergangenheit seinen Nutzern einen Persönlichkeitstest angeboten, den so genannten »Competency Profiler«. Dieser Test beruhte auf dem eigenen Selbstbild (Selbsteinschätzung) und bestand aus einem Fragebogen der 15 Kernkompetenzen abtestete, die als Indikatoren für Leistungen im Beruf dienen. Um folgende Kompetenzen handelte es sich im Einzelnen[58]: Flexibilität, Teamwork und Teamführung, Professionalität, Aufbauen von Beziehungen, Informationssuche, Einfühlungsvermögen, Überzeugungskraft, Pflichtbewusstsein, Selbstvertrauen, Direkti-

---

57 Monster.de (2002): Karriereberatung – Storm-Navigator, online: http://careerstorm.monster.de/tools/goals/goals08.asp (15. 06. 2002)
58 Jobline (2001): »Competency Profiler«, online: http://www.jobline.de/r1/startpage/r1_default.asp (14. 10. 2001)

ves Verhalten, Kundenserviceorientierung, Konzeptionelles Denken, Analytisches Denken, Leistungsmotivation/Zielorientierung und Verstehen und Nutzen von Organisationsstrukturen.

Der Nutzer konnte den Test für sich alleine durchführen und erhielt anschließend eine Auswertung in Form eines Kompetenzberichtes, der u. a. graphische Darstellungen der Ausprägungen einzelner Fähigkeiten enthielt, ebenso wie eine Stärken- und Schwächen-Analyse. (Der Kompetenzbericht konnte vom Nutzer im PDF-Format auch ausgedruckt werden.) Diese Funktionalität bedeutete nicht nur eine Zusatzdienstleistung für die Arbeitskraft-Anbietern, sondern auch für die Unternehmen. So konnten Jobline-Recruiter ebenfalls auf dieses Instrument zurückgreifen und bspw. Kandidaten bitten, den Test zu absolvieren.[59]

■ Online-Assessment-Center

Eine weitere Dienstleistung neben den Tests sind die Online-Assessment-Center, die von einigen Jobbörsen als zusätzliche Dienstleistung angeboten werden. Hierbei erhält beispielsweise ein potenzieller Bewerber auf eine Anzeige einen Fragebogen zur Selbsteinschätzung, wobei die Antworten in der Summe ein Profil über unterschiedliche Items ergeben, welches dann mit dem Anforderungsprofil des Unternehmens verglichen wird und die Bewerber mit dem größtmöglichen Deckungsgrad zwischen Anforderungs- (=Idealprofil) und Ist-Profil in die engere Auswahl genommen werden.[60][61]

■ Personalisierung der Stellenangebote

Eine weitere Zusatzleistung von Jobbörsen ist die Personalisierung der Stellenangebote. Die einen nennen es Stellenangebote per E-Mail, die anderen MatchMail-System und wieder andere Nachrichtenfach u. v. m. Gemeint ist hiermit die Erfüllung der individuellen Informationsbedürfnisse seitens der Arbeitskraft-Anbieter über die eingehenden Stellenangebote.

---

59 Vgl. ebenda
60 Bei jobpilot nannte sich diese Dienstleistung Competence Assessment. Vgl. hierzu http://www.jobpilot.de/content/companies/more_services/competence/description.html#a (16. 01. 2002) Siehe auch Kompetenz-Assessment, effiziente Bewerberauswahl im Internet, online: http://www.jobpilot.de/content/help/competence.html (15. 06. 2002)
61 Die Verwendung des Begriffs Assessment-Center bei den angebotenen Dienstleistungen ist vom Grundsatz her irreführend, da es sich hierbei meist »lediglich« um eine Selbsteinschätzung handelt und nahezu alle Merkmale eines Assessment-Centers nicht abgebildet werden.

Job-Agenten oder Such-Assistenten ermöglichen dem Arbeitskraft-Anbieter, seine Vorstellungen zu präzisieren, zu speichern und damit einen kontinuierlichen Informationsfluss über die Angebotssituation (= Zielorientierte Markttransparenz) sicherzustellen. Job-Agenten oder Such-Assistenten durchforsten automatisch die Stellenangebote in der jeweiligen Jobbörse, nach den Vorgaben des Arbeitskraft-Anbieters. Als Ergebnis erhält der Interessierte eine Liste der Stellenausschreibungen bzw. Stellenangebote, die er in seinem Suchprofil präzisiert hat. Hierbei wird von den Jobbörsen, die eine solche Dienstleistung anbieten, meist die Möglichkeit der täglichen bis monatlichen automatischen Benachrichtigung gegeben. Im besten Fall erhält demnach der Bewerber, ohne den Online-Stellenmarkt selbst zu durchsuchen, täglich neue Stellenangebote der Unternehmen via E-Mail oder auch per SMS, die auf sein eingegebenes Profil passen, und er kann somit kurzfristig reagieren. Bei www.monster.de beispielsweise kann ein Interessent bis zu fünf unterschiedliche Such-Assistenten anlegen. Hierzu kann der Arbeitskraft-Anbieter zwischen Standorten, Berufsfeldern, E-Mail-Optionen, Art der Position wählen sowie ein präzisierendes Stichwort wie z. B. *Human Resources oder SAP* eingeben, dem Such-Assistenten einen Namen vergeben und abspeichern (siehe Abbildung 37).

Neuen Such-Assistent anlegen

Legen Sie bis zu fünf Such-Assistenten an, die für Sie die angebotenen Jobs nach Ihren spezifischen Suchkriterien durchforsten. Sie sind rund um die Uhr aktiv und senden Ihnen die Ergebnisse per E-Mail.

* Erforderliche Information

Standorte Jobs*	Für eine Mehrfach-Auswahl halten Sie die Taste <Ctrl> (PC) oder <Command> (Mac) gedrückt, während Sie die gewünschten Begriffe auswählen.
Deutschland Deutschland-Baden-Württemberg Deutschland-Bayern Deutschland-Berlin Deutschland-Brandenburg	

Alle weltweiten Standorte anzeigen

Berufsfelder	Für eine Mehrfach-Auswahl halten Sie die Taste <Ctrl> (PC) oder <Command> (Mac) gedrückt, während Sie die gewünschten Begriffe auswählen.
------- Alles auswählen -------- Personalwesen Architektur Bank Bau - Bergbau - Handwerk	

☐ E-Mail-Optionen   ☑ Täglich   ☐ Wöchentlich   ☐ Vierzehntägig   ☐ Monatlich   ☐ Keine

Art der Position	
☐ Teilzeit ☑ Vollzeit ☐ Freiberufler/Dienstvertrag/Projekt ☐ Angestellter/ Arbeiter	Wählen Sie das gewünschte Beschäftigungsverhältnis aus.

Stichworte suchen	Beispiele: Manager und Marketing = Manager & Marketing Leiter oder Manager = Leiter, Manager
Personalreferent	

Name für Ihren Assistenten *	Geben Sie Ihrem Assistent einen Namen.
Assistent sichern	

Abb. 37:   Such-Assistent von monster.de[62]

■ Praktikantenbörse

In Zeiten der zunehmenden Verknappung von Ressourcen, sprich von qualifizierten Mitarbeitern, kann ein strategisch angelegtes Recruitment sich nicht ausschließlich auf die zeitpunktbezogene Personalbeschaffung im Moment der drohenden bzw. bereits aufgetretenen Vakanz beschränken.

---

62 Monster.de (2002): Mein Monster – Job-Suche – Suchassistent, online: http://mein.monster. de/modifyagents.asp (16. 06. 2002)

Als eine Möglichkeit, Mitarbeiter frühzeitig auf das eigene Unternehmen aufmerksam zu machen, ggf. auch bereits an sich zu binden, kann das Angebot von Praktikantenplätzen dienen. Auch hierbei gilt die eingangs formulierte Schnittstellenproblematik, nämlich Angebot und Nachfrage zu synchronisieren, wobei die Bekanntmachung, sprich die Veröffentlichung eines Bedarfes, die Voraussetzung hiefür ist. Dies führt u. a. dazu, dass einige Online-Stellenmärkte zusätzlich eine Praktikantenbörse etabliert haben. So z. B. StepStone, die zum 16. 06. 2002 bspw. 300 Praktikantenplätze anzubieten hatte (siehe Abbildung 38). Gerade größere Unternehmen, auch mit mehreren Standorten, bieten examensnahen Hochschulstudierenden die Möglichkeit eines mehrmonatigen Praktikums, ggf. eines Projektpraktikantenprogramms an. Für die Praktikanten ist dies mit Einblicken in ein Unternehmen verbunden und mit der fachlichen Betreuung durch einen oder mehrere Mentoren, ggf. aber auch mit einer Empfehlung für ein Traineeprogramm oder auch einen Direkteinstieg.

Nr.	Firma	Anzeigentitel, Vertrag, Einsatzort	Zugang/ Update
1.	Benteler AG	Praktikant oder Diplomand Praktikum, Diplom-/Dr.-Arbeiten, Paderborn	16. 06. 2002
2.	KPMG	Rechtsreferendare (m/w) Praktikum, Frankfurt am Main	16. 06. 2002
3.	Microsoft Deutschland	Praktikum im Marketing beim Microsoft/ SAP Competence Center (m/w) Praktikum, Walldorf	16. 06. 2002
4.	Porsche AG	Praktikant/in Marketing After Sales Praktikum, Ludwigsburg	16. 06. 2002

Abb. 38:   Auszug aus der Praktikantenbörse von StepStone[63]

■ Ausbildungsplatz-/Lehrstellenbörse

Obwohl Schulabgänger bei der Suche nach einem Ausbildungsplatz, bedingt durch die gewünschte Nähe zum Wohnort, einen sehr regionalen Bezug präferieren, meist aufgrund der eingeschränkten Mobilität, werden von einzelnen Online-Stellenmärkten Ausbildungsplatz- bzw. Lehrstellenbörsen betrieben. Hier können Angebote und Gesuche für Ausbildungsplätze

---

63 StepStone (2002): Jobsuche – Praktika, online: http://www.stepstone.de/start.php3?menu=1–1 (16. 06. 2002)

(auch Praktika und Diplomarbeiten) eingestellt, gelesen, verwaltet und kontaktiert werden (siehe Abbildung 39).

Datum	Position	Unternehmen	Region
11.06.02	Azubis/ BA-Studenten	Landesbank Baden-Württemberg	Stuttgart
10.06.02	MediengestalterIn für Digital- und Printmedien Fachrichtung Medienoperating	CYNOBIA AG COMMUNITY ONLINE SERVICE	München
31.05.02	BA-Studium zum/zur Diplom-Betriebswirt/in (BA), Diplom-Wirtschaftsinformatiker/in (BA)	Landesbank Baden-Württemberg	Stuttgart
27.05.02	Siemens Technik Akademie Ausbildungsplätze für 2002	Siemens Technik Akademie	Bruchsal

Abb. 39: Auszug aus der Ausbildungsplatzbörse von stellenanzeigen.de[64]

■ Studentenjobs

Neben Praktikums- und Ausbildungsplätzen wird das Angebot von einigen Jobbörsen dahingehend abgerundet, dass sie auch die Möglichkeit einer temporär befristeten Personalbedarfsdeckung anbieten. So z. B. der Online-Stellenmarkt Jobware, welcher unter der Rubrik »Campus online« einen speziellen Service für Studierende anbietet. Neben der Suche nach Praktikumplätzen und nach industrienahen Studien- und Diplomarbeitsprojekten ist hier auch eine Recherche nach Ferien- und Aushilfsjobs möglich. Recherchierbar sind die Angebote nach Fachrichtungen, Unternehmen und Regionen (Bundesländer, PLZ).[65]

■ Diplomarbeitsbörse/Doktorarbeiten

In den gleichen Kontext der vorgenannten Zusatzleistungen fällt auch das Matching von wissenschaftlichen Frage- und Aufgabenstellungen. Die Synchronisation von Wissenschaft und Praxis auf der einen Seite und die von Angebot und Nachfrage auf der anderen Seite führt dabei seitens einiger Jobbörsen zu der additiven Dienstleistung, das Angebot von Diplom- und Doktorarbeiten (Themen) transparenter zu gestalten und auch den Bedarf zu veröffentlichen. So z. B. StepStone, welche zum 16. 06. 2002

---

64 stellenanzeigen.de (2002): Stellenangebote, online: http://www.stellenanzeigen.de/stellenangebote/ (16. 06. 2002)
65 Vgl. Jobware (2002): Für Bewerber – Stellenmarkt – Für Studierende, http://www.jobware.de/ca/index.html (16. 06. 2002)

102 Themenangebote von Firmen an Studierende und Absolventen in ihrer Börse vereinigte und veröffentlichte (siehe Abbildung 40).[66] Bei Anklicken des Anzeigentitels öffnen sich die Ausschreibungen der jeweiligen Firmen, die wie Stellenanzeigen aufgemacht sind und sich im Konkretisierungsgrad unterschiedlich präsentieren. Eine Bewerbung für ein bestimmtes Thema bzw. bei einem bestimmten Unternehmen kann i. d. R. unmittelbar online erfolgen.

Nr.	Firma	Anzeigentitel, Vertrag, Einsatzort	Zugang/ Update
1.	Benteler AG	Praktikant oder Diplomand Praktikum, Diplom-/Dr.-Arbeiten, Paderborn	16. 06. 2002
2.	Robert Bosch GmbH	Diplomand/in mit der Fachrichtung Elektrotechnik Diplom-/Dr.-Arbeiten, Stuttgart	16. 06. 2002
3.	Robert Bosch GmbH	Diplomanden/-in Elektrotechnik, Physik, Maschinenbau Diplom-/Dr.-Arbeiten, Leonberg	16. 06. 2002

Abb. 40: Auszug Diplomarbeitsbörse von StepStone[67]

■ Unternehmensinformationen

Während die Personalisierung der Stellenangebote die Konsumentenmentalität der Arbeitskraft-Anbieter hinsichtlich der Befriedigung der individuellen Informationsbedürfnisse sehr stark unterstützt, d. h. die inaktive Rolle eines zukünftigen Bewerbers fördert, bedingen andere Zusatzleistungen die Aktivität der Bewerber. So auch die zur Verfügungstellung von Unternehmensinformationen. Die Möglichkeit der Orientierung über ein Unternehmen wird nahezu von allen Jobbörsen angeboten. Eine solche Funktionalität bietet den Arbeitskraft-Nachfragern eine zusätzliche Möglichkeit, sich der avisierten Klientel zu präsentieren, und zwar als attraktiver Arbeitgeber.

Hierzu stellen einige Jobbörsen eine Liste mit Firmennamen oder Firmenlogos der inserierenden Unternehmen zusammen. Dadurch hat der Nutzer die Möglichkeit sich bei Verlinkung unmittelbar über die firmeneigene Website über das jeweilige Unternehmen zu inormieren. Darüber hinaus wird in diesem Zusammenhang auch von einigen Jobbörsen die Möglich-

---

66 StepStone (2002): Jobsuche – dipl./dr.-arbeiten, online: http://www.stepstone.de/start.php3?menu=1–1 (16. 06. 2002)
67 StepStone (2002): Jobsuche – dipl./dr.-arbeiten, online: http://www.stepstone.de/start.php3?menu=1–1 (16. 06. 2002)

keit angeboten, für Unternehmen den Internetauftritt auf dem Server der jeweiligen Jobbörse zu installieren. Zielgruppe sind vornehmlich Unternehmen, die keinen eigenen Web-Auftritt besitzen.

Eher der Suchfunktionalität zuzurechnen ist die gezielte Recherche nach Stellenanzeigen von speziellen Firmen. Hiermit werden die Arbeitskraft-Anbieter unterstützt, die ihre Stellensuche firmenspezifisch durchführen. Dies bedeutet, nach Selektion der betreffenden Firma, werden alle aktuellen Stellenangebote des Unternehmens angezeigt und können aufgerufen werden. Des Weiteren gibt diese Funktionalität einen guten Überblick über den quantitativen und qualitativen Personalbedarf von Unternehmen und liefert meist auch Informationen über die Anzahl der in der Jobbörse vertretenen Firmen.

– **Firmenlexikon**

Das Angebot von so genannten Firmenlexikas bedeutet eine Erweiterung der o. g. Funktionalitäten zur Verfügbarkeit von Unternehmensinformationen. Hier kann der User ganz gezielt Informationen zu speziellen Unternehmen recherchieren, aber auch bei weniger konkreten Vorstellungen sich Unternehmen, ggf. durch Einschränkungen oder Erweiterungen in der Suchanfrage, nähern. Meist werden die Firmenlexika in alphabetischer Reihenfolge dargestellt, der User hat zunächst die Möglichkeit den Anfangsbuchstaben anzuklicken und erhält anschließend eine Liste der Unternehmen. Von hier kann der User weiter zu dem speziellen Unternehmen gelangen. StepStone bietet beispielsweise in seinem Firmenlexikon eine erweiterte Abfragemöglichkeit. So kann der User mit einem zweistufigen Suchverfahren, zunächst nach Branchenzugehörigkeit, Umsatzklasse, Anzahl der Mitarbeiter, Firmensitz/Region, Bedarf an Hochschulabsolventen und Bedarf an Praktikanten, eine Eingrenzung vornehmen, um diese im nächsten Suchschritt, je nach Kriterium, zu konkretisieren.[68] Als Ergebnis wird eine Liste von Unternehmen angezeigt, die den Suchkriterien entsprechen. So lässt sich beispielsweise ein Verzeichnis aller Unternehmen einer ausgewählten Branche oder Größenklasse identifizieren. Von hier aus können dann die Stammdaten eines Unternehmens aufgerufen werden, einschließlich der Möglichkeit der Weiterleitung auf die firmeneigenen Web-Sites durch Verlinkung (siehe folgende Abbildung).[69]

---

68 Vgl. StepStone (2002): firmen – firmenporträts, online: http://www.stepstone.de/start.php3?menu=1–1 (16. 06. 2002)
69 Vgl. ebenda

Firma:	Dr. Ing. h. c. F. Porsche AG
Postanschrift:	Porscheplatz 1/70435 Stuttgart/ Deutschland
Aktivitäten:	Entwicklung und Produktion von Sport- wagen
Umsatz:	> 4 Mrd. EUR (Vorjahr)
Mitarbeiter:	ca. 8000 in Deutschland; ca. 10 000 weltweit
Bedarf an Hochschulabsolventen im lfd. Geschäftsjahr:	ca. 50
Bedarf an Praktikanten im lfd. Geschäftsjahr:	ca. 500
Ansprechpartner/ Personalabteilung:	Frau Konstanze Marinoff Tel.: 0711/911–6900
Einstiegsprogramme:	On-the-Job-Direkteinstieg
Gesuchte Fachrichtungen:	Wirtschaftsingenieurwesen, Wirt- schaftswissenschaften, Maschinenbau, Fahrzeugtechnik, Elektrotechnik, Luft- und Raumfahrttechnik
Einstellungskriterien:	Praxisorientierung, internationale Er- fahrung, gute Studienleistungen, Auto- mobilaffinität
Einstiegsgehalt:	ca. 35.000–40.000 Euro
Stellenanzeigen der Firma:	Es liegen derzeit 153 aktuelle Stellen vor.

Abb. 41: Firmenporträt (Auszug) der Dr. Ing. h. c. F. Porsche AG bei StepStone[70]

– Webcasting/Jobtelevision

Der Sprung von der Unternehmensinformation zur Unternehmenspräsentation lässt sich durch das Webcasting beschreiben. Unter dem Terminus Webcasting bietet die Jobbörse Monster den Unternehmen eine Möglichkeit an, mittels der Synchronisation von Video, Ton und Text, sich im Internet den zukünftigen Bewerbern zu präsentieren. Neben der Unternehmenspräsentation, der Philosophie und Kultur, werden und können bspw. durch einen Interviewer Fragen potenzieller Bewerber an einen Personalverantwortlichen gestellt werden. Somit erhalten

---

70 StepStone (2002): firmen – firmenporträts, online: http://www.stepstone.de/start.php3?menu=1–1 (16. 06. 2002)

die potenziellen Bewerber ein persönliches Bild vom Unternehmen, von der Stelle, von den Kollegen etc.[71]

Eine ähnliche Dienstleistung wird unter dem Begriff Jobtelevision von mamas.de angeboten. Hier werden in vier Rubriken (Aktuell, Interview, Business, Service) den Unternehmen erweiterte Funktionalitäten zur Unternehmenspräsentation ermöglicht. Das Angebot von Branchen-News, über das Interview mit Personalverantwortlichen bis hin zum Kurzfilm über das eigene Unternehmen oder den Arbeitsplatz, kann seitens der Arbeitskraft-Nachfrager genutzt werden. Mit einer Player-Software, die auf Plug-ins verzichtet, können somit die einzelnen Videofilme im Internet angeschaut werden.[72]

■ Informationen und Hilfen (FAQs/Hotline)

Auch wenn der Aufbau und die Gestaltung einer Jobbörse so gestaltet sein sollte, dass der User logisch-intuitiv die Funktionalitäten bedienen und problemlos Recherchen durchführen kann, ist er je nach Problem- oder Aufgabenstellung auf weitere Informationen und Hilfestellungen angewiesen. In der Regel decken die Jobbörsen diesen Bedarf mit den so genannten FAQs (Frequently Asked Questions) ab. Hier findet man Antworten auf die häufigst gestellten Fragen. Mit Angabe meist einer bestimmten Kategorie, der E-Mail-Adresse und der in einem Textfeld eingegebenen Frage, kann man sehr schnell nicht nur die bisher gestellten Fragen anschauen, sondern selbst Fragen an die jeweilige Jobbörse mailen. Bei aller Internet-Affinität wird darüber hinaus von einzelnen Jobbörsen auch ein Hotline-Service für all diejenigen unterhalten, die die unmittelbare Kommunikation mit einem Ansprechpartner bevorzugen, um über die anstehenden Belange, Dienst- und Serviceleistungen oder auch Probleme zu sprechen.

■ High-Potential-Aktionen/Auktionen

Eine Zusatzleistung der etwas anderen Art verbirgt sich hinter dem Begriff Auktionen. Spätestens seit der Green-Card-Debatte lässt sich am deutschen Arbeitsmarkt eine Verknappung von qualifizierten Fach- und Führungskräften feststellen, bei gleichzeitig hoher Nachfrage. Das Angebot an hoch qualifizierten Kräften ist jedoch gering, so dass auf der Nachfrageseite ein starker Konkurrenzkampf um die Besten der Besten, die so genannten High Potentials, entsteht. Gemeint sind Hochschulabsolventen,

---

71 Vgl. Monster.de (2001): Monster Webcast bringt Personalchefs vor die Kamera, 22. März 2001, online: http://www.monster.de/about/presse/mitteilungen/20010322/ (16. 06. 2002)

72 Vgl. mamas.de (2002): Service – Jobtelevision, online: http://www.mamas.de/ (16. 06. 2002)

die sich durch ihre überdurchschnittlichen Leistungen und Qualifikationen von durchschnittlichen Kandidaten unterscheiden. Unter überdurchschnittlichen Leistungen sind Fremdsprachenkenntnisse in mindestens zwei Sprachen, Auslandsaufenthalte, kurze Studiendauer, mehrere Studienabschlüsse etc. zu verstehen.

In Amerika werden bereits High Potentials im Internet versteigert. Das Internet dient als Auktionsfläche (http://talentmarket.monster.com/). Hier können Unternehmen bei Interesse an einem/einer Kandidaten/Kandidatin Geld bieten. Der Kandidat wird so an das meistbietende Unternehmen versteigert. Ähnlich wie in den USA bietet der Online-Stellenmarkt »Die Job-Börse« (www.job-boerse.net) für Kandidaten mit gefragten Qualifikationen und/oder einem hervorragenden Studienabschluss eine High-Potential-Aktion. Vorab muss sich der Kandidat mit seinem Profil registrieren lassen. Anschließend führt ein Absolventenbetreuer der *job-börse* ein persönliches Kurzinterview mit dem Kandidaten. Aus den Qualifikationen und Einsatzwünschen erstellt die *job-börse* ein Kurzessay, welches an die in Frage kommenden Unternehmen (chiffriert) verschickt wird. Die *job-börse* verfügt über eine Datenbank mit 5.000 deutschen Unternehmen. Ist ein Unternehmen an einem Kandidaten interessiert, stellt die *job-börse* auf Wunsch des Kandidaten den Kontakt her.[73]

3.5.4 Serviceleistungen

Während die Kern-/Basisleistungen der Jobbörsen unmittelbar auf die Synchronisation und die tatsächliche Deckung der von Arbeitskraft-Anbietern bzw. – Nachfragern artikulierten Bedarfe abzielen und die Zusatzleistungen Additiv-Leistungen darstellen, die diesen Prozess mittelbar oder unmittelbar unterstützen, stellen die Serviceleistungen der Jobbörsen im Wesentlichen eine Anreizwirkung dar, um immer wieder die Seiten der jeweiligen Jobbörse zu besuchen. Die Serviceleistungen unterstützen, wenn überhaupt, den Prozess der Personalbedarfsdeckung nur mittelbar und dienen den unterschiedlichen Zielgruppen eher zur Deckung von Informationsbedürfnissen, die nicht unmittelbar an einen Personalbeschaffungsprozess gekoppelt sein müssen. Damit setzen die Jobbörsen-Anbieter im Wesentlichen auf die Mehrwerte der Internetnutzung, d. h. die Versorgung der Internet-User mit so genannten Zusatznutzen. Die Serviceleistungen werden hierbei auch nicht immer direkt von den Jobbörsen selbst angeboten, sondern je nach Leistung, in Verbindung mit Kooperationspartnern. Im Folgenden werden einzelne Serviceleistungen beispielhaft dargestellt,

---

[73] Job-Börse (2002): Service – High Potential Aktion – Die Firmen werben um Sie!, online: http://www.job-boerse.net/de/pub/service/job.htm (16. 06. 2002)

wobei die Listung keinerlei Anspruch auf Vollständigkeit erhebt, dennoch einen sehr guten Überblick über die Angebotslandschaft vermittelt.

■ Bewerbung und Karriere

Gerade hinsichtlich der Zielgruppe der Arbeitskraft-Anbieter werden bei den Jobbörsen eine Vielzahl an Informationsseiten zum Thema Bewerbung und Karriere angeboten. Beginnend bei Themen wie Berufseinstieg und Studium, über Tipps zu Bewerbungen, Bewerbungsunterlagen, Stellenwechsel, Trends und Informationen zum Arbeitsmarkt bis hin zu Hilfen beim Vorstellungsgespräch oder Vertragsverhandlungen u. v. m. Die Bereitstellung dieser Informationen erfolgt von der »bloßen« Themendarstellung, über Ratgeber bis hin zu Karriere-ABCs, von der reinen Textseitendarstellung bis hin zu Musterbeispielen und Formularen. In dem Karriere-ABC von Jobline wurden alleine 300 Definitionen und Erklärungen zum Thema Job und Karriere angeboten, von A wie Abfindung, über K wie Karenzentschädigung bis Z wie Zwischenbescheid.[74] Die Abbildung 42 zeigt ein Beispiel von StepStone zu diesem Bereich.

Aktuelle Themen	Arbeiten im Ausland
Die neuesten Trends und Entwicklungen im Berufsleben	Beschäftigung in Europa und Jobs in den USA
Einsteiger	Frauen und Karriere
Das Online-Magazin für berufsorientiertes Studium	Karriereplanung aus weiblicher Perspektive
Ihr Online-Stellengesuch mit StepStone Profile	Im Beruf
Wie Sie unser Gesuchssystem optimal nutzen	Die ganze Welt der Arbeit: Rechte, Vorsorge, Beschäftigungsmodelle
Bewerbungstipps	ABC des Berufslebens
Wie kriege ich den Traumjob?	Von Arbeitsgericht bis Zeugnisse
Ihre Meinung '02: Karriere im Visier	StepStone Training
Serie zu Ergebnissen einer StepStone-Umfrage. Teil 1: Zufriedenheit im Job	Jetzt anmelden: Verbessern Sie sich im Beruf – mit Seminaren für Fach- und Führungskräfte!

Abb. 42:   Karriere und Tipps der Jobbörse StepStone[75]

---

74 Vgl. Jobline (2001): Karriere-ABC, online: http://www.jobline.de/r1/startpage/r1_default.asp (16. 01. 2002)

75 StepStone (2002): Karriere und Tipps, online: http://www.stepstone.de/start.php3?menu=1-1 (16. 06. 2002)

■ Rechtliches für Arbeitgeber und Arbeitnehmer

Es gehört bei den Jobbörsen schon zu den größeren Herausforderungen die »Recht-Seiten« auf dem neuesten Stand zu halten und detaillierte Tipps und Vorschläge zu unterbreiten, wie sich Arbeitnehmer oder auch Arbeitgeber in bestimmten Situationen zu verhalten haben. Das Spektrum der auf Jobbörsenseiten angebotenen Informationen ist groß. Den Schwerpunkt bilden Themen wie Grundbegriffe des Arbeitsrechts, Arbeitsvertrag und Kündigung von Arbeitsverträgen, Informationen von und über Gerichtsurteile, Tipps, Musterverträge für Arbeits- und Ausbildungsverträge, aktuelle Fachartikel u. v. m. Hierbei können, je nach Jobbörse und je nach Themen, zusätzlich rechtliche Themen auch in den Foren behandelt werden.

In diese Kategorie an Serviceleistungen können dann auch die Informationsangebote rund um das Thema Zeugnisse eingeordnet werden. So hat bspw. die Jobbörse www.jobs.de eine umfassende Datenbank zum Thema Zeugnisse angelegt. Es beginnt mit Grundsätzlichem zum Thema Zeugnis, die Zeugnissprache wird entschlüsselt, es werden die Zeugnisarten erläutert und darüber hinaus Musterzeugnisse von sehr gut bis mangelhaft online als Vordrucke angeboten.[76]

■ Newsletter

Der Befriedigung des Informationsbedürfnisses Rechnung tragend, bieten eine Vielzahl an Jobbörsen Newsletter an. Newsletter sind mit der Verbreitung des Internets eine Form der Aktualisierung von Informationen. Hier können sich sowohl Arbeitskraft-Anbieter, als auch -Nachfrager über Leistungen der jeweiligen Jobbörse, über Neuerungen, aktuelle Themen, Links etc. automatisiert informieren.

■ Chat & Foren

Einige Jobbörsen bieten Interessierten die Möglichkeit, sich zu einer vereinbarten Zeit in einem Chatroom zusammenfinden, um Informationen auszutauschen, Kontakte zu knüpfen u. v. m. Als Beispiel kann hier bei jobpilot die Fa. Nestle dienen, die unter der Überschrift »Controlling kann spannender als Marketing sein« den Interessenten an einem Tag zur Verfügung stand (siehe Abbildung 43).

---

76 Vgl. jobs.de (2002): Für Bewerber – Arbeitszeugnisse, online: http://www.jobs.de/index. phtml?state=20 (16. 06. 2002)

Controlling kann spannender als Marketing sein!	
Chat-Name	Controlling kann spannender als Marketing sein!
Chat-Type	Chat wird nicht geloggt
Chat-Zeit	04. 10. 2001–04. 10. 2001
max. Teilnehmeranzahl	50
Moderatoren	
User Online	0

Abb. 43:   Beispielhafte Chat-Ankündigung bei der jobpilot AG[77]

Damit geht die Chat-Option weit über die übliche Informations- und Kommunikationsfunktion hinaus und stellt eine weitere Möglichkeit für Unternehmen dar, Kontakte zu potenziellen Bewerbern (Interessierten) herzustellen (bzw. auch umgekehrt) und ihr Unternehmen als attraktiven Arbeitgeber zu präsentieren.

Eine andere Art der Chat-Möglichkeit oder ggf. die konsequente Weiterentwicklung wird von Jobfair24 mit der virtuellen 3-D-Kontaktmesse angeboten. Hier wird die direkte Kommunikation mit den Personalverantwortlichen zu den jeweiligen Präsenzzeiten an den virtuellen Messeständen ermöglicht. Diese Chat-Veranstaltungen bieten sowohl für Arbeitskraft-Anbieter als auch -Nachfrager eine gute Plattform erste Fragen zu stellen, Kontakte zu knüpfen und die erste Phase der Bewerbung zu erleichtern. Es existieren Veranstaltungstage einzelner Unternehmen, ebenso wie regelmäßige Messetage, an denen alle Aussteller für Live-Chats präsent sind. Die Besucher werden durch einen Avatar (virtuelle Kunstfigur) dargestellt, was das virtuelle »ICH« repräsentiert und können sich in öffentlichen oder privaten Chat-Räumen an den Unternehmensständen über Stellenangebote, Karrierechancen u. v. m. informieren oder auch in digitaler Form ihre Bewerbungsmappen abgeben.[78]

Die Chat-Möglichkeiten werden aber nicht nur von Interessierten und Firmen genutzt, sondern auch von den jeweiligen Jobbörsen selbst, um z. B. den Kundenbedarf zu evaluieren und zu konkretisieren, so dass auch teilweise die Jobbörsen selbst für Fragen, Anregungen und Wünsche etc. Chats veranstalten.

Neben den Chat-Möglichkeiten finden auch eine Vielzahl von Foren oder Experten-Runden statt. Hier können zu angebotenen Themen Fragen ein-

---

77 jobpilot AG (2001): Chat-Ankündigung, online: http://www.jobpilot.de/gateway/community/gateway.phtml/?type=chat (29. 09. 2001)
78 siehe hierzu http://www.jobfair24.de

gestellt werden, die auch beantwortet oder diskutiert werden. Dem Nutzer stehen i. d. R. eine Vielzahl an Themen zur Verfügung, zu denen er sich schriftlich äußern kann und auch auf diesem Wege Antworten, Anregungen und Tipps etc. erhält. Die Foren werden meist themenbezogen durch Moderatoren/Moderatorinnen der Jobbörsen inhaltlich und organisatorisch begleitet. Bei so genannten Experten-Foren stehen meist Experten aus Wissenschaft und Praxis zur Verfügung, um die anstehenden Themen zu begleiten bzw. die konkreten Fragen zu beantworten. In der Regel sind alle Beiträge für alle Nutzer einsehbar, so dass auch Informationsgewinne entstehen, ohne selbst konkrete Problem- oder Fragestellungen behandelt zu wissen.

■ Umfrageergebnisse

Einige Jobbörsen führen regelmäßig bei ihren Web-Besuchern Umfragen zu unterschiedlichen Themen durch und veröffentlichen auch die Ergebnisse. Monster.de hat bspw. Umfragen zu Themen wie »Würden Sie für einen besseren Job umziehen?« oder »Wie oft arbeiten Sie am Wochenende?«.[79]

Im Auftrag von Jobware werden bspw. ebenfalls Emnid-Umfragen bei den Besuchern ihrer Web-Site durchgeführt. Im Fokus steht ein repräsentatives Meinungsbild zu unterschiedlichen Themen wie »Vorgesetztenbeurteilung: Sinnvoll oder nicht?«, »Wie beurteilen Sie ihren Vorgesetzten?«, »Arbeitsmotivation«, »Arbeitszeitflexibilisierung« oder »Informationsquellen bei der Stellensuche« u. v. m.[80]

Umfragen verlängern die Verweildauer eines Users auf der Web-Site, schaffen Interesse für das Ergebnis der Umfrage und damit einen erneuten Besuch auf der Web-Site.

■ Gehalt und Rechenhilfen

Informationen und Veröffentlichungen zum Thema Gehalt wie bspw. Verdienstmöglichkeiten in einer Branche, aber auch Informationen zu Gerichtsurteilen z. B. zum Thema Gleichbehandlung von Lohn & Gehalt, über Tipps zu Gehaltsverhandlungen werden von einer Vielzahl von Jobbörsen angeboten. Über die bloße Information hinaus bietet bspw. die jobpilot AG noch einen Gehaltstest an, sprich eine interaktive Serviceleistung, bei der der Nutzer, bei Zusicherung aller notwendigen Anonymität, einen Fragebogen ausfüllt und anschließend seine persönliche Auswertung er-

---

79 Vgl. Monster.de (2002): Umfrage-Ergebnisübersicht, online: http://foren.monster.de/uebersicht.asp (16. 06. 2002)

80 Vgl. Jobware (2002): EMNID Umfrage, online: http://www.jobware.de/ma/um/index2.html (16. 06. 2002)

hält.[81] Andere Jobbörsen wie Monster bieten bspw. die Möglichkeit, Einkommen im internationalen Bereich zu vergleichen, abhängig von Land, Kategorie und Karrierestatus. (Als Beispiel wurde ein Jahreseinkommen in Höhe von 60.000 Euro eingegeben, in der Kategorie Ingenieurwesen mit dem Karrierestatus »Berufserfahren« (siehe Abbildung 44)).

Land	Ratio Verglichen mit dem höchsten Einkommen		Euro	Jobs
Belgien			35,400	35,400	Jobs
Frankreich			36,200	36,200	Jobs
Niederlande			32,200	32,200	Jobs
Großbritannien			41,200	41,200	Jobs
Deutschland			53,000	53,000	Jobs
Italien			24,100	24,100	Jobs
Spanien			33,000	33,000	Jobs
Irland	Nicht genügend Werte um eine Grafik zu erstellen		* * * * *	* * * * *	Jobs

Abb. 44:   Einkommensvergleich bei monster.de[82]

Darüber hinaus bietet, wie eine Vielzahl anderer Jobbörsen auch, Monster einen Gehaltsrechner (Brutto-Netto- und Netto-Brutto-Rechner) an. Der Nutzer kann sein Bruttogehalt, seine Steuerklasse, das Bundesland, die Steuerfreibeträge, und die Sozialversicherungspflicht etc. eingeben und erhält unmittelbar seine Lohnabrechnung visualisiert.[83]

Neben dem Gehaltsrechner werden als weitere Service-Leistung im Bereich der Rechenhilfen z. B. auch Krankenkassen-Beitragsrechner angeboten, oder es wird die Möglichkeit gegeben, mittels eines Tools eine Einkommensteuerberechnung durchzuführen. Jobware bietet innerhalb dieser Service-Leistungen den Usern die Möglichkeit an, sich auf der Grundlage der Familiensituation und des Bruttogehaltes auszurechnen, wie viel bei der »Riester-Rente« der Nutzer selbst zahlen müsste, um auf den mindest erforderlichen Gesamtbeitrag zu kommen und wie hoch der staatliche Förderbetrag ausfällt (siehe folgende Abbildung).[84]

---

81 jobpilot AG (2002): Gehalts-Test, online: http://www.jobpilot.de/gehaltstest/test_index. phtml (16. 06. 2002)
82 Monster.de (2002): Karriereplanung – Einkommensvergleich, online: http://salary.monster. de/salary.monster.de/submit.asp (16. 06. 2002)
83 Monster.de (2002): Karriere Planung – Brutto/Netto Steuerrechner, online: http://www.lohn1.de/monster/steuer.html (16. 06. 2002)
84 Vgl. Jobware (2002): »Riester-Rente«, online: http://www.jobware.de/ra/rr/ anspruchsrechner.html (16. 06. 2002)

Jahr	2002	2003	2004	2005	2006	2007	ab 2008
idealer Sparbetrag	525 Euro	525 Euro	1.050 Euro	1.050 Euro	1.575 Euro	1.575 Euro	2.100 Euro
abzgl. maximaler Förderung	122 Euro	122 Euro	244 Euro	244 Euro	366 Euro	366 Euro	493 Euro
eigener Anteil	403 Euro	403 Euro	806 Euro	806 Euro	1.209 Euro	1.209 Euro	1.607 Euro

Abb. 45:   Anspruchsrechner »Riester-Rente« bei Jobware[85]

■ Veranstaltungen und Weiterbildung

Die Bekanntgabe von Messeveranstaltungen, Tagungen, Kongressen, Workshops und Seminaren bildet eine weitere Service-Leistung. So geben verschiedene Jobbörsen in einer eigenen Rubrik die Termine und Inhalte von Messen bekannt oder kündigen Workshops und Veranstaltungen etc. an. Darüber hinaus können sich die Nutzer einiger Jobbörsen in Kooperation z. B. mit Seminar-Shop (einem Seminar-Anbieter im Internet), einen Marktüberblick über Seminare verschaffen und direkt die Buchung online bei den Veranstaltern durchführen.

Bei stellenanzeigen.de, in der Rubrik Tipps & More, kann sich der Internet-Nutzer in der Kategorie Weiterbildung, neben Informationen zu Seminaren und Weiterbildungsinstituten, einen gesonderten Überblick über die Möglichkeiten und Angebote von Fernlehrgängen verschaffen.[86]

■ Download

Durch die Funktionalität »Download« sollen zum einen (Informations-) Mehrwerte generiert werden, zum anderen soll aber auch die Möglichkeit geschaffen werden, dass sich der Nutzer intensiv mit den angebotenen Unterlagen auseinander setzen kann, und zwar zeitlich entkoppelt von der Internet-Präsenz. Angeboten werden unterschiedliche Inhalte. Stellenanzeigen.de bspw. bietet die Unternehmensbroschüre, als auch das Preis-Leistungs-Heft als pdf-Datei an. Jobs.de bietet das Nutzungs-Manual für das Bewerber-Office, als auch die Pressemitteilungen zum Downloaden an. Andere Jobbörsen ermöglichen die Download-Funktion für Musterverträge und unterschiedliche Hilfen im Rahmen der Bewerbung. Einen Download-Service der besonderen Art bietet monster.de an. Hier können

---

85 Jobware (2002): »Riester-Rente«, online: http://www.jobware.de/ra/rr/anspruchsrechner. html (16. 06. 2002)

86 stellenanzeigen.de (2002): Tipps & More, Weiterbildung und Seminare, online: http://www.stellenanzeigen.de/stellenangebote/ (16. 06. 2002)

auch die TV-Spots und die Radio-Werbung der Jobbörse heruntergeladen werden.

■ **Orientierungstests**

Inwieweit die angebotenen Tests auf den Web-Seiten der Jobbörsen Zusatz- oder Serviceleistungen sind, wird im Wesentlichen davon abhängen, ob die durchgeführten Tests als Grundlage oder als reines Add-on für das Recruitment genutzt werden. Festzustellen ist, dass eine Vielzahl an Tests z.Zt. eher der Orientierung der Arbeitskraft-Anbieter dienen, als dem eigentlichen Auswahlprozess. Insofern ist es durchaus gerechtfertigt, diese auch in die Kategorie der Serviceleistungen einzustufen. Angeboten werden Tests zur beruflichen Neu- oder Umorientierung, Sprachtests, Führungsstil-Tests u. v. m. Die meisten Tests sind zur Selbstüberprüfung und Selbsteinschätzung. Einige Jobbörsen bieten aber auch die Möglichkeit einer automatisierten Auswertung bzw. erstellen in Zusammenarbeit mit unterschiedlichen Instituten kostenpflichtige Gutachten.[87]

■ **Jobs schalten per Kreditkarte**

Gerade für klein- und mittelständische Unternehmen, die nicht ständig Personal über das World Wide Web suchen, oder Unternehmen die erste singuläre Erfahrungen mit dem E-Recruitment sammeln wollen, bietet monster.de den Service an, die Einstellung eines Stellenangebotes oder die Recherche in der Lebenslauf-Datenbank mit gängigen Kreditkarten zu bezahlen, um den Verwaltungsaufwand zu reduzieren.[88]

■ **FreeSMS/E-Mail**

Jobware hat bspw. als weitere Serviceleistung die Möglichkeit angeboten, Kurznachrichten (SMS) unmittelbar an einen Mobilfunk-Empfänger zu versenden. Nach Auswahl des Mobilfunknetzes, der Eingabe der Rufnummer und der Sendezeit sowie der eigentlichen Kurznachricht (mit max. 132 Zeichen) konnte die SMS verschickt werden und darüber hinaus als Kopie per E-Mail bestätigt werden. Dieser Service wurde jedoch Anfang 2002

---

87 stellenanzeigen.de bietet den Internetnutzern bspw. in Zusammenarbeit mit GoFluent die Möglichkeit, Englischkenntnisse zu testen. Der Test kann auch zur Weiterbildung genutzt werden, da bei jedem Neustart andere Fragen gestellt werden. Der Zeitbedarf mit 10 Minuten angegeben. Siehe hierzu: stellenanzeigen.de (2002): Tipps & More – Englisch-Test, online: http://www.stellenanzeigen.de/stellenangebote/ (16. 06. 2002)
88 Monster.de (2001): Unternehmen können bei Monster jetzt per Kreditkarte bezahlen, 16. July 2001, online: http://www.monster.de/about/presse/mitteilungen/20010716/ (16. 06. 2002)

aus marktwirtschaftlichen Zwängen eingestellt.[89] Andere Jobbörsen richten ihren Nutzern kostenlose E-Mail-Adressen, Faxnummern etc. ein.[90]

■ Weitere Service-Leistungen von Jobbörsen

Jobticker: Einige Jobbörsen bieten einen so genannten Jobticker an, über den aktuelle Stellenangebote veröffentlicht werden und den Bewerbern als spezieller Service bereitgestellt wird. Hierbei geht es im Regelfall darum, dass die bei der Jobbörse geschaltete Anzeige auf mehreren Wegen den potenziellen Bewerbern bekannt gemacht wird, mit der Zielsetzung, die Reichweite der Online-Anzeige zu erhöhen.

Nachrichtenüberblick/Newsflash/Nachrichtenticker: Stellenanzeigen. de besitzt eine Rubrik, in der täglich Neuigkeiten zu den Themen Personal, Beruf und Karriere veröffentlicht werden. Es handelt sich hierbei überwiegend um Kurznachrichten.[91]

Jobware bietet den Service einer kontinuierlichen Information. So können sich die User mittels eines Nachrichtentickers aktuelle Nachrichten auch anzeigen lassen.[92]

Bücher: Einige Online-Stellenmärkte bieten mit unterschiedlichen Partnern die Möglichkeit, Bücher zu bestellen und Informationen über Neuvorstellungen zu eruieren. Auch stellenanzeigen.de bietet diese Möglichkeit in Verbindung mit ihrem Kooperationspartner amazon.de, und Jobware stellt unterschiedliche Ratgeber zu verschiedenen Themen der Berufswelt in Kooperation mit der Haufe-Mediengruppe vor, einschließlich der Bestellmöglichkeit.

Info-Verteil-Service für Journalisten: JobVersum bietet einen Verteilservice für Journalisten und Presseverantwortliche an, der per E-Mail, auf dem Postwege oder per Fax, eine kontinuierliche Informationsversorgung sicherstellt.[93]

---

89 Vgl. Jobware (2002): FreeSMS, online: http://www.jobware.de/sms/index.html (16. 06. 2002)

90 Vgl. JobVersum (2002): Service – Kostenfreie E-Mail, online: http://www.jobversum.de/jv/freemail.jsp?toActivate=freemail (16. 06. 2002)

91 Vgl. stellenanzeigen.de (2002): Tipps & More –Top Nachrichten, online: http://www.stellenanzeigen.de/stellenangebote/ (16. 06. 2002)

92 Vgl. Jobware (2002): Newsflash, online: http://www.jobware.de/ma/news/index.html (16. 06. 2002)

93 Vgl. JobVersum (2002): Presse-Verteiler, online: http://www.versum.de/corporate/index.php3?preset=2&preselect=2–4 (16. 06. 2002)

Bannerschaltung/Internationales Recruiting: Zu den häufig angebotenen Serviceleistungen zählt u. a. auch die Erstellung, Gestaltung und Platzierung von animierten oder nicht-animierten Werbebannern. Auch die Schaltung von Anzeigen in eigenen internationalen Jobbörsen oder auch anderen Jobbörsen in den Ländern, in denen die jeweilige Jobbörse nicht vertreten ist, wird als Serviceleistung gerade von den größeren Stellenmärkten angeboten.

Referenzen/Konditionen: Auch die Veröffentlichung von Referenzen, bei allen Vorbehalten diesem Instrument gegenüber, kann für Unternehmen eine Entscheidungshilfe darstellen, erst recht dann, wenn die Referenzen mit Ansprechpartnern versehen sind. Dies ist eine nicht zu unterschätzende Serviceleistung, gerade für Unternehmen, die bis dato keine Erfahrungen im Umgang mit Jobbörsen gesammelt haben. In die gleiche Prioritätenkategorie ist der offene Umgang mit Mediadaten einzustufen, da diese für Entscheider ebenfalls eine wesentliche Grundlage darstellen.

Erfolgsstories: jobpilot bietet einen Bereich an, in dem Erfolgsstories von Bewerbern veröffentlicht werden, eine Dienstleistung, die gerade für Arbeitskraft-Anbieter interessant ist.[94]

Hotlinks/Radiospot: Stellenanzeigen.de bietet in der Rubrik Tipps & More eine Kategorie »Hotlinks« an. Hier sind Informationsangebote gesammelt, die verlinkt zur Informationsquelle führen. Von Rechtschreibung (duden.de) über Routenplaner bis Verträge.[95]

Jobsintown.de bietet die Möglichkeit, Stellenangebote in einen Rahmenspot mit einzubinden und via Radio die Arbeitskraft-Anbieter anzusprechen.[96]

Die vorgenannten (beispielhaft) dargestellten Serviceleistungen zeigen, dass hier für die Jobbörsen ein breites Anwendungsfeld liegt, um die Attraktivität der eigenen Jobbörse zu erhöhen und sich vom Wettbewerb abzuheben. Die Kunst wird künftig darin bestehen, die Kern- und Basisleistungen zu professionalisieren, die Zusatzleistungen attraktiv zu gestalten und Serviceleistungen mit tatsächlichen Mehrwerten anzubieten, ohne sich im »virtuellen gambling« zu verlieren.[97] In der Abbildung 46 sind

---

94 Vgl. jobpilot AG (2002): Erfolgsstories, online: http://www.jobpilot.de/content/products/ stories.html (16. 06. 2002)
95 Vgl. stellenanzeigen.de (2002): Tipps & More – Hotlinks, online: http://www.stellenanzeigen.de/stellenangebote/ (16. 06. 2002)
96 jobsintown.de (2002): Ihr eigener Radiospot, online: http://www.jobsintown.de/ allgemein/mitarbeiter/radio.php3?reg_id=deutschland (16. 06. 2002)
97 Während der Erstellung des Buches wurden eine Vielzahl an Serviceleistungen von den unterschiedlichen Jobbörsen angeboten, aber auch wieder aus dem Angebot entfernt. Zwänge zur Wirtschaftlichkeit, aber auch Sinnhaftigkeit und Mehrwert der ein oder anderen Servicedienstleistung führten und werden noch dazu führen, dass die Jobbörsen sich

noch einmal alle Kern-, Zusatz- und Serviceleistungen von Jobbörsen zusammenfassend dargestellt.

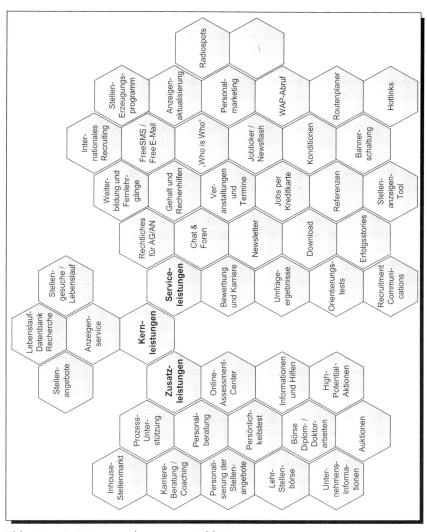

Abb. 46:   Leistungsspektrum von Jobbörsen

vermehrt auf ihre Kernkompetenzen konzentrieren (müssen).

3.6 Exkurs: Die Recherchefunktionalität als Erfolgsfaktor jeder Jobbörse

»Das Internet ist derzeit noch ein Biotop für Bastler, Freaks und skurrile Persönlichkeiten« schrieb F. Ramm 1996 in seinem Buch »Recherchieren und Publizieren im World Wide Web«. Als Massenmedium inzwischen anerkannt und genutzt sind diese Zeiten vorbei. Die Schwierigkeit heute besteht darin, in einem »unstrukturierten« und »hierarchiefreien« Netz das Informations-(über-)angebot für den Einzelnen beherrschbar zu machen. Zielorientierte Informationsrecherche (Trennung relevanter von unrelevanten Informationen) bzw. zweckorientierte Deckung der Informationsbedarfe und -bedürfnisse seitens der Arbeitskraft-Nachfrager und Arbeitskraft-Anbieter, sowie in der nächsten Stufe die Synchronisation, sind die Problembereiche des heutigen Internets bzw. seiner Nutzung.

Jobbörsen können in ihrer Funktionalität und in ihrem Angebot noch so brillant sein, sie müssen von den Informationsnachfragern jedoch gefunden werden. Und selbst, wenn sie gefunden werden, wird der Erfolg davon abhängen, wie professionell die angebotenen Suchstrategien umgesetzt sind bzw. dem Nutzer die Information in der entsprechenden Quantität und Qualität, aber auch in einer entsprechenden Zeit und Form angeboten werden.

3.6.1 Suchstrategien: Von Katalogen bis Search Bots

Die Antworten auf die o. g. Fragen liegen in der richtigen Such- und Recherchestrategie. Je nach Art der Suchstrategie wird man mit verschiedenen Ergebnissen sowohl in Qualität, als auch in Quantität konfrontiert. Es existieren verschiedene Möglichkeiten, die im Folgenden kurz behandelt werden (siehe Abbildung 47), da sich auch die Online-Jobbörsen ebenfalls unterschiedlicher Suchstrategien bedienen.

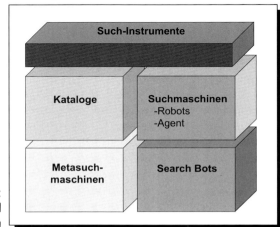

Abb. 47:
Grundsätzliche Such- und
Recherche-Strategien

Kataloge sind redaktionell zusammengetragene Datenbanken mit themenorientierten Inhalten, welche hierarchisch geordnet sind. Die Homepages, die sich bei einem Katalog anmelden, werden von einem Redaktionsmitarbeiter »angesurft« und manuell bewertet. Diese Kataloge oder auch Listen eröffnen dem Benutzer eine einfache Möglichkeit, bestimmte Inhalte assoziativ zu suchen. Demnach handelt es sich bei Katalogen mehr um eine Themen- als um eine präzise Stichwortsuche. Daneben werden jedoch auch die Indizes der Suchmaschinen in den Katalogen aufgenommen, um ein breiteres Spektrum an themenspezifischen Informationen abdecken zu können. Die Indizes wiederum sind Verzeichnisse, die maschinell erstellt werden, d. h. Programme durchsuchen das Netz nach bestimmten Inhalten ab. Diese so genannten Roboter, auch Spider oder Crawler genannt, selektieren die Informationen im Netz gemäß ihrer Programmierung, bewerten durch statistische Auswertungsalgorithmen die gefundenen Seiten, die dann in ein Verzeichnis aufgenommen werden. Kataloge werden häufig entweder als vollständige Suchmöglichkeit oder ergänzend zu anderen Suchfunktionen eingesetzt.

Suchmaschinen werden oft im selben Atemzug mit Robots und Katalogen genannt bzw. mit ihnen gleichgesetzt. Ein Robot ist keine Suchmaschinenart, sondern ein Hilfsprogramm, welches der Suchmaschine zuarbeitet. Neben den »echten« Suchmaschinen, die selbstständig im Netz nach URLs (Uniform Resource Locator) recherchieren, existieren noch die so genannten Directories oder Kataloge. Des Weiteren hat sich eine Mischform etabliert, die sowohl die Merkmale einer Suchmaschine, als auch eines Kataloges in sich vereinigt – ein so genannter Hybrid.

Ein **Robot** (Spider oder Crawler) ist ein Programm, welches nach Initialisierung selbstständig im Internet recherchiert und dabei gemäß seiner Programmierung Dokumente innerhalb des Internets, anhand deren Hypertextstruktur lädt bzw. verarbeitet. Zusätzlich werden auf der Seite referenzierte Dokumente rekursiv weiterverfolgt. Die so genannten Meta-Tags spielen dabei eine besondere Rolle. Die dort eingetragenen Informationen zu der betreffenden Seite werden von dem Robot gelesen, verarbeitet und bei seiner »Heimatadresse« abgeliefert. In den Meta-Tags kann aber auch eine Indizierung der betreffenden Seite durch einen Robot ausgeschlossen werden. Aus den gelieferten URLs (Uniform Resource Locator), den Meta-Tag-Informationen und weiteren Indizierungskriterien wird eine Datenbank gespeist. Stellt nun ein Nutzer eine bestimmte Suchanfrage, so wird die Datenbank nach dem Suchbegriff bzw. den Suchbegriffen durchsucht. Als Ergebnis einer Robot-basierenden Suchmaschine wird eine Auflistung von URLs bereitgestellt. Sortiert wird nach Relevanz der aufgelisteten Seiten zur Suchanfrage. Während der Robot im Wesentlichen darauf ausgerichtet ist, eine möglichst große Anzahl von Seiten zu finden, ist der Agent ein Programm, das unabhängig vom Benutzer, allerdings ausgerichtet auf seine speziellen Wünsche und Interessen das Internet selbstständig auf Inhalte durchsucht.

Metasuchmaschinen zeichnen sich dadurch aus, dass aus einem einzigen Suchformular heraus mehrere Suchmaschinen mit einer Suche beauftragt werden. Der Benutzer hat meist die Möglichkeit, über ein Menü verschiedene Suchmaschinen auszuwählen. Die Operatoren der verschiedenen Metasuchmaschinen sind sogar in der Lage auch »Mehrfachtreffer« zu eliminieren. Außerdem lassen sich Zeit- und Treffergrenzen setzen. Es gibt zwei unterschiedliche Techniken der Metasuchmaschinen: Die sequenzielle Suche in mehreren Suchmaschinen und die parallele Suche in mehreren Suchmaschinen. Bei der sequenziellen Suche werden erst alle Abfragen beendet. Das bedeutet, erst wenn die letzte Suchmaschine abgefragt wurde, wird das Suchergebnis angezeigt. Die Parallel-Methode fragt die Suchmaschinen simultan ab und schreibt die Ergebnisliste in Echtzeit. Das Ergebnis wird nach Beenden der Suchanfragen sortiert. Die Sortierung kann bei manchen Metasuchmaschinen gewählt werden (siehe Abbildung 48).

Abb. 48:   eVITA als Beispiel für eine Metasuchmaschine[98]

---

98 eVITA (2002): Startseite, online: http://www.evita.de/center_e2 c/0,5540,76010,00.html (17. 06. 2002)

Search Bots können als weitere Methode der intelligenten und zielgerichteten Suche im Internet genannt werden. Diese Programme werden auf dem heimischen PC stationär installiert. Sie ermöglichen dem Besucher eine agentengestützte Metasuche. Manche Programme suchen bis zu 55 Suchmaschinen bei einer Suchanfrage gleichzeitig ab. Außerdem können über vordefinierte Agenten bestimmte Inhalte gesucht werden. Auch die kombinierte Suche, das heißt die Suche innerhalb eines bestehenden Suchergebnisses ist möglich sowie die Speicherung und Aktualisierung.

3.6.2 Such- und Recherchearten in Jobbörsen

Der Komfort der Suchoptionen entscheidet darüber, ob ein Dienst tatsächlich dienstbar ist und es möglich ist, zielgerichtet Informationen zu gewinnen. Wenn auch die Such- und Recherchefunktionalität der verschiedenen Jobbörsen und Karriereportale sich augenscheinlich doch sehr ähneln, ggf. in vielen Fällen identisch sind, existieren dennoch Unterschiede, die eine Suche in der einen oder anderen Jobbörse benutzerfreundlicher, leichter verständlich und effektiver machen. In den nachfolgenden Abschnitten werden die Suchoptionen, die bei Jobbörsen angetroffen werden können, kurz in ihrer Funktionsweise erläutert und verdeutlicht.

Die **Schnellsuche** erscheint bei den meisten Anbietern schon auf der ersten Seite. Sie setzt sich aus einem Schlagwortkatalog und einer zusätzlichen Stichwortsuche zusammen. Wie bereits erwähnt, gibt ein Katalog die Möglichkeit, nach Themen in vordefinierten Kategorien zu suchen. Bei den Jobbörsen sind diese Kategorien häufig einzelne Berufsfelder. Als Beispiel folgt in Abbildung 49 der Schlagwortkatalog (Jobkatalog) von JobRobot.

In einer Übersicht erhält der User einen Einblick über alle in der Datenbank gespeicherten Berufsfelder. Auf der nächsten Ebene (durch Anklicken des jeweiligen Berufsfeldes) können diese weiter eingegrenzt werden, entweder weiterhin nach dem Stil der Katalog- bzw. Verzeichnissuche oder durch detailliertere Einschränkungen/Bedingungen. Verschiedene Anbieter lassen jetzt die Option einer Verfeinerung der Suche oder einer Suche im bestehenden Suchergebnis (Kombisuche) zu.

Die Schnellsuche, ausschließlich per Stichwortsuche, führt zu ähnlichen Ergebnissen, erfordert jedoch ebenfalls häufig eine weitere Eingrenzung. Die Schnellsuche ist also die Suchstrategie, die dem Benutzer einen ersten Überblick über die Arbeitsweise der Jobbörse und ihr Angebot gibt.

Jobs finden!

Mit unserem Jobkatalog und unserer Schlagwortsuche finden Sie alle Stellen übersichtlich nach Tätigkeiten, Einsatzorten und weiteren Kriterien geordnet. Bitte wählen Sie zunächst aus dem **Jobkatalog** eine Obergruppe, in der Sie nach Stelleneinträgen suchen möchten.

Falls Sie hingegen die Gesamtdatenbank nach eigenen Suchbegriffen durchforsten wollen, wählen Sie hierzu bitte die **Schlagwortsuche**.

Darüber hinaus finden Sie mit unserer **Firmensuche** zahlreiche Unternehmen, die vielleicht gerade Ihre Qualifikationen suchen.

EDV/IT z. B. Softwareentwickler, Programmierer, Informatiker, Datenbankentwickler, Hardwareentwickler, Netzwerkbetreuer, Systemadministratoren, Internetentwickler, Grafikdesigner, SAP-Spezialisten, DV-Vertriebskräfte . . . **Technik und Ingenieurwesen** z. B. Ingenieure, Techniker, technische Planung, Fertigung, Konstruktion, technische Dokumentation . . .) **Kaufmännische Tätigkeiten** z. B. Vertrieb & Verkauf, Einkauf, Logistik, Materialwirtschaft, Sekretariat und Call-Center, Handelsvertretung, Accountmanagement . . . **Medien, Werbung und Gestaltung** z. B. Redakteure, Journalisten, Texter, DTP, Layouter, Werbefachleute, Artdirectors, PR-Spezialisten, Designer, Marktforschung . . . **Naturwissenschaften** z. B. Biologie, Chemie, Physik, . . . **Schulung und Training** z. B. Lehrer, Dozenten, Verkaufs-, Management-, EDV-Trainer . . .	**Rechts- und Unternehmensberatung** z. B. Rechtsanwälte, Voll- und Wirtschaftsjuristen, Patentanwälte, Unternehmensberater, Rechts- und Notariatsfachangestellte, Steuerfachgehilfen, . . . **Finanzwesen** z. B. Controlling, Revision, Rechnungswesen, Buchhaltung, Aktienanalyse, Bank- und Kreditberatung, Steuerberatung, Wirtschaftsprüfung . . . **Sozial- und Gesundheitswesen** z. B. Pflege, Rehabilitation, Ärzte, Pharmazie, Gesundheitsmanagement, Medizin-Techn. Angestellte . . .) **Forschung und Lehre** z. B. Dozenten, Professoren, wissenschaftliche Mitarbeiter, Forscher . . .) **Tourismus und Gastronomie** z. B. Touristikkauflaute, Reiseverkehrskaufleute, Restaurantfachleute, Servicekräfte, Hotelfachleute, Catering/Küchenpersonal . . . **Handwerk und Gewerbe** u. a. Metall, Textilien, Elektroberufe . . . **sonstige Tätigkeiten** z. B. Übersetzer/Dolmetscher, Fahrer, Lagerarbeiten, Bühne/Theater/Oper . . . **Schlagwortsuche** Durchsuchen Sie hier unsere Datenbank mit eigenen individuellen Schlagworten.

Abb. 49: Schlagwortkatalog JobRobot[99]

---

99 JobRobot (2002): Jobsuche, online: http://www.jobrobot.de/content_0400_jobsuche_hauptauswahl.htm (17. 06. 2002)

Die **Volltextsuche unter Verwendung logischer Operatoren** ist eine weitere Suchstrategie. Hier können mehrere Suchbegriffe eingegeben werden, die das Suchobjekt beschreiben. Das Suchergebnis wird dadurch in Quantität und natürlich auch in seiner Qualität sehr günstig beeinflusst. Im Gegensatz zur Stich- oder der einfachen Schlagwortsuche ist das Ergebnis präziser und zeichnet sich durch weniger, aber relevantere »Treffer« aus. Voraussetzung ist, dass die Nutzer die logischen Operatoren (Verknüpfungen der Suchbegriffe durch »And«, »Or«, »And not«, etc.) der jeweiligen Jobbörse kennen. Bei einigen Anbietern werden die logischen Operatoren aus einem Menü heraus gewählt, bei anderen können sie per Tastatur eingegeben werden. Bei einigen werden die Operatoren ausgeschrieben, bei anderen werden sie abgekürzt (z. B. ein »+« für UND oder ein »,« für ODER). Es gibt vielfältige Schreibweisen, die die Betreiber der Jobbörsen zum großen Teil in den Online-Hilfetexten hinterlegt haben.

Die Stellensuche über eine **Agentenfunktion** ist zwischenzeitlich in vielen Jobbörsen möglich. Voraussetzung hierfür ist, dass der Bewerber sich anmeldet. Dies geschieht über ein Formular, in das er seine persönlichen Daten einträgt und zusätzlich noch einen Benutzernamen und ein Passwort wählt. Die Anmeldung zu diesem Agentendienst erfolgt meist in Echtzeit. Die Agentenfunktion bietet die Möglichkeit, bestimmte Kriterien wie z. B. Einsatzort, Tätigkeit, Anstellungsart, Branche etc. in einem Profil abzulegen. Anhand dieses Profils wertet die Jobbörse ihre Datenbank in durch den Benutzer festgelegten Zeitabständen nach relevanten Angeboten aus. Der eingesetzte Agent bzw. Such-Assistent kann meist auch verändert oder wieder gelöscht werden.

Der **Bewerberpool** ist eine Datenbank und beinhaltet die über ein standardisiertes Online-Formular gewonnenen Benutzerdaten. Aufgrund der Qualität der gesammelten Informationen lässt sich bei einer Abfrage oder Suche von einer hohen Relevanzwahrscheinlichkeit des Rechercheergebnisses ausgehen. Das so genannte Bewerberprofil kann Angaben zu Beruf, Schulausbildung oder zur gewünschten beruflichen Stellung etc. beinhalten. In einigen Fällen können auch Lebensläufe hinterlegt werden. Die Gesamtheit aller Bewerberprofile ergeben den Bewerberpool. Dieser erlaubt nun die Funktionalität der **Profilrecherche**, d. h. die Mitarbeitersuche anhand eines vom Unternehmen festgelegten Anforderungsprofils in der Datenbank. Damit ist die Möglichkeit einer zielorientierten Mitarbeitersuche, unter Umgehung möglichst hoher Streuverluste, gegeben.

Ein weiterer zusätzlicher Suchdienst ist die **Firmensuche**, die in einigen Jobbörsen angeboten wird. Der Bewerber wird über einen alphabetisch generierten Index über Anfangsbuchstaben auf Auswahlseiten geleitet, in denen Firmen, die mit der jeweiligen Jobbörse zusammenarbeiten, gelistet sind. Nach Auswahl des entsprechenden Unternehmens werden dann alle Stellenangebote angezeigt, die bei der jeweiligen Jobbörse von dem Unternehmen eingestellt wurden. Durch Verlinkung auf die Seite des Internetauftrittes der ausgewählten Firma wird dieses Angebot meist abgerundet.

Neben den »klassischen« Suchfunktionen ist in diesem Zusammenhang auch die Ausrichtung einzelner Funktionalitäten bzw. Angebote auf bestimmte Zielgruppen zu sehen, d. h. zum Beispiel die separate Stellenbörse für Trainees oder die Ausbildungsplatz- oder Praktikantenbörse. Solche indirekten Suchfunktionalitäten erhöhen die Übersichtlichkeit des Angebotes und entlasten die Volltextsuche mit ihren logischen Verknüpfungen.

Daneben gilt es auch die **Kombisuche** zu erwähnen. Sie funktioniert je nach Anbieter unterschiedlich. Entweder können per Stichwort oder vorgegebenen Menüeinträgen Recherchen verfeinert werden, was wiederum bedeutet, dass ein schon bestehendes Suchergebnis nach benutzerdefinierten Vorgaben neu durchsucht werden kann. Ziel ist es, die »Trefferquote« zu minimieren, um so präzisere Ergebnisse zu erhalten. Die Kombisuche kann auch mehrmals hintereinander ausgeführt werden.

Als erweiterte Suchkriterien werden hier die Kriterien verstanden, die bspw. von den einzelnen Anbietern innerhalb der Suchformulare zur Eingrenzung, Begrenzung und Sortierung des Suchergebnisses eingesetzt werden. Die Anzahl der »Treffer« pro Seite Suchergebnis ist z. B. ein solches Suchkriterium. Da eine Darstellung eines Suchergebnisses auf einer Seite, welches eventuell 150 »Treffer« umfasst, nicht zweckmäßig erscheint, bieten viele Anbieter die Möglichkeit einer Beschränkung auf 10 oder 20 »Treffer« pro Seite.

Auch die Anstellungsart wird häufiger als ein erweitertes Suchkriterium betrachtet, in dem der Bewerber sich bspw. zwischen Vollzeit, Teilzeit und Nebenjob entscheiden kann. Eine weitere Möglichkeit stellt auch die Wahl der Sortierung des Suchergebnisses dar. Es ist zweckmäßig, wenn der Bewerber entscheiden kann, ob seine individuelle Suche nach Aktualität oder Firmenname gelistet werden soll; ebenso wie die Auswahl der zu betrachtenden Zeiträume eine tatsächliche Erweiterung der Such- und Recherchefunktionalität darstellt.

Im Vergleich der Jobbörsen hinsichtlich der Such- und Recherchefunktionalität zeigt sich, dass die Unterschiede teilweise nur marginal sind. Größere Unterschiede sind meist bei den Suchkriterien zu finden, die hinsichtlich der Zielorientierung als unterschiedlich zweckmäßig eingestuft werden können. Daneben kann die unterschiedliche Verwendung der logischen Operatoren festgestellt werden, die in ihren Anwendungsmöglichkeiten in nur wenigen Fällen optimal ausgenutzt werden. Insgesamt ist festzustellen, dass gegenüber »allgemeinen« Internetrecherchen, die Jobbörsen eine sehr zielgerichtete Informationsbedarfsdeckung leisten.

3.7 Das Arbeitsamt und seine Leistungsfähigkeit im Netz

Nach wie vor ist die Bundesanstalt für Arbeit eine erfolgreiche Arbeitsvermittlung. Ein immer wichtigeres Medium, um diesen Erfolg gewährleisten zu können, ist dabei die Homepage der Bundesanstalt für Arbeit, welche 1997 realisiert wurde. Unter www.arbeitsamt.de stehen dem User zahlreiche Dienstleistungen des Arbeitsamtes zur Verfügung, die von verschiedenen Zielgruppen wie Arbeitgebern, Arbeitslosen, Arbeitsuchenden, Schülern, Studierenden etc. in Anspruch genommen werden können. 2001 gewann die Online-Jobbörse der Bundesanstalt für Arbeit auch in der Rubrik »Job & Karriere« den OnlineStar 2001, ein Preis der als Gütesiegel für deutschsprachige Internet-Seiten verliehen wurde.[100] [101]

Der **Stellen-Informations-Service**, der bereits, wie andere Dienste auch, direkt von der Startseite der BA-Homepage aufgerufen werden kann, ermöglicht Arbeitskraft-Anbietern die Recherche nach offenen Stellen. Nach Eingabe einiger Suchkriterien bzw. Einschränkungen, wie Beruf oder Berufskennziffer, dem Anzeigenzeitraum, der gewünschten Arbeitszeit und dem Wirtschaftsraum (Region oder Postleitzahl), wird dem Nutzer das Suchergebnis unmittelbar angezeigt (siehe Abbildung 50). Zu beachten ist jedoch, dass dieser Online-Stellenmarkt auf Berufsbezeichnungen aufbaut und nicht auf Stellenbezeichnungen. Somit erfordert eine Suche nach Stellenbezeichnungen, wie z. B. Key-Account-Manager/in oder Consultant, etwas mehr Recherchegeschick.

Der Service SIS-direkt ermöglicht es, Unternehmen, die bereits IT-gestützt in ihrer Personalverwaltung arbeiten, Stellenangebote direkt aus ihrem System heraus automatisch per E-Mail an das zuständige Arbeitsamt zu versenden.[102]

---

100 Vgl. Arbeitsamt online (2001): www.arbeitsamt.de gewinnt OnlineStar 2001, Presse-Info 59 vom 26.10.01, online: http://www.arbeitsamt.de/hst/services/pressearchiv/59_01.html (17. 06. 2002)

101 2002 gewinnt die Bundesanstalt für Arbeit (BA) mit ihrem Projekt »Der Virtuelle Arbeitsmarkt« den eGovernment Wettbewerb 2001 in der Kategorie Verwaltung – Bürger. Die BA wurde im Rahmen der Ausstellung Moderner Staat auf der CEBIT 2002 für ihre Leistung ausgezeichnet. Vgl. Arbeitsamt online (2002): BA-Projekt »Der Virtuelle Arbeitsmarkt« gewinnt eGovernment Wettbewerb, Presse-Info 24 vom 25.03.02, online: http://www.arbeitsamt.de/hst/services/pressearchiv/24_02.html (17. 06. 2002)

102 Vgl. Arbeitsamt online (2002): Markt, SIS-direkt, online: http://www.arbeitsamt.de/hst/markt/stellenangebote.html (17. 06. 2002)

Abb. 50:   Ergebnis einer Suchanfrage im SIS-System[103]

Der **Arbeitgeber-Informations-Service** gibt den Arbeitskraft-Nachfragern die Möglichkeit der Online-Recherche. Dabei gleicht das Selektionsformular im Aufbau dem des *sis*. Ein zusätzlicher Service ist hierbei, dass
Arbeitgeber die Bewerberprofile auch nach beruflichen Fähigkeiten und
Kenntnissen selektieren können. Anschließend erscheint eine Auflistung
der aktuellen Bewerberangebote mit Angaben zu den persönlichen Daten
(gewünschte Tätigkeit, Wohnort, Geschlecht, Alter, Arbeitszeit, etc.), zu
den vorhandenen Qualifikationen (Kenntnisse, Aus-/Weiterbildung, Be-
rufspraxis und Führerschein) sowie der Kontaktmöglichkeit mit dem zu-
ständigen Arbeitsamt. Alle Bewerberprofile werden anonym durch die Angabe einer Chiffre-Nummer veröffentlicht. Für den Arbeitgeber besteht bei
jeder Bewerbung die Möglichkeit, diese in einer so genannten Vormerk-
liste zu registrieren, die nach Beendigung der Suche automatisch eingeblendet wird. Innerhalb der Suche nach aktuellen Bewerberangeboten besteht die Offerte, gezielt nach Bewerbern zu suchen, die an einer beruflichen Bildungsmaßnahme teilnehmen oder teilgenommen haben. Des
Weiteren kann innerhalb des Systems speziell nach Bewerbern in verschiedenen Ingenieurbereichen recherchiert werden. Angefangen von dem/der
Agraringenieur(in) (BKZ 0322) bis hin zum/zur Wirtschaftsingenieur(in)

---

103 Arbeitsamt online (2002): Stellen-Informations-Service, Suchwege und Dienste, Stellenangebote, online: http://www11.arbeitsamt.de/cgi-bin/aoWebCGI?sis (17. 06. 2002)

(BKZ 6071) hat der User die Wahl zwischen 91 verschiedenen Ingenieur-berufen.

Die folgende Abbildung fasst die Online-Leistungen der unterschiedlichen Dienste der Bundesanstalt für Arbeit zusammen:

ais Arbeitgeber-Informations-Service
•Aktuelle Bewerberangebote

asis Ausbildungs-Stellen-Informations-Service
•Betriebliche Ausbildungsstellen
•Schulische Ausbildungsangebote
•Ausbildungsstellen in Österreich
•Ausbildungsstellen in Südtirol

Bewerberbörse für Ingenieurinnen und Ingenieure
•Bewerbersuche (=angebote)
•Bewerberangebote aufgeben / bearbeiten

Internationale Vermittlungen
•Informationen und Links
•Stellen über sis

ZBF: Zentrale Bühnen-, Fernseh- und Filmvermittlung
•Online-Recherche in den Bereichen
  -Schauspieler/innen Film / TV
  -Regisseure Film / TV
  -Herstellungsleiter Film / TV
  -Producer,Redakteure,
   Dramaturgen Film / TV

Arbeitsmarktportal
• Links zu Suchmaschinen/Stellenbörsen/
  Infoquellen

Praktikantenbörse
• Praktikanten suchen
• Praktikum suchen
• Praktikumsangebote eingeben/bearbeiten
• Bewerberangebote eingeben/bearbeiten

sis Stellen-Informations-Service
•Aktuelle Stellenangebote
•Weiterbildungsangebote

Vermittlungsbörse für IT-Fachkräfte
•Bewerberangebote
•Stellenangebote

Vermittlungsbörse für Firmennachfolgen, Kooperationen und Existenzgründungen
•Angebotssuche / -aufgabe
•Stellen über sis

Managementvermittlungen
•Bewerbersuche
•Stellenangebote einstellen
•Bewerberangebote einstellen

Künstlerdienste
•Online-Recherche in den Bereichen
  -Orchester, Bands,Musiker
  -Show, Artistik, Entertainment
  -Models

ZIHOGA: Zentrale und internationale Management- und Fachvermittlung für Hotel- und Gaststättenpersonal
•Informationen und Links
•Stellen über sis

JOB-Vermittlungsbörse

Befristete Beschäftigungen
Kurzfristige Beschäftigungen
Geringfügige Nebenbeschäftigungen
Geringfügige Beschäftigungen

•Bewerberangebote einstellen / bearbeiten
•Jobangebote einstellen / bearbeiten
•Bewerber- und Job-Recherche

Abb. 51:   Arbeitsamt-Online-Services im Rahmen des E-Recruitments[104]

---

104 Vgl. Arbeitsamt online (2002): Markt, online: http://www.arbeitsamt.de/hst/markt/
     index.html (17. 06. 2002)

3.8 Ausbildungsplatz-/Lehrstellenbörsen

Neben der Bundesanstalt für Arbeit (asis) und einigen kommerziellen Jobbörsenanbietern werden Ausbildungsplatz-/Lehrstellenbörsen im Wesentlichen angeboten von:

■ **Industrie- und Handelskammern**
  - Industrie- und Handelskammer zu Koblenz
    (http://www.ihk-koblenz.de/lehrstellen/index-2002.html)
  - Handelskammer Hamburg (siehe Abbildung 52)
    (www.hamburger-lehrstellenboerse.de)

■ **Handwerkskammern**
  - Handwerkskammer für München und Oberbayern
    (http://www.hwk-muenchen.handwerk.de/aus-weit/boerse.htm)
  - Handwerkskammer zu Köln
    (http://www.hwk-koeln.de/beruf/beratung.html)

■ **Vereinen/Verbänden/Vereinigungen**
  - Verein Deutscher Gießereifachleute e. V. (VDG) (http://www.ausbildungsplatzboerse.vdg.de)
  - Bundesverband des Deutschen Foto Fachhandels e. V. (BV Foto) (http://www.bv-foto.de/version2/klick.htm)
  - Arbeitgeberverband der Bauwirtschaft des Saarlandes (AGV Bau Saar) (http://www.bau-saar.de/ausbildung/boerse.jsp)

■ **Kreisen, Städten und Gemeinden**
  - Kreis Bergstrasse
    (http://www.kreis-bergstrasse.de/arbeit/lehrstellen.html)
  - Stadt Hürth
    (http://www.huerth.de/boerse/liste.htm)

Auch wenn die angebotenen Ausbildungsplatz- und Lehrstellenbörsen in ihrer Funktionalität, dem Stellen- und Informationsangebot, dem Service etc. sehr unterschiedlich sind, die Dienstleistung ist überall kostenlos und dient immer dem Zweck, den Bedarf der zukünftigen Auszubildenden und den der Lehrstellenanbieter zu synchronisieren.

Vorauswahl der Firmenangebote	
Branche	**Anzahl**
▶ Allgemeine kaufmännische Berufe	127
▶ Banken und Versicherungen	538
▶ Baugewerbe, Bearbeitung von Naturstoffen	2
▶ Chemie, Physik, Biologie	2
▶ Elektrotechnik	10
▶ Handel	159
▶ Hotel- und Gaststättenberufe	77
▶ IT-Berufe	44
▶ Leder, Textil, Bekleidung	2
▶ Metallverarbeitung und -technik	18
▶ Nahrungs- und Genussmittel	2
▶ Papier, Druck, Medien, Werbung	44
▶ Verkehrs- und Transportberufe	136
▶ Weitere Berufe	243

Abb. 52: Auszug aus der Lehrstellenbörse der Handelskammer Hamburg[105]

Einen weiteren Service stellt die Bundesanstalt für Arbeit (www.arbeits-amt.de) bereit. So wird auf der Homepage unter BERUFEnet ein umfassendes berufliches Selbstinformationssystem zur Verfügung gestellt. Zukünftige Auszubildende, Weiterbildungswillige, Arbeitgeber und Bildungsexperten finden in der Datenbank u. a. Einzelinformationen zu insgesamt 5.750 Tätigkeiten, verknüpft mit rund 400.000 Weiterbildungsangeboten, den Stellen- und Bewerberdatenbanken sis, asis, und ais der Bundesanstalt, mit Arbeitsmarktdaten und mit Informationen zur Existenzgründung.[106]

---

105 Handelskammer Hamburg (2002): Lehrstellenbörse, online: http://www.lehrstellenboerse24.ihk.de/servlet/de.ihk.boersen.lehrstellen.Lehrstellenboerse?kreisID=1 (17. 06. 2002)
106 Vgl. Arbeitsamt online (2002): BERUFEnet, online: http://berufenet.arbeitsamt.de/ (17. 06. 2002)

3.9 uni-gateway: Akademiker-Jobbörse und Alumni Circle

Uni-gateway ist eine auf die Zielgruppe der Akademiker ausgerichtete bzw. fokussierte Jobbörse, die Mehrwerte für alle beteiligten Partner schaffen möchte, und zwar während des Studiums, bei Abschluss und weit darüber hinaus. Somit wird sukzessive ein Ansatz nach unten (Praktikumbörse) und nach oben (Alumni Circle, Executive Search) verfolgt. Als Zielsetzung wird die Förderung einer nachhaltigen Partnerschaft von Unternehmen, Hochschulen und Hochschulangehörigen formuliert.

3.9.1 Das Konzept

Das angestrebte Alleinstellungsmerkmal von uni-gateway besteht in einem Stellenforum hochschuleigener E-Career-Centers in Verbindung mit Alumni-Verwaltungen. Damit wird den Unternehmen ein direkter Weg zu Studierenden und Absolventen in und von Hochschulen, als auch zu Akademikern in Anstellungsverhältnissen ermöglicht. Hierzu stellt uni-gateway den Hochschulen kostenlos eine umfangreiche technische und logistische Dienstleistung (z. T. über Kooperationspartner) zur Verfügung. Dabei ist das Stellenforum gewinnorientiert und beteiligt die angeschlossenen Hochschulen und Hochschulinstitute am generierten Umsatz. Betrieben wird das Netzwerk von der Academic Networks GmbH.

Ausschlaggebend für die Positionierung von »uni-gateway« durch die Academic Networks GmbH war, was Naomi Klein in ihrem bereits zum Klassiker gewordenen Buch »No Logo« (2000) als Ergebnis festhielt. Klein beschreibt darin den intellektuellen Aufstand gegen Brandings. Je größer das Unternehmen und je bekannter sein Logo ist, desto mehr Widerstand kann gegen beides entstehen. Die Academic Networks GmbH reagierte insofern darauf, dass sie nicht das eigene Branding, sondern das Branding der Hochschulen und das Logo des mit ihnen gemeinsam getragenen Projekts »uni-gateway« in den Vordergrund stellt (siehe Abbildung 53).

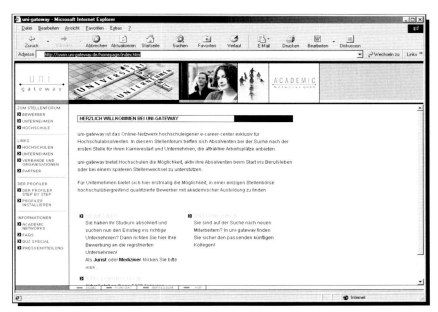

Abb. 53:   Die Homepage von uni-gateway.de[107]

Dem Netzwerk-Gedanken fällt hierbei eine ganz besondere Bedeutung zu. So vernetzt uni-gateway die von den Hochschulen selbst errichteten oder noch zu errichtenden E-Career-Centers und nutzt die bereits bestehenden Infrastrukturen der jeweiligen Hochschule, sowohl im Hinblick auf die Studierenden, als auch auf die mit der Hochschule in Kooperation stehenden Unternehmen. Studierende sollen sich frühzeitig, d. h. bereits während des Studiums, mit uni-gateway vertraut machen und die Plattform als Praktikumbörse nutzen. Abgänger, die über uni-gateway eine Anstellung erhalten haben, deaktivieren ihr Bewerbungsprofil und halten es »lediglich« in einem Alumni Circle ihrer Hochschule aktuell. Diese Aktivierungs-/Deaktivierungsmöglichkeit erlaubt es den Graduierten, bei einem anvisierten Stellenwechsel, die bereits existierenden Bewerbungsdaten zu aktualisieren und sich mit novelliertem Profil erneut zu bewerben. Der Kontakt zur Hochschule gestaltet sich über die Kombination von uni-gateway und Alumni Circle zu einer Lebenspartnerschaft. Die Hochschulen selbst sind für das Marketing und damit für das Einwerben der Bewerberprofile verantwortlich.

---

107 Uni-gateway (2002): Homepage, online: http://www.uni-gateway.de/homepage/ index.html (17. 06. 2002)

Über die Nutzung der Hochschulstruktur hinaus bedient sich uni-gateway noch weiterer Hilfsnetze von verschiedenen Kooperationspartnern, die durch und über uni-gateway nochmals gebündelt werden. In erster Linie sind dies Infrastrukturen von Veranstaltern verschiedener Hochschul-Recruiting-Messen. Während die Recruiting-Messe-Veranstalter das Event-Marketing und die Event-Logistik verantworten, steht uni-gateway für die Datenpflege und die Vermarktung in der Hochschule. Das Marketing auf Unternehmensseite erfolgt partnerschaftlich. Synergetisch nutzt uni-gateway auch andere Kooperationspartnerschaften, wie etwa im Assessment-bereich, bei der Bewerbungserstellung oder der Karriereberatung.

Die Nachhaltigkeit wird über die Logistik und Infrastruktur hinaus auch technisch verwirklicht. uni-gateway stellt dies durch eine Kombination von Internet und physischer Software sicher, d. h. sowohl auf der Bewerber- wie auf der Unternehmens- und Hochschulseite arbeitet uni-gateway nicht ausschließlich netzgestützt, sondern bietet den Bewerberinnen und Bewerbern ein physisches Bewerbungstool, den »Profiler«. Die Unternehmen und Hochschulen erhalten eine Workflow-Solution, den »Recruiter« light.

Der »Profiler«, als Bewerbungstool, steht Hochschulangehörigen per Download oder CD kostenlos zur Verfügung.

Mit dem »Profiler« können Hochschulangehörige ihre Bewerbungen erstellen und sie von Diskette im Hochschulrechner oder von zu Hause per Internet in die Börse uni-gateway einstellen. Die Möglichkeit, sich auch direkt online in uni-gateway zu bewerben, besteht ebenfalls. uni-gateway setzt diese Bewerbersoftware aus dem Grunde ein, weil (nach eigenen Angaben) Rückmeldungen aus den Hochschulen gezeigt haben, dass Studierende selten permanent online sind. Entweder stehen ihnen in den Hochschulen nicht ausreichend IT-Ressourcen zur Verfügung, oder die privaten Kosten werden von ihnen z.Zt. noch als zu hoch bewertet, um ständig online zu sein. Zugleich wollen Bewerber öfters etwas mehr in ihre Präsentationen einbringen, als dies bei der Eingabe in reinen Online-Masken möglich ist. Das Tool ermöglicht auch die Beigabe von komplexen Zeichnungen, Formeln und Bildern oder den Einsatz von Video. Mit derselben Software meldet man sich auch für Hochschul-Recruiting-Messen an oder kann diese für Initiativbewerbungen bei Unternehmen nutzen. Die Studierenden können sich bereits während ihres Studiums mit der Software vertraut machen, so dass eine Bewerbung nicht kurzfristig, ad hoc entsteht, sondern sukzessive aufgebaut und kontinuierlich verbessert werden kann. Hierbei steht für uni-gateway die Nachhaltigkeit im Vordergrund.

Dies gilt in gleichem Maße für die Unternehmensseite, bei der die Nachhaltigkeit durch das Netzwerk und die Technik erreicht werden soll. Hochschulen haben zahlreiche »natürliche« Kooperationspartner, die sie in das Netzwerk uni-gateway mit einbringen können (Partner aus Dritt-Mittel-Projekten, aus Patent- und Technologietransferbereichen, aus Bereichen der Öffentlichkeitsarbeit, etc.). Angestrebt wird, dass diese Unternehmen ihre Einzelkontakte zu Projekten, Lehrstühlen, Instituten und Fakultäten zu einem Dauerkontakt mit der Hochschule ausweiten und über die Hochschulgrenze hinaus. Marketing und PR gelangen zusammen mit den Stellenanzeigen über das Stellenforum im Internet bzw. durch die Bewerber-CD direkt zu den Studierenden. Dieses Add-on des permanenten Zugangs zur Zielgruppe ermöglicht uni-gateway auch den Unternehmen, die bislang nur punktuell auf den jeweiligen Hochschul-Recruiting-Messen präsent waren. Durch die Verbindung zwischen Hochschul-E-Career-Center und Recruiting-Messe können Unternehmen ihre Präsenz auf den Messen lange vorher bekannt geben, mit den Bewerbern Termine abstimmen, ihre eigenen Beratungen effektiv planen und einsetzen bzw. Messen auswerten und Kontakte halten.

Auch softwaretechnisch betont uni-gateway die Nachhaltigkeit für die Unternehmen, und zwar durch die Kombination von Online- und Offline-Tools, von Internet, Intranets und CDs. Unternehmen können im Internet nach Anmeldung Einblicke in die Jobbörse uni-gateway erhalten. Bei regelmäßigem Zugriff bietet uni-gateway den Unternehmen eine Workflowlight-Solution (»Recruiter«) an. Mit Hilfe des »Recruiter« können Unternehmen (und Hochschulen) dann automatisch Stellen definieren, Stellenprofile generieren und diese in die Stellenbörse uni-gateway einstellen (siehe Abbildung 54).

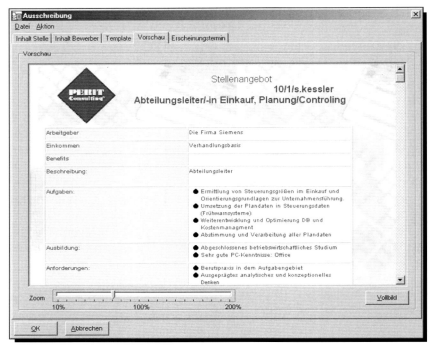

Abb. 54:   Beispiel-Ausschreibung mit dem Recruiter

Eingehende Bewerbungen werden den entsprechenden Stellenprofilen automatisch zugeordnet. Die Personalverantwortlichen können dann nach bestimmten Profilen suchen und sich die entsprechenden Profile darstellen lassen (siehe folgende Abbildung).

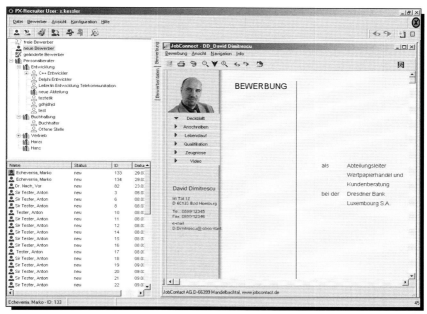

Abb. 55:   Beispielhafte Bewerbungssichtung mit dem Recruiter

Handelt es sich um eine Selektion einer größeren Anzahl von Bewerbungen oder Profilen, die in uni-gateway vorhanden sind, matcht der »Recruiter« auf der Basis der definierten und ausgeschriebenen Stellenprofile. Das Ergebnis kann als Liste oder in verschiedenen Diagrammen angezeigt und ausgegeben, als auch nach Wunsch nuanciert werden (siehe Abbildung 56).

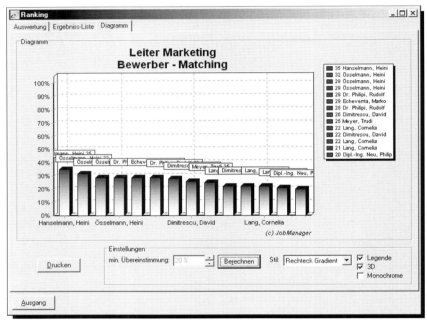

Abb. 56:   Beispielhaftes Bewerber-Matching

Im nächsten Schritt werden die Bewerber selektiert, kontaktiert, ausgewählt und eingestellt. Die Daten sind sodann zu pflegen (entweder vorzuhalten für weitere Einstellungen oder zu löschen) und ggf. an die HRM-Software zu übertragen.

Diese Lightversion des Workflow-Solution-»Recruiter« kann man upgraden zu einem vollen Intro-Tool, mit welchem eine gängige HR-Software aufgerüstet werden kann. In Kombination mit dem »Profiler« und dem »Gateway« (Recruiting-Plattform) kann der »Recruiter« als Kompaktlösung für firmeninterne Intranets genutzt werden. Unternehmen werden hierdurch in die Lage versetzt, automatisch Bewerbungen zu empfangen und in digitaler Form zu verarbeiten.[108]

3.9.2 Die bisherige Umsetzung

Seit dem Absolventenkongress am 28. 11. 2001 ist das Netzwerk online (www.uni-gateway.de), die Internetplattform mit dem Bewerbungstool »Profiler«, sowohl als Download wie als CD, steht zur Verfügung. Es existieren lokale Hochschulseiten (z. B. www.kiqboard.de) und Hochschul-CDs (z. B. eKiq der Universität zu Köln; TFU Bochum etc.). Der »Recruiter« light ist bereits bei einigen Firmen im Einsatz und ein wissenschaftlicher Beirat zur Begleitung des Projekts »uni-gateway« ist im Aufbau. Die Plattform startete im vergangenen Jahr mit einem Umfang von über 500 aktiven und 4.000 deaktiven Profilen. Über 1.400 Firmen sind als Nutzer der Plattform registriert.

Aufgrund der Nutzung von strategischen Kooperationen startet die Jobbörse in der deutschen Hochschullandschaft bereits flächendeckend. Von Anfang an eingebracht in das Netzwerk wird die Präsenz und Einpflege von Bewerberprofilen aus 15 Hochschul-Recruiting-Messen des Kooperationspartners CampusConcept an den Hochschulorten: Aachen, Kiel, Berlin, Köln, Bremen, Leipzig, Erlangen/Nürnberg, Mannheim, Hamburg, München, Hannover, Münster, Jena, Rostock, Konstanz, Stuttgart.

Kooperationen mit weiteren Veranstaltern von (lokalen und überregionalen) Hochschul-Recruiting-Messen sind in Vorbereitung.

---

108 Die Implementierung im Unternehmen erfolgt durch die Herstellerfirma Proofex GmbH. Proofex liefert auch die entsprechende customized version der Bewerbungssoftware »Profiler« und der Recruitingplattform »gateway«. Der »Profiler« wird auf die Homepage des Unternehmens zum Download zur Verfügung gestellt. Bei Stellenanzeigen weist das Unternehmen die Bewerber auf die Benutzung dieser Software hin und generiert damit Bewerbungen, die in einem Format empfangen werden, die automatisch verarbeitbar sind.

Zusätzlich werden bundesweit jährlich ca. 70.000–80.000 Studierende und Absolventen in Karriereseminaren des Kooperationspartners MLP an fast allen deutschen Hochschulen mit der Plattform und dem Netzwerk vertraut gemacht, in der Nutzung der Software geschult und dafür interessiert, sich über diese Plattform dem Arbeitsmarkt zur Verfügung zu stellen.

Da es USP von uni-gateway ist, Stellenforum hochschuleigener E-Career-Centers und Alumni-Verwaltungen zu sein, hat der Aufbau dieses Netzwerks Priorität. Derzeit sind online oder in Online-Vorbereitung E-Career-Centers und Alumni Circle der Hochschulen/Hochschulinstitute von AMA Bad Nauheim, IBS Bad Nauheim, AMA Berlin, IBS Berlin, IU Bremen, TFH Bochum, FH Bochum, FU Berlin, FOM Essen, FH Flensburg, Uni Halle, FH Hamburg, FH Holzminden, ISM Dortmund, Europa-Universität Frankfurt/Oder, FH Kiel, Uni Köln, AMA Lippstadt, IBS Lippstadt, TU München, FH Rosenheim, FH Soest, Uni Wien, Uni Zürich u. v. a. Verhandlungen mit insgesamt über 150 deutschsprachigen Hochschulen werden zurzeit geführt. Im Aufbau sind derzeit auch regionale Portalseiten für die Regionen Berlin, Bochum, Frankfurt, Hannover u. a.

3.9.3 Die Einbindung in die internationale Hochschul- und Unternehmenslandschaft

Insellösungen im Bereich der Hochschul-Jobbörsen sind wenig lebensfähig und die Erfolgschancen von eigenen Stellenmärkten, auch von großen (bedeutenden) Hochschulen, werden als gering angesehen. Aus dieser Erfahrung heraus schlossen sich auch die Career-Center der führenden britisch-irischen Universitäten zusammen und bildeten im vergangenen Jahr ein zu uni-gateway paralleles Netzwerk von E-Career-Centers unter Beteiligung von Birmingham, Cambridge, Oxford, London, Manchester, Trinity College Dublin u. a. Seit Beginn beider Initiativen laufen Kooperationsgespräche, die zunächst die Kompatibilität im Businessmodell und in der Technik gewährleisten und im nächsten Schritt die gemeinsame Marketingstrategie behandeln werden. Bewerber, Hochschulen und Unternehmen werden so auf beiden Plattformen jeweils präsent sein.

Die Kooperation mit Großbritannien und Irland ist der erste Schritt, der das aus dem deutschsprachigen Raum heraus wachsende Stellenforum uni-gateway weiter internationalisiert. Weitere Portale von uni-gateway in den Niederlanden, in Spanien und in Frankreich sind geplant.

3.9.4 Die komparativen Vorteile

uni-gateway erschließt gezielt ein sehr großes Potenzial an Bewerberprofilen, und zwar vor allem von akademischen Absolventen besonders nachge-

fragter Fachbereiche (BWL, Ingenieure, IT, Jura, Medizin und Naturwis-
senschaften) privater Hochschulen, herausragenden öffentlichen Fach-
hochschulen und Universitäten. Absolventen dieser Einrichtungen haben
die digitalen Jobbörsen bis dato nicht sehr stark frequentiert, da die arbeit-
geberseitige Nachfrage dies nicht erforderlich machte. Durch das aktive
Engagement der Hochschulen selbst, die Identifizierung von Absolventen
mit ihren Hochschulen und die aktive Unterstützung durch die Direktkon-
takte über Hochschul-Recruiting-Messen und Karriereseminare stellen
sich junge akademische High Potentials in dem Stellenforum uni-gateway
vor.

Bewerber erhalten durch den Support, den das Branding ihrer Hochschule
liefert, und durch die Vernetzung zu wichtigen Arbeitgebern (national und
international) im Stellenforum uni-gateway eine gute Chance der Stellen-
wahl und eine breitere Kontaktmöglichkeit. Die Bewerber erhöhen die Bekanntheit ihres Profils und machen sich für Unternehmen zugänglich, die
bislang kaum auf sie aufmerksam geworden wären. Das einmal erstellte
Bewerbungsprofil hat bei erfolgreicher Stellensuche nicht ausgedient, sondern wird im Stellenmarkt deaktiviert, bleibt aber aktiv in der Alumni-Verwaltung der Hochschule. Wertvolle Informationen über die Entwicklung
der Hochschule geht den Alumni zu, diese können umgekehrt Erfahrungen
aus ihrem Tätigkeitsfeld in die Hochschule zurückfließen lassen. Aus dem
Networking ergeben sich Synergieeffekte für nachwachsende Alumni wie
für etablierte Stelleninhaber (Gemeinsame Forschungsprojekte, HR-Kon-
takte, Kongressinitiativen, Publikationen, Diplom- und Promotionsarbei-
ten etc.).

Durch die Kombination von Stellenmarkt und Alumni-Verwaltung werden
Absolventen nicht zu Hochschulabgängern. Im Gegenteil, der Kontakt zwischen Alma Mater und Graduierten wird ein Leben lang gepflegt, und,
wenn die späteren stellenwechselnden High Potentials das Forum ihrer
Hochschule bei der Karriereentwicklung nutzen, pflegen diese selbstaktiv
die Alumni-Verwaltung. Im Laufe der Zeit bildet sich ein Netzwerk zwischen Hochschule und Unternehmen, zwischen Lehrkörper, Studierenden
und Ehemaligen, das zu einem aktiven Ressourcenpool für die Hochschule
und die Unternehmen gleichermaßen wird.

3.10 Die »ideale« Jobbörse für Unternehmen

Was eine »ideale« Jobbörse kennzeichnet und welche Kriterien sie idealty-
pisch erfüllen sollte, kann theoretisch zwar beantwortet werden, ist in der
Praxis jedoch schwer umzusetzen. Zum einen ist es davon abhängig, ob ein
Arbeitskraft-Anbieter oder ein Arbeitskraft-Nachfrager das Idealbild

zeichnet und zum anderen ist der Erfolg, sprich die Synchronisation und die tatsächliche Deckung der artikulierten Bedarfe nicht ausschließlich von der Jobbörse abhängig. Hier sind weitere Einflussfaktoren wie beispielsweise die Konjunkturlage, die Arbeitsmarktsituation etc. ebenso zu nennen, wie die persönlichen Präferenzen der Arbeitskraft-Anbieter oder auch die Kompromissfähigkeit der Arbeitskraft-Nachfrager u. v. m.

Die Eignung und damit die »ideale« Jobbörse für ein Unternehmen kann sehr unterschiedlich und individuell bewertet werden. In der Praxis stellt sich für die Personalverantwortlichen die Frage meist bei der Auswahl einer oder mehrerer Jobbörsen. Eines der Hauptprobleme ist die Transparenz über die Leistungsfähigkeit einer Jobbörse und das ggf. auch im Vergleich zu anderen. Hierbei sind die unterschiedlichen Rankings lediglich eine Orientierungshilfe und weniger eine verlässliche Entscheidungsgrundlage. (Als Hilfestellung zur Erhöhung des Transparenzgrades soll der folgende Fragen- und Kriterienkatalog in Abbildung 57 dienen. Dieser wird dann noch mal in den folgenden Abschnitten um weitere Kriterien und Kennzahlen ergänzt.)

Eine Vielzahl von Online-Jobbörsen unterscheiden sich inzwischen kaum noch von der Corporate Identity und in der Namensgebung. USPs (Unique Selling Prepositions) fehlen zum Teil ebenso, wie ein wirklich nachgewiesener Recruiting-Erfolg auf so manch kurzlebiger Online-Börse. Die Einschätzung von Qualität und tatsächlicher Größe ist sehr schwierig in der Internetwelt – ein gutes Design einer Webseite ist günstig in der Produktion, sagt aber noch nichts über deren Bekanntheit und Frequenz in der Zielgruppe aus. Auch Angaben über Besucher sind kaum nachprüfbar.

Ist es nun sinnlos, sich für Nischenanbieter oder Special-Interest-Sites zu entscheiden? Sollten sich rekrutierende Unternehmen nur noch allgemein bekannten Global Playern widmen? Die Frage ist, wie die Recruitingabteilung eines Unternehmens die ideale Plattform für die eigenen Bedürfnisse findet. Eventuell kommt auch ein effizienter Mix aus verschiedenen Anbietern in Frage. Diese Themen und Fragen werden in den folgenden Abschnitten behandelt. Eine **praxisorientierte Betrachtungsweise** steht hierbei im Mittelpunkt und soll Recruitern und Personalabteilungen wirklich handfestes Werkzeug zur Verfügung stellen, um Jobbörsen im Internet einschätzen und bewerten zu können.

Checkliste zur Auswahlentscheidung von Jobbörsen

Daten & Fakten	Jobbörse 1	Jobbörse 2	Jobbörse 3
Anzahl der Seitenbesucher (täglich/monatlich)			
Anzahl der Seitenaufrufe (täglich/monatlich)			
Reichweite in % (Anteil der Seitenbesucher an der Gesamtheit des Internet-Nutzers)			
Anzahl Stellenangebote ■ in Deutschland ■ europaweit ■ weltweit			
Updates der Stellenangebote			
Anzahl Lebensläufe/Stellengesuche			
Updates der Datenbank			
Bewerbungsaufkommen pro Stellenanzeige			
Anzahl erfolgreicher Personalbeschaffungs-verfahren			
Anzahl erfolgreicher Lebenslauf-Daten-bank-Recherchen			
Anzahl der Kunden			
Kunden/Stellenanzeigen			
Kosten der Anzeigenschaltung			
Kosten der Lebenslauf-Datenbank-Recherche			
Kosten für Zusatz- und Serviceleistungen			
Bekanntheitsgrad (national und international, Branche..)			
Länderpräsenz (Anzahl und Länder)			
Kooperationspartner			
. . .			

$\rightarrow$

Checkliste zur Auswahlentscheidung von Jobbörsen (Forts.)

Formale Kriterien	Jobbörse 1	Jobbörse 2	Jobbörse 3
Informationen über die Jobbörse			
Dienstleistungsinformationen für Stellensuchende			
Dienstleistungsinformationen für Unternehmen			
Allgemeine Geschäftsbedingungen/ Nutzungsbedingungen			
Informationen zur Sicherheit & Diskretion bei Nutzung			
Referenzen von Unternehmen/Bewerber			
Übersichtlichkeit und Layout			
Nutzer-/Anwenderfreundlichkeit			
Zielgruppenorientierung			
Mehrsprachigkeit			
Kontaktmöglichkeit			
...			
...			
...			

$\rightarrow$

Checkliste zur Auswahlentscheidung von Jobbörsen

Kern- und Basisleistungen	Jobbörse 1	Jobbörse 2	Jobbörse 3
Stellenangebote			
Stellengesuche/Lebenslauf-Einstellung			
Lebenslauf-Datenbank-Recherche			
Anzeigenservice			
Such- und Recherchefunktionalität			
■ Schnellsuche			
■ Differenzierte Suche			
■ Selektionskriterien:			
– Berufsfelder			
– Branchen			
– Funktion/Stellung			
– Anstellungsform			
– Unternehmen			
– Region			
– Aktualität			
■ Jobagenten/Suchprofile			
. . .			
. . .			
. . .			

$\rightarrow$

Zusatzleistungen	Jobbörse 1	Jobbörse 2	Jobbörse 3
Prozessunterstützung (Recruiting-Tool)			
Support des Inhouse-Stellenmarktes			
Personalberatung			
Tests/Online-Assessment-Center			
Personalisierung der Stellenangebote			
Weitere Börsen: ■ Ausbildungsplatz-/Lehrstellenbörse ■ Diplomarbeitsbörse/Doktorarbeiten			
Unternehmenspräsentation ■ Im Firmenlexikon ■ Webcasting/Jobtelevision			
Informationen/Hilfen (FAQs/Hotline)			
....			

Serviceleistungen	Jobbörse 1	Jobbörse 2	Jobbörse 3
Bannerschaltung			
Newsletter			
Chat & Foren			
...			

Abb. 57:   Checkliste zur Auswahlentscheidung von Jobbörsen

3.10.1 Effektive und effiziente Auswahl von Jobbörsen

Mit welchen Methoden kann eine Personalabteilung eine Jobbörse einstufen und hinsichtlich des eigenen Nutzens bewerten? Es geht hier nicht nur um die effektive Auswahl, diese kann nämlich bei gründlicher Recherche, wenn diese ohne klare Vorgaben und objektive Kriterien getätigt wird, sehr umfangreich und Zeit raubend sein. Gerade in Zeiten, in denen Personalabteilungen täglich Anrufe, E-Mails und Angebote per Post oder Fax von Anbietern im Recruitingbereich bekommen, muss ein internes Ranking von Jobbörsen auch effizient, nach klaren Strukturen und Methoden, Zeit sparend abgewickelten werden können. Eine gute Strukturierung macht diese Arbeit delegierbar, zumindest in der Vorrecherche und erleichtert so die

Aufbereitung von Entscheidungsfaktoren für eine finale Diskussion im Team.

Zunächst sollten Ziele und Anforderungen an eine Jobbörse im Unternehmen klar definiert sein, eventuell auch verschiedene Anforderungen für unterschiedliche Suchprofile. Zum Beispiel könnte eine Firma bei der Personalsuche für Stellenprofile im administrativen Bereich möglichst viele Bewerbungen bevorzugen, um eine große Auswahl zu haben, während bei Ausschreibungen im IT-Bereich eher wenige, aber sehr gut auf das Suchprofil passende, Bewerbungen bevorzugt werden.

Generell ist eine gewisse Kategorisierung von Jobbörsen im jeweiligen Unternehmen empfehlenswert:

Kategorie A: Hochinteressant, passt genau zur Unternehmensstrategie, erfüllt alle Kriterien → Kontaktaufnahme, Angebotserstellung, Budgetplanung

Kategorie B1: Eventuell interessant, noch sind nicht alle Kriterien ermittelt → Kontaktaufnahme oder Online-Recherche

Kategorie B2: Interessant und passend zur Strategie, momentan nicht mit dem Budget zu vereinbaren oder momentan nicht relevant, da das Suchprofil/die Zielgruppe nicht vom eigenen Unternehmen nachgefragt wird → Aufbewahrung für einen späteren Kontakt inklusive der recherchierten Kennzahlen und Kriterien

Kategorie C: Uninteressant, da ein Großteil der Kriterien nicht erfüllt sind → elektronische Archivierung des Kontaktes und der bereits recherchierten Kriterien

Es ist zweckmäßig, den Grund für eine positive oder negative Entscheidung mit anzugeben, um sich bei einem späteren Kontakt schnell auf die Stärken und Schwächen des Anbieters zu fokussieren.

Für die Aufbewahrung von gedruckten Mediadaten und Informationsmaterial der Kategorien A und B bieten sich z. B. Hängeregister an. Die üblichen Mediadatenkästen (DIN A 5), die in der Werbewelt in Usus sind, sind nur bedingt empfehlenswert, da sich im Recruitingbereich nicht alle Anbieter an dieses Format halten. In »paperless« organisierten Unternehmen sind entsprechende elektronische Archivierungssysteme auf zentralen Servern gut geeignet. Generell ist es ratsam, ein zentrales Dokument mit allen einbezogenen Kriterien anzulegen oder alternativ ein Dokument für jeden Anbieter. So bleibt der Überblick im Unternehmen gewahrt.

Vor der Katalogisierung der Jobbörsen und deren Bewertung empfiehlt sich die Zieldefinition der Online-Rekrutierung. Übergeordnetes Ziel ist die kosten- und Zeit sparende Deckung des Personalbedarfs, eventuell kombiniert mit einer Employer-Branding-Wirkung, die im Bereich des Personalmarketings anzusiedeln ist. Folgende Aspekte können in eine Strategie einfließen, um anschließend den passenden Kriterienkatalog für die Bewertung der einzelnen Anbieter zu erstellen:

Bewerbungsart

Auf welche Art und Weise sollen die Bewerber Kontakt mit dem eigenen Unternehmen bevorzugt aufnehmen? Diese Frage kann eine zentrale Bedeutung bei der Auswahl von Stellenbörsen spielen, da in manchen Fällen technische Anforderungen an den Anbieter essenziell sind. Möglich sind:

- Der klassische Postweg.
- Die Bewerbung per E-Mail bietet eine einfache und schnelle Möglichkeit der Kontaktaufnahme, sie ist aber sehr unstrukturiert und nutzt die heutigen Möglichkeiten moderner Jobbörsen und eigener Internetauftritte nicht aus.
- Die Nutzung eines von der Jobbörse bereit gestellten Bewerbungsverfahrens ist einerseits für die Bewerber ein schneller Weg, da eventuell Teile der Bewerbung (z. B. der Lebenslauf) mehrfach verwendet und nicht immer wieder neu eingegeben werden müssen. Andererseits bietet diese ASP-Lösung für Unternehmen den Vorteil, bereits durchdachte und fertig programmierte Mechanismen ohne eigene technische Investitionen zu nutzen und an deren Weiterentwicklung teilzunehmen. Bei der parallelen Nutzung mehrerer Plattformen steigt allerdings der Aufwand, und nicht alle Plattformen kommen in Frage, da sie eventuell nicht die technischen Voraussetzungen erfüllen.
- Die eigene Internetseite als zentrale Anlaufstelle ist die individuellste und unabhängigste Lösung, gerade wenn Online- und Printmedien in Form eines Personalmarketing-Mixes kombiniert werden. Die Investitionen, auch was die Weiterentwicklung betrifft, liegen in diesem Fall beim Unternehmen. Der große Vorteil liegt in der anschließend sehr freien Planung der genutzten Anbieter. Arbeitet das Unternehmen datenbankbasiert auf der eigenen Internetseite ist eine entsprechende Schnittstelle auf Seiten der genutzten Jobbörse von Vorteil, um die automatisierte Übernahme der Stellenangebote zu gewährleisten. Seit längerer Zeit ist ein standardisiertes Datenformat (HR-XML) geplant, das den Datenaustausch sowohl von Bewerberdaten, als auch von Stellenangeboten im Internet regeln soll. Es ist sogar ein Konsortium gegründet worden, aber das Format hat sich bislang noch nicht durchgesetzt, wenngleich es technisch zukunftsweisend ist.[109]

---

109 Siehe hierzu auch HR-XML Consortium Releases Staffing Industry Data Exchange Standards (SIDES), online: http://www.hr-xml.org

Zielgruppe

Wer soll mit den Angeboten angesprochen werden? Bei sehr klar definierten und speziellen Zielgruppen können in diesem Fall durchaus Anbieter von Special-Interest-Sites, wie zum Beispiel Online-Ableger von Fachzeitschriften oder Lehrstuhl- bzw. hochschuleigene Internetseiten in Betracht kommen. Bei nicht spezifizierten Zielgruppen ist wohl eher die Reichweite einer Jobbörse ausschlaggebend.

Regionalität

Fordert der zukünftige Arbeitgeber nicht unbedingt eine maximale Mobilität der Bewerber oder ist bewusst eine regional begrenzte Rekrutierung gewünscht, ist die Nutzung regional ausgerichteter Jobbörsen, gerade was das Preis-Leistungs-Verhältnis betrifft, durchaus sinnvoll. Ebenso lohnt es sich bei der Bevorzugung von Absolventen bestimmter Hochschulen und Akademien, auf deren eigenen, sehr zielgruppenspezifischen Internetseiten aktiv zu werden.

Personalbedarf (zeitlich und quantitativ)

Dieser Punkt ist hier erwähnt, da ein hoher Personalbedarf, der eventuell zeitlich sehr konzentriert ist, zum Beispiel bei dem Beginn eines Einsteigerprogramms, die Parallelnutzung mehrerer Jobbörsen sogar notwendig macht. Es kann sein, dass die Nutzung einer Plattform allein, auch wenn sie qualitativ sehr gute Ergebnisse bringt, nicht ausreichend ist und daher nicht nur andere Jobbörsen, sondern eventuell erweiterte Maßnahmen (Teaser, Banner oder Newsletter) in die Kampagne einbezogen werden müssen. Weiter unten in diesem Kapitel sind Kennzahlen beschrieben, wie auch diese Werbeformen eingeschätzt und bewertet werden können.

Die Informationsbeschaffung über Jobbörsen kann aktiv und passiv erfolgen. Die meisten Anbieter von seriösen und reichweitenstarken Jobbörsen haben Vertriebsteams im Innen- und Außendienst. Die eigene Recherche ersetzen sie aber nicht. Der beste Weg der Informationsbeschaffung erfolgt im ersten Schritt online, indem verschiedenste Informationen der Anbieter über deren eigene Internetseite oder Dritte beschafft werden. In einem zweiten Schritt kann die direkte Kontaktaufnahme mit dem Anbieter weiter Aufschlüsse geben.

Wie wird eine solche Recherche gestartet? Ein möglicher Ausgangspunkt sind allgemeine Internetsuchmaschinen und -kataloge (zum Beispiel www.google.de, www.yahoo.de, www.fireball.de und www.lycos.de). Die Eingabe von Suchbegriffen wie »Jobbörse«, »Stellenangebote« oder »Jobs« liefert eine Vielzahl an Ergebnissen, jedoch ist das Ranking nach der Reihenfolge der Anzeige relativ schlecht. Weniger zeitaufwändig und zielgerichteter ist die Recherche ausgehend von Rankings in Fachzeitschriften oder auf anderen Internetseiten. Zum Beispiel bietet www.crosswater-systems.com eine große Übersicht und Kurzbeschreibung vieler Jobbörsen. Auf www.karrierestart.de befindet sich eine Linkliste und Kurzbeschreibung von über 100 Anbietern, allerdings ohne Ranking. Diese Seite ist eine Fundgrube an Special-Interest-Anbietern.

Ranglisten nach objektiven Kriterien bieten www.focus.de, die Stiftung Warentest, Fachzeitschriften für Personalabteilungen (Personalwirtschaft) oder andere Publikationen, die für den Endverbraucher bestimmt sind (zum Beispiel Tomorrow, com!online oder Internet World). Hochinteressant sind Rankings nach der Befragung von Unternehmen und Bewerbern. Eine solche Marktforschung steht zum Beispiel, immer in der aktuellsten Version, auf www.recruitwerk.de als Download zur Verfügung.

3.10.2 Wie unterscheidet der Recruiter die Guten von den Schlechten?

Das Sammeln von Informationen über bestimmte Anbieter sollte, wie schon erwähnt, strukturiert erfolgen, am besten in zentralen Dokumenten (z. B. Excel-Sheets) organisiert. Anhand der Anforderungen des Unternehmens ist die Erstellung eines Kriterienkataloges empfehlenswert, für den hier Anregungen gegeben werden sollen.

Welche Kriterien kommen für eine entsprechende Katalogisierung in Frage? Die meisten dieser Punkte können durch eine eigene Recherche im Internet bereits beantwortet werden.

Referenzen, Nachbarschaft

Welche Referenzkunden kann der Anbieter vorweisen? Eventuell werden auch konkrete Aussagen der Kunden über den Anbieter veröffentlicht. Da die Kommunikation zwischen Personalabteilungen in der HR-Branche ohnehin sehr gut ist, auch zum Beispiel durch organisierte HR-Kreise, können diese Referenzen auch zum Anstoß von Informationsaustausch zwischen Personalabteilungen selbst dienen. Letztlich entscheidet eventuell auch die »gute Nachbarschaft« in einer Stellenbörse über deren Nutzung.

Kennzahlen

Die Angaben der Betreiber einer Jobbörse über deren Kennzahlen sind meist unter dem Punkt »Mediadaten« oder »Für Arbeitgeber« zu finden. Die meisten Anbieter verfügen auch über Mediadaten im Druckformat. Für eine Einschätzung des Anbieters ist es unabdingbar, gewisse Kennzahlen mit einzubeziehen. Weiter unten in diesem Kapitel werden im Abschnitt »Von PageImpressions bis zur Tausendender Kontaktrate. Kennzahlen die der Recruiter kennen sollte« relevante Kennzahlen erläutert.

Anzahl eingetragener Lebensläufe und Stellenangebote

Aufschlüsse über den Grad der Beliebtheit einer Jobbörse gibt zum Teil die Anzahl der eingetragenen Angebote und Gesuche. Eine hohe Anzahl auf beiden Seiten, auch wenn die Lebenslaufdatenbank zum Beispiel nicht genutzt wird, verspricht eine gewisse Frequentiertheit der Seite selbst. Es sollte aber auf alle Fälle die Aktualität der Datenbanken beachtet werden, denn veraltete Stellenangebote und -gesuche sprechen eher gegen einen Anbieter. Mit Vorsicht sind auch Angaben über die Anzahl der Angebote zu genießen, wenn die Angebote nicht auf den Servern der Anbieter selbst liegen, sondern über so genannte »Metasuchmaschinen« von anderen Internetseiten abgefragt werden. Denn durch eine solche Technologie ist der Betreiber einer Internetseite in der Lage eine riesige Datenmenge zur Verfügung zu stellen, ohne die Angebote selbst zu akquirieren.

Zusätzlich ist auf die Aktualität der Angebote zu achten, obwohl dies bei Anbietern, die das Datum einer Anzeige nach der letzten eigenen Aktualisierung und nicht nach dem tatsächlichen Eingabedatum sortieren, schwierig ist.

Anzahl der inserierenden Unternehmen

Eine große oder kleine Anzahl von Stellenangeboten sagt nicht unbedingt etwas über die Anzahl der Kunden selbst aus, da durch Datenbankanbindungen einzelner Kunden die Angebotszahlen in die Höhe schnellen können, während andere Anbieter nur eine manuelle Eingabemöglichkeit anbieten.

Design, Funktionalität

Die optische Gestaltung einer Jobbörse sollte zwar kein zentrales Kriterium sein, allerdings haben sich gewisse Standards durchgesetzt, die bei seriösen Anbietern vorzufinden sein sollten. Dazu zählen

- eine klare Struktur der gesamten Seite (alle Möglichkeiten, die die Seite bietet sollten auf der Startseite bereits erkennbar sein),
- eine übersichtliche Navigation (die Menüpunkte sollten als solche erkennbar und übersichtlich strukturiert sein, Links, auch in Texten, müssen deutlich als solche wahrnehmbar sein),
- die Vermeidung von »toten Links« (die Anhäufung von Links, die ins Leere führen, spricht nicht für einen Anbieter) und
- die optische Gestaltung (ein sympathischer Auftritt ist bestimmt auch ein Entscheidungskriterium bei Unternehmen und Bewerbern).

Technische Schnittstellen

Welche Schnittstellen bietet die Online-Börse auf der Business-to-Business-Seite an? Sowohl das Einspielen von Stellenangeboten, basierend auf Datenbanktechnologien, auf deren Technologie hier aber nicht näher eingegangen werden soll, als auch die Übernahme von Bewerbern in die eigene HR-Software sind seit geraumer Zeit keine Zukunftsmusik mehr. Es stellt sich aber die Frage nach der Notwendigkeit, je nachdem, mit welchem Datenaufkommen zu rechnen ist.

Mit wie vielen Klicks zum Ziel?

Es klingt banal, aber ein guter Test einer Jobbörse ist sicherlich, sich in die Lage eines(r) Bewerbers(in) zu versetzen und exemplarisch die Suche nach Stellenangeboten durchzuspielen. Manche Anbieter erhöhen gar die Anzahl ihrer Seitenabrufe (PageImpressions) durch sehr viele Zwischenseiten, die bis zum Ziel durchlaufen werden müssen. Natürlich bringt die Freitextsuche nach einem Unternehmensnamen schnelle Ergebnisse, aber das ist meist nicht die Art und Weise, wie Bewerber die Funktionalität einer Jobseite nutzen.

Klares Impressum, Kontaktmöglichkeiten

Die Möglichkeiten, mit dem Anbieter in Kontakt zu treten, sollten klar auf der Internetseite unter einem Punkt »Kontakt« oder »Impressum« dargestellt sein. Anbieter, die sich hier durch Internetformulare ohne weitere Angaben von Telefonnummer oder Adresse vor Anfragen »schützen«, geben in der Regel kein seriöses Bild von sich. Unklar bleibt für Interessenten die Gesellschaftsstruktur und Erreichbarkeit des Anbieters.

Registrar der Internetseite

Bei undurchsichtigen Konstellationen hinsichtlich des Betreibers hilft oft weiter, sich anzusehen, wer die Internetdomain selbst betreibt – eine simple Datenbankabfrage, die jedermann zugänglich, aber oft kaum bekannt ist, hilft weiter. Unter www.denic.de erfährt der Internetnutzer die Betreiber deutscher Domains (Endung »de«), unter www.internic.com die Registrare internationaler Domains (».com«, ».net«, ».org« usw.). In beiden Fällen wird der Punkt »whois« angewählt, so dass die Abfrage sofort startet.

Aktualität aller Bereiche, Presseberichte, PR/IR

Alle Bereiche der Internetseite sollten aktuell sein, nicht nur die relevanten Stellenangebotsdatenbanken. Wann erschien die letzte Pressemeldung? Sind die PR- oder IR-Angaben auf dem neuesten Stand? Wann wurden die letzten Einträge in Gästebücher oder Foren getätigt?

Presse

Im Presse-Archiv auf der Jobbörsenseite befinden sich meist nicht nur eigene Pressemeldungen, die bereits aufschlussreich sein können, sondern auch veröffentlichte Artikel. Die Pressearbeit einer Jobbörse und die Berichterstattung in renommierten, journalistisch hochwertigen Medien sagen viel über deren Außenwirkung aus.

Google-Toolbar

Ein »netter« Trick ist die Nutzung der »Google-Toolbar«, die durch eine kleine Installation in den eigenen Internetbrowser integriert werden kann (unter www.google.de). Sie beinhaltet u. a. einen kleinen grünen Balken, der das google-eigene Ranking »PageRank« einer Internetseite anzeigt (von 1 bis 10), sie basiert auf der Anzahl anderer (auch als wichtig eingestufter Internetseiten), die auf die gerade angezeigte Seite verlinken. Wird die Seite eines Anbieters angesurft, so wird sofort dessen Relevanz diesbezüglich offensichtlich. Dieser Hinweis ist allerdings nicht überzubewerten.

Test mit kostenlosen Angeboten

Ein Probe auf's Exempel bringt der Test mit kostenlos angebotenen Features. Über das kostenlose Inserieren von Praktika, Diplomarbeiten oder kompletten Firmenprofilen, das die meisten Internetbörsen anbieten, stellt sich schnell ein Gefühl für die Handhabung der eingesetzten Technologie ein.

Möglichkeiten der Kontrolle

Welche Technologie setzt der Anbieter ein? Bekommt der Kunde genaue Statistiken über die Besuche seiner Anzeigen? Wie oft klicken Besucher von der Seite des Stellenmarktes auf die eigene Internetseite des Unternehmens? Sollten entsprechende Zahlen nicht geliefert werden können, ist dies, gerade bei kleineren Börsen im Netz, kein Ausschlusskriterium. Mit Hilfe externer Tools, wie zum Beispiel »recruitwerk:control«, ist die Anzahl der Besucher, die von einer beliebigen Anbieterseite auf die eigene Internetseite klicken, messbar. (Es wird angeboten von der recruitwerk GmbH (www.recruitwerk.de)).

Nicht zu viele Bewerbungen!

Das Kriterium klingt nicht selbstverständlich, aber in manchen Stellenbörsen besteht nicht die Möglichkeit, das eigene Suchprofil so einzugrenzen, dass es wirklich nur die Zielgruppe erreicht. Noch schwieriger stellt sich die Situation dar, wenn Angebote, die genau profiliert sind, mit der falschen Zielgruppe »gematcht« werden. Die testweise Eintragung als »Inkognito-Bewerber« mit einem entsprechenden Profil und der Aktivierung des E-Mail-Newsletters oder Matchings bringt Aufschluss über die Genauigkeit der eingesetzten Technik. Zu viele Bewerbungen, die nicht zum Ausschreibungsprofil des Unternehmens passen, machen der Personalabteilung Arbeit und frustrieren die Bewerber, die eine Absage bekommen.

Personalmarketing versus Recruiting

Ein Aspekt, der immer wichtiger wird, gerade bei großen Unternehmen: Durch das gezielte Engagement auf verschiedensten Plattformen soll nicht nur ein aktueller Personalbedarf gedeckt, sondern das Unternehmen auch als attraktiver Arbeitgeber dargestellt werden (Employer Branding). Ein positives Arbeitgeberimage fördert mittelfristig die Sicherstellung des Nachwuchses. Zum Teil ist auch das Engagement in Jobbörsen sinnvoll, die ihren Schwerpunkt in diesem Bereich haben und Arbeitgeber zum Beispiel in einem redaktionell hochwertigen Umfeld mit Imageanzeigen darstellen.

3.10.3 Parallelschaltung und Mehrfachnutzung von Jobbörsen

Wie bereits erläutert, kann ein Personalbedarf, der zeitlich auf einige Einstellungstermine konzentriert oder allgemein quantitativ sehr hoch ist, die parallele Nutzung mehrerer Jobbörsen erfordern. Aber auch in anderen Fällen macht eine Mehrfachnutzung durchaus Sinn. Generell ist festzuhalten, dass die Nutzung mehrerer Anbieter gleichzeitig, die angesprochene Zielgruppe erweitert und das Feedback auf die Schaltungen quantitativ erhöht. Zum Beispiel macht eine Kombination aus einer General-Interest-Jobbörse mit einem Nischenanbieter einer Special-Interest-Site durchaus Sinn. Gerade im IT-Sektor werden mit Spezialanbietern hochspezialisierte Fachkräfte angesprochen, die sich eventuell nicht auf allgemein gehaltenen Jobbörsen »tummeln«. Hochinteressant dürfte gerade bei den Spezialanbietern die Kombination aus redaktionellen Inhalten mit Jobangeboten sein, da die Inhalte selbst bereits die entsprechende Zielgruppe an die Internet-Seite binden. Aber auch die Mehrfachnutzung mehrerer »gleichwertiger« Anbieter zahlt sich eventuell aus, und mindert das Risiko, eine Stelle nicht zu besetzen, gerade wenn zum Beispiel aufgrund eines fixen Einstellungstermins oder einer Nachfolgeproblematik der Suchzeitraum nach hinten begrenzt ist.

Aus Sicht des Personalmarketings bringt eine Mehrfachnutzung überdies einen Vorteil durch Multi-Channel-Marketing. Die Ansprache der Bewerber erfolgt durch verschiedene Kanäle und die Verbreitung eines positiven Arbeitgeberimages ist mittelfristig besser gegeben. Die meisten rekrutierenden Unternehmen nutzen zwar mehrere Plattformen gleichzeitig, konzentrieren sich aber dennoch auf wenige starke Partner, während Bewerber größtenteils wesentlich mehr Anbieter parallel im Auge haben und nicht so stark auf Einzelne polarisiert sind wie Unternehmen.[110]

Nachteil ist natürlich der höhere Kosten-, Arbeits- und Aktualisierungsaufwand. Generell ist zu empfehlen, in einem zentralen Dokument, das auch als wichtige Informationsmanagement-Maßnahme zu sehen ist, alle Daten über geschaltete Anzeigen im Unternehmen zu verwalten. Auch Zugangsdaten und Deadlines sollten hierin klar organisiert sein. Sollten sich Angebote automatisch verlängern (das ist oft bei kostenlosen Features der Fall), ist dies unbedingt zur Vermeidung von »Karteileichen« und veralteten Auftritten in diversen Jobbörsen zu vermerken. Das Risiko ist minimiert, wenn bei der Parallelschaltung in sehr vielen Medien (bis hin zu kleinen Webseiten bestimmter Hochschulen), möglichst oft auf die Webseite des rekrutierenden Unternehmens selbst verwiesen wird, da diese stets aktuell ist und somit die wenigsten Probleme mit nicht aktualisierten Datenbeständen auftreten. Durch verteilte Budgets auf mehreren Plattformen kommt das werbende Unternehmen nicht in den Genuss größerer Rabatte, sollten diese nach Umsätzen gestaffelt sein.

3.10.4 Preismodelle und Mengenrabatte

Anbieter von Stellenbörsen im Internet sind bei der Gestaltung ihrer Preisstrukturen zum Teil sehr kreativ. Dies reicht von der herkömmlichen Methode, Stellenanzeigen wie in klassischen Printmedien pro Schaltung abzurechnen bis hin zu Lizenzmodellen, deren Preise sich nach Unternehmensdaten und -größe sowie Laufzeit, nicht aber der Anzahl von positionierten Stellenangeboten richten. Letzteres gleicht einem Rahmenvertrag, wie er bei fast allen Jobbörsen zusätzlich angeboten wird. Die Preise sind aber verhandelbar. Und hier beginnt der eigentliche kreative Teil der Preisgestaltung – die meisten Vertriebsabteilungen haben mehr Spielraum zur Verfügung als häufig angenommen wird. Hier kann auch das Hinzuziehen einer Agentur, die die Mediaplanung im HR-Bereich übernimmt, sinnvoll sein, da sie die meisten Anbieter und deren Spielraum gut kennt. Folgende Preismodelle und Schaltungsformen sind weit verbreitet:

Einzelne Stellenangebote

Die meisten Jobbörsen bieten an, einzelne Stellenangebote zu schalten. Meistens entspricht der Basispreis einem Stellenangebot im Standard-Layout der Jobbörse selbst, eventuell mit Logo des schaltenden Unternehmens.

---

110 Siehe hierzu auch die Ergebnisse der Rekruitingmarktforschung, die auf der Internetseite www.recruitwerk.de zum Download angeboten wird.

Weiterführende Links sind hier ebenso Standard wie die Übernahme freier Textbausteine und das Festlegen verschiedenster Suchkriterien, mit denen die Anzeige von den Bewerbern gefunden wird.

Individuelles Design/Templates

Sollen die Anzeigen im individuellen Design des Unternehmens erscheinen, geschieht dies bei vielen Anbietern meistens gegen Aufpreis. Die Methoden der Veröffentlichung sind unterschiedlich. Manche Anbieter akzeptieren die Anlieferung der Anzeigen im HTML-Format, das dann aber vom schaltenden Unternehmen selbst erstellt und geliefert werden muss. Andere Jobbörsen bieten an, die Anzeigen nach gelieferten Vorgaben zu gestalten oder lassen gar eine Anlieferung in HTML-Form überhaupt nicht zu. Bei der Mehrfachnutzung eines Anbieters ist es zum Teil auch möglich, sich gewisse Templates (Vorlagen) hinterlegen zu lassen, die dann immer wieder mit unterschiedlichen Ausschreibungen verwendet, aber nur einmal implementiert und bezahlt werden.

Selbst Texte einpflegen und Stellen schalten

Werden die Texte von Unternehmen selbst eingepflegt, bieten einige Jobbörsen bereits Preisvorteile an, da der eigene Aufwand sinkt. Auch hier ist die Arbeit mit Templates und der Upload von Logos möglich. Bei jobpilot.de ist diese Vorgehensweise z. B. im Rahmen der »Workflow«-Technologie zu nutzen.

Rahmenverträge

Ist der Personalbedarf im Voraus abschätzbar und die Zusammenarbeit mit einer Jobbörse positiv erprobt, ist der Abschluss eines Rahmenvertrages sinnvoll. Rahmenverträge bieten standardisierte Abläufe und attraktive Preisnachlässe, meist in Form von gekauften Anzeigenkontingenten.

Extras zum Stellenangebot

Bei hohem Bedarf werden meist kostenpflichtige Extras zu bereits geschalteten Stellenangeboten bereit gestellt. Diese Erweiterungen können Hinweise auf der Start- oder einer Rubrikenseite, Banner, Newslettereinbindungen, Pop-ups oder andere Werbeformen sein. Sie alle erhöhen die Aufmerksamkeit der Bewerber und die Frequentierung des Angebotes. Die meisten Anbieter lassen auch Bannerschaltungen zu, die auf externe Webseiten verweisen (z. B. jobpilot, berufsstart, jobs.de, jobware.de), wenn ein Unternehmen z. B. eine Aktion oder einen Stellenmarkt auf der eigenen Webseite bewerben möchte. Andere Anbieter lassen nur die Verlinkung auf Anzeigen zu, die auch bei der Jobbörse selbst gehostet werden (z. B. monster.de, StepStone.de).

Rabatte

Möglich sind Rabatte vor allem für Erstkunden (spezieller Erstkundenrabatt). Hier können ggf. Preisspielräume von bis zu 50 bis 60% realisiert werden, da der Druck, neue Kunden zu akquirieren hoch ist. Attraktiv können auch Naturalrabatte sein, denn viele Bannerwerbeplätze sind zum Beispiel nicht voll ausgebucht und bieten den Jobbörsen ideale Medienleistung für Add-ons. Unter dem Namen »Testangebote« verbergen sich auch Rabattmodelle, die bei näherem Nachfragen bis hin zur kostenlosen Testschaltung reichen. Generell werden im Online-Bereich erfahrungsgemäß größere Rabatte gewährt als im Printbereich. Hier besteht ein Zusammenhang zur aktuellen Marktlage.

Hohe Rabatte können durch das Hinzuziehen einer Agentur erzielt werden. Durchaus üblich ist auch, dass Agenturen Teile ihrer eigenen Provisionen (so genannte AE-Provisionen oder Agenturrabatte) an ihre Kunden weitergeben, da auch auf dem Markt der Agenturen ein hoher Wettbewerbsdruck herrscht.

Kostenlose Praktikanten-/Diplomandenangebote

Fast alle Anbieter ermöglichen das kostenlose Inserieren von Praktikanten- und Diplomandenstellen. Dies reicht bis zu kompletten Portalen, die sich ausschließlich auf Angebote dieser Art beschränkt haben (z. B. praktika.de).

3.10.5 Von PageImpressions bis zur Tausender Kontaktrate. Kennzahlen, die der Recruiter kennen sollte

In Mediadaten werden immer wieder einheitliche Fachbegriffe benutzt, die auch dem Recruiter, der eine Mediaplanung durchführt, vertraut sein sollten. In diesem Abschnitt werden nicht nur die Begriffe erläutert, sondern auch »Erfahrungswerte« dargestellt, die der Personalabteilung helfen sollen, Angebote zu bewerten. Der Markt, gerade im Bereich der Online-Werbung hat sich in letzter Zeit sehr gewandelt. Daher sanken die Preise in einzelnen Bereichen extrem. Es wurden sogar neue Werbeformen entwickelt, um der Misere des Preisverfalls zu entgehen. Hier einige Kenngrößen (die meisten sind in den Mediadaten immer auf den Monat bezogen angegeben):

Der TKP (=Tausend-Kontakt-Preis) ist der Preis, den man für 1.000 Einblendungen einer Werbung bezahlt. Selten wird diese Abrechnungsmethode auch CPT (Cost Per Thousand) genannt. Der TKP ist eine zentrale Kenngröße und wird auf die Einblendungen von Bannern, Pop-ups, Skyscraper oder auch Newsletter-Einblendungen angewendet. Mitte der 90er Jahre, in denen Bannerwerbung boomte, erlangten Webseiten zum Teil bis zu 100,– Euro TKP für die Einblendung eines Fullsizebanners. Mittlerweile erreichen auch sehr zielgruppenorientierte Anbieter meist nicht mehr als 25,– Euro. Generell gilt: Je spezialisierter die Zielgruppe und je größer die Werbeeinblendung, desto höher ist der TKP.[111]

PayPerClick bezeichnet eine Abrechnungsmethode, die nicht die Anzahl der Einblendungen abrechnet, sondern die Clicks darauf, egal wie viele Einblendungen für ein gekauftes Kontingent nötig sind. Dies ist eine (eher seltene) Methode, die seit ca. drei Jahren meist dazu genutzt wird, freie Werbeplätze zu vermarkten.

Hits ist die Angabe, die beschreibt, wie viel einzelne Dateien ein Internetserver ausliefert. Sie ist zur Einschätzung der Attraktivität des Angebots nicht geeignet, da z. B. der Aufruf einer Seite mit 30 Grafikelementen und zwei Flashfilmen bereits 33 Hits (die Seite selbst ist auch eine Datei) erzeugt. Die Angabe von Hits ließ zu Beginn des Internet-Zeitalters Werte in die Höhe schnellen. Heutzutage gilt sie als unseriös.

PageViews (auch PageImpressions) ist die Anzahl der von Usern aufgerufenen Web-Seiten. Ist eine Web-Seite aus mehreren Elementen aufgebaut, z. B. durch den Einsatz von Frames, gilt der Aufruf der gesamten Seite jeweils nur als ein PageView. Eine oft verwendete Kenngröße, anhand derer man die Beliebtheit eines Angebotes gut beziffern kann.

Ein Visit bezeichnet den Besuch einer Webseite durch einen Surfer, egal, wie viele PageImpressions dabei getätigt werden. Die Angabe der Visits ermöglicht eine gute Einschätzung der Frequentierung einer Jobbörse. Noch genauer ist die Angabe von **Unique Visitors**, sie beschreibt, wie viele Personen, z. B. innerhalb eines Monats, eine Webseite besuchen, unabhängig davon, wie viele Visits sie der Seite innerhalb dieses Monats abstatten.

Die Verweildauer auf einer Webseite kann in Zeiteinheiten oder PageImpressions erfolgen. Sie gibt Aufschluss über die mittlere Attraktivität und den Nutzen für den Einzelnen. Ist sie nicht explizit angegeben, kann diese durch den Quotienten **PageImpressions durch Visits** ermittelt werden.

IVW geprüft sind Angaben, wenn sie durch die anerkannten Verfahren der IVW (Informationsgemeinschaft zur Feststellung der Verbreitung von Werbeträgern e. V.) gemessen wurden. Die IVW existiert seit 1949 und hat sich auch des Online-Bereichs angenommen. IVW geprüften Angaben (meist nur bei großen Betreibern vorzufinden) kann grundsätzlich Ver-

---

111 Bezogen auf die Stellenanzeige bedeutet dies: Wie viel Geld muss ein Unternehmen aufwenden, damit 1000 Interessenten dieses Angebot ansehen können.

trauen geschenkt werden, ansonsten müssen die Angaben der Jobbörse selbst herangezogen werden.

AdImpression bezeichnet die Sichtkontakte mit der Online-Anzeige bzw. eingeblendeten Werbung. Sprich, es werden für den TKP exakt 1.000 AdImpressions erzielt.

Die Zahl der **AdClicks** gibt an, wie oft auf eine Werbeeinblendung geklickt wurde. Daraus errechnet sich die **ClickRate** (= AdClicks/AdImpressions), die genauen Aufschluss über die Effizienz der Werbung gibt. Pop-ups und Newsletter haben meist höhere ClickRates als »normale« Banner, sind daher aber auch vom TKP her teurer. Während die ClickRate auf ein Werbebanner Mitte der 90er Jahre zum Teil noch bei über 10% lag, sind heutzutage Werte von 0,5 bis 1,0% bereits als gut einzuschätzen. Bei Werten weit unter 0,2% ist die Frage, ob tatsächlich die richtige Zielgruppe angesprochen wurde, das Banner ansprechend oder die Werbung richtig platziert ist. Die selten angegebene **CTR (Click-Through-Rate)** ist eine ähnliche Größe wie die Click-Rate, bezieht sich aber auf Visits, und nicht auf AdImpressions.

Fasst man die Aussagen aus den vorangegangenen Abschnitten zusammen, so sollte der Recruiter bei der Auswahl von Jobbörsen folgende Punkte beachten:

✓ Referenzen
✓ Quantität und Qualität der inserierenden Unternehmen
✓ Anzahl der Stellenangebote
✓ Anzahl der Lebensläufe
✓ Aktualität der Stellenangebote/Stellengesuche
✓ Zielgruppenorientierung der Lebensläufe
✓ Design, Funktionalität
✓ Technische Schnittstellen
✓ Klares Impressum, Kontaktmöglichkeiten
✓ Registrar der Internetseite
✓ Aktualität aller Bereiche, Presseberichte, PR/IR
✓ Test mit kostenlosen Angeboten
✓ Möglichkeiten der Kontrolle
✓ Preismodelle
✓ Mengenrabatte
✓ Rahmenverträge
✓ Kennzahlen
   ✓ TKP (=Tausend-Kontakt-Preis)
   ✓ PageViews (auch PageImpressions)
   ✓ Kosten Rahmenvertrag zu PageImpressions[112]

---

112 Die Kosten eines Rahmenvertrages in Beziehung zu den Page-Impressions auf den Stel-

✓ Unique Visitors
✓ Verweildauer
✓ AdImpression
✓ AdClicks
✓ ClickRate
✓ Visit zu PageImpressions[113]

Rekrutierende Unternehmen buchen bei Jobbörsen häufig Stellenanzeigen, daher sind viele Kenngrößen, die sich auf weitere Werbeformen beziehen, den Recruitern weniger bekannt. Zur Orientierung werden im Folgenden kurz unterschiedliche **Werbeformen** angesprochen, die sich im Online-Bereich durchgesetzt haben:

■ **Banner**: Die Standardwerbeform im Internet. Fullsize-Banner haben die Größe 468 x 60 Pixel, Halfsize-Banner 234 x 60. Daneben existieren alle möglichen anderen Formate. Ist ein Banner sehr hoch (z. B. 130 × 600 Pixel), wird dieses als »**Skyscaper**« bezeichnet.

■ **Pop-ups** funktionieren wie Banner, erscheinen aber beim Aufruf einer Seite in einem separaten Fenster (»poppen auf«), das erst wieder geschlossen werden muss. Sie haben eine hohe ClickRate, sind aber eher unbeliebt bei den Usern.

■ **Newslettereinbindung**: Platzierung einer Werbung in einem Newsletter. Zum Teil ist hierbei die Werbung nicht eindeutig von den redaktionellen Inhalten abgrenzbar. In einem solchen Fall ist die ClickRate signifikant höher.

■ **Directmail** (eventuell mit Filterung der Zielgruppe, z. B. nach Studiengang): Empfänger eines Newsletters oder andere registrierte User werden in einer E-Mail mit einem Angebot exklusiv angesprochen. Oft ist das Angebot »als Empfehlung« ge-cobrandet mit beiden Unternehmen (dem Anbieter und dem werbenden Unternehmen). In diesem Bereich können sehr hohe ClickRates von zum Teil über 10% beobachtet werden. Dementsprechend sind auch die TKPs wesentlich höher als bei einer Newslettereinbindung.

---

lenangeboten eines Unternehmens geben Aufschluss über den TKP einer Jobbörse. (Ein horizontaler Vergleich mit anderen Jobbörsen und/oder ein vertikaler Vergleich mit anderen Werbeformen kann dann als Maßstab herangezogen werden) Vgl. hierzu Jäger, M. (2001): Controlling des Einsatzes von Jobbörsen, in: Personalwirtschaft, Sonderheft 5/2001, S. 30–38

113 Aus dem Verhältnis von Visits und Page-Impressions kann ggf. die Nutzungsintensität bestimmt werden, d. h. die durchschnittlich angesehenen Seitenzahlen pro Besuchsvorgang. Vgl. hierzu Jäger, M. (2001): Controlling des Einsatzes von Jobbörsen, in: Personalwirtschaft, Sonderheft 5/2001, S. 30–38

Zusammenfassend ist festzustellen, dass rekrutierende Unternehmen zunehmend Erfahrungen mit den neuen Medien machen und Mediadaten sowie Kennzahlen immer besser einzuschätzen wissen. Außerdem haben sich einige Drittanbieter und Agenturen auf die Auswahl und Mediaplanung im Online-Recruiting-Bereich spezialisiert. Dies fördert insgesamt die Transparenz auf dem Jobbörsenmarkt und wird letztendlich auch zu weiteren Konsolidierungen führen.

4. Die digitale Personalbeschaffung

Nachdem die grundsätzlichen Kern-, Zusatz und Serviceleistungen von Jobbörsen beschrieben wurden, soll im folgenden Abschnitt die digitale Personalbeschaffung, unter besonderer Berücksichtigung des Prozessansatzes, vorgestellt werden. Beginnend mit der Veröffentlichung eines Personalbedarfs, über die Möglichkeiten der Kandidatenidentifizierung, den Matching/Screening-Funktionalitäten, bis hin zur Auswahl, sollen Antworten darauf gegeben werden, wie E-Recruitment heutzutage, gespiegelt an den bereits vorhandenen Möglichkeiten, in der Praxis funktioniert.

4.1 Die digitale Stellenanzeige

Gemäß einer Emnid-Umfrage, im Auftrag von Jobware, stellen die klassischen Stellenanzeigen in den Tages- und Wochenzeitschriften, mit 67 Prozent, die Hauptinformationsquelle bei den deutschen Arbeitnehmern dar.[1] Demgegenüber wird der Stellenmarkt im Internet von 53 Prozent der Arbeitsuchenden als Medium gewählt.[2] Dies entspricht einer Steigerung von 8 Prozent gegenüber dem Vorjahr, Tendenz zunehmend. Bei den höherqualifizierten Bewerbern haben die Online-Stellenmärkte die Zeitungen als Hauptinformationsquelle bei der Arbeitsplatzsuche bereits verdrängt (siehe Abbildung 58).

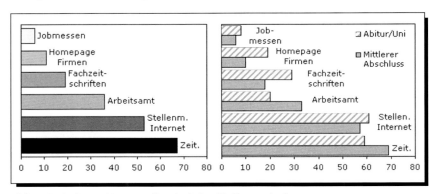

Abb. 58: Informationsquellen bei der Stellensuche[3]

---

1 Vgl. Jobware (2001): Informationsquellen bei der Stellensuche, online: http://www.jobware.de/ma/um/16/index.html (19. 06. 2002)
2 Vgl. ebenda
3 Jobware (2001): Informationsquellen bei der Stellensuche, online: http://www.jobware.de/ma/um/16/index.html (19. 06. 2002)

4.1.1 Traditionelle Stellenanzeigen versus Online-Anzeigen

Stellenanzeigen sind bis heute noch Inhalt bzw. fester Bestandteil einer jeden guten Tageszeitung, Wochen- oder Monatszeitschrift. Seit Anbeginn des Internets als Massenmedium wird die Diskussion dahingehend geführt, ob der Stellenmarkt der Printmedien durch das digitale Medium ersetzt wird oder nicht. Fest steht bereits jetzt, eine »Total-Substitution« wird es auch in absehbarer Zeit nicht geben. Eines hat sich jedoch gezeigt, die Medien werden weiter nebeneinander existieren und sich gegenseitig ergänzen.

So hat sich in den vergangenen fünf Jahren vermehrt durchgesetzt, dass auch einige Printmedien ihrem Anzeigenteil einen Stellenindex zur zielgerichteten Suche vorschalten. Damit wird auch der erste Unterschied deutlich. Stellenanzeigen sollen gesucht und gefunden werden. Trotz ggf. vorhandenem Stellenindex liegt der Schwerpunkt beim »Blättern« und weniger beim »Suchen und Finden«. Während der Stellenindex meist nach einem, maximal zwei Kriterien aufgebaut wird, wie bspw. Bezeichnung der Stelle und/oder Fachgebiet, kann eine Online-Anzeige, je nach Komfortabilität der Suchfunktionen der jeweiligen Jobbörse, durch eine Vielzahl von Kriterien eingegrenzt, gesucht und gefunden werden. Die Stichwortsuche erlaubt darüber hinaus einen unübertroffenen Grad an Individualisierung, da auf der Basis einer Volltextsuche, jedes beliebige Stichwort in den Texten aller Anzeigen aufgespürt werden kann. Ein weiterer, damit verbundener Vorteil ist die Schnelligkeit. Das Online-Medium ist in der Lage, nach bestimmten, vom Nutzer eingegebenen Kriterien die jeweiligen Stellenanzeigen nicht nur zu suchen, sondern auch zusammenzustellen bzw. zu sortieren und auf einen Blick verfügbar zu machen. Damit wird eine hohe Übersichtlichkeit bzw. Transparenz, bezogen auf die Stellenkategorie, erzeugt. Beim Printmedium wird dieser Vorgang weiterhin auf »Blättern« beschränkt bleiben und damit den Vorgang zu einem zeitintensiveren Unterfangen machen. Darüber hinaus bedeutet die Schaltung einer Printanzeige automatisch eine singuläre Publizität. Anders bei der Online-Anzeige. Mit Hilfe von Meta-Suchmaschinen kann eine Online-Anzeige den Interessenten dennoch finden, ohne dass dieser eine Anbieterfokussierung vorgenommen hat, so dass auch die Streuwirkung bei der Online-Anzeige um ein Vielfaches höher ist als bei den Printmedien. Diese Wirkung wird dann noch einmal dadurch vervielfacht, dass mit der Nutzung des Online-Mediums eine Auflösung der Zeit- und Raumabhängigkeit gegeben ist. Während die Printmedien eine sehr regionale, wenn nicht, dann doch meist nationale Präsenz aufweisen, ist die Online-Anzeige überregional und international (weltweit) verfügbar. Damit wird automatisch eine (nahezu) Omnipräsenz erreicht, die kein Printmedium in diesem Maße erreichen kann. Hinsichtlich der Zeitunabhängigkeit ist weiter festzustellen, dass auch hier die Printmedien eine fast ausschließliche Singularität aufweisen (mit Ausnahme der Mehrfachschaltung), d. h. die Anzeige erscheint i. d. R. zu einem Zeitpunkt (an einem Tag). Damit ist die Wahrscheinlichkeit, potenzielle Bewerber anzeigentechnisch zu erreichen, bedeutend geringer als bei einer Online-Anzeige. Diese sind in der Regel, je nach Anbieter und Wahl der Anzeigendauer, meist zwischen 4 bis 8 Wochen im Netz verfügbar. Darüber hinaus ist hinsichtlich der Zeitunabhängigkeit zu berücksichtigen, dass die Aufgabe von Printanzeigen immer mit der Einhaltung von Redaktionsterminen bzw. einem Annahmeschluss verbunden ist, während die Online-Anzeige zu jeder Zeit, verzugslos in Echtzeit veröffentlicht werden kann.

Ein weiterer, aber nicht unwesentlicher, Unterschied hinsichtlich dieser zwei Möglichkeiten der Anzeigenschaltung liegt bei den Kosten. Gegenüber der klassischen Print-Anzeige ist der Kostenaufwand für eine Online-Anzeige um ca. 1/4 bis 1/3 geringer. Während bei der Printanzeige häufig der Preis auch die Größe der Anzeige beeinflusst, ist dies bei der Online-Anzeige nicht der Fall. Eine Textbegrenzung in diesem Sinne existiert somit nicht direkt.

Weiterhin ist in den letzten Jahren festzustellen, dass sich die Stellenanzeigen in den Printmedien mehr und mehr zu Imageanzeigen entwickeln. Individuell gestaltete Anzeigen, vom Rahmen bis zur verwendeten Schrift, von der Textpositionierung bis zur Graphik und zu Photoelementen etc., kann nahezu alles realisiert werden. Die Corporate Identity sowie die Unternehmensphilosophie werden mit den Stellenanzeigen transportiert. Diese Freiheiten existieren bei der Online-Anzeige in diesem Maße bei weitem noch nicht. Hier treten CI und vor allem das Corporate Design sehr stark in den Hintergrund. Während das Printmedium eine sehr hohe Individualisierung unterstützt, setzt das Online-Medium auf Standardisierung. Der Vorteil liegt hier in der Verlässlichkeit der Informationsorte. So bieten Jobbörsen das Einstellen des Logos an, dann i. d. R. aber immer an der selben Stelle. Das Gleiche gilt für die Kontaktadresse bzw. Links etc. Der Stellensuchende findet die Informationen immer an der gleichen Stelle. Wenn auch die Individualisierung bei der Online-Anzeige wenig stark ausgeprägt ist, so besteht natürlich auch nicht in so hohem Maße die Notwendigkeit hierfür, da die individuell gestalteten Anzeigen u. a. dem Zweck dienen, sich von den anderen Stellenanzeigen abzuheben und Aufmerksamkeit beim Leser zu erzeugen. Kurz gesagt: »Die Anzeige muss auffallen«. Diese Notwendigkeit ist bei Online-Anzeigen in dem Maße nicht gegeben.

Bei aller Standardisierung bieten dennoch einige Jobbörsen inzwischen eine bestimmte Variantenvielfalt bei der Anzeigengestaltung an. So kann man bspw. bei StepStone zwischen zehn Layout-Vorlagen für Standard-Anzeigen wählen, bei denen die Farbe der hinterlegten Hintergründe und der jeweilige Rahmen frei wählbar ist.[4] Auch existieren beispielsweise bereits animierte Anzeigen im Netz, d. h. multimediale Elemente werden aufgenommen, wie z. B. ein Reißverschluss, der sich langsam von einer Seite her öffnet und die Stellenanzeige ans Licht bringt.

Auf einen Unterschied sollte an dieser Stelle jedoch auch noch eingegangen werden, und zwar auf die so genannte Stellenbezeichnung. Gerade in den letzten Jahren waren und sind die Stellenbezeichnungen im Wesentlichen durch Kreativität und Ausgefallenheit geprägt. Während man die Verwendung von Anglizismen noch allgemein toleriert, werden ausgefallene Stellenbezeichnungen im Online-Medium gar nicht mehr gefunden, im Printmedium fallen sie zumindest auf. Die Online-Anzeige sollte internetgerecht sein, d. h. die Anzeige sollte Schlagwörter enthalten, die dann auch mit den Suchfunktionen der Jobbörsen gefunden werden. Hier gilt Praktikabilität vor Kreativität. (Siehe Abbildung 59)

	Printanzeige	Online-Anzeige
Suche	wenig zielgerichtet keine individuelle Suche zeitintensiv keine Übersicht	zielgerichtet individuell Suche schnell kumulierte Übersicht
Publizität	Singularität Anbieterfokus	Pluralität kein Anbieterfokus
Zeit	Abhängigkeit	Unabhängigkeit
Raum	Abhängigkeit regional / national	Unabhängigkeit überregional / international
Kosten	kostenintensiv	kostengünstig
Gestaltung	Individuell	Standardisierung Varianten
Nutzer	alle potenziellen Käufer	Online User

Abb. 59:   Unterschied zwischen der Print- und Online-Anzeige

---

4 Vgl. StepStone (2002): über uns – produkte/service, online: http://www.stepstone.de/
start.php3?menu=1–1 (19. 06. 2002)

4.1.2 Komponenten und Struktur einer Online-Anzeige

Die Struktur und Komponenten der Online-Anzeige sind von der jeweiligen Jobbörse abhängig. Idealerweise sollten folgende Möglichkeiten angeboten werden:

■ Firmenlogo ohne Link
■ Firmenlogo mit Link zum Unternehmensprofil bzw. zur unternehmenseigenen Web-Site
■ Titel der Anzeige
■ Text mit oder ohne Hervorhebung
■ Kontaktadresse (Adresse / E-Mail-Kontakt)
■ Link zu allen Jobangeboten des Unternehmens bei der Jobbörse
■ Link »Weiterleitung»
■ Link »Online-Bewerbung»

Bei Ansicht der Struktur wird bereits deutlich, dass die komparativen Vorteile einer Online-Anzeige eindeutig bei der Interaktivität, wie bspw. der Möglichkeit zur unmittelbaren Online-Bewerbung, liegen sowie bei der hohen Flexibilität durch Verlinkung, d. h. die unmittelbare und medienbruchfreie Deckung zusätzlicher Informationsbedarfe bzw. -bedürfnisse. Damit trägt das Online-Medium wesentlich stärker dem Informationsbedürfnis des Einzelnen Rechnung, als dem tatsächlichen Informationsbedarf.

Zudem wird die Bewerbung für den Stellensuchenden wesentlich leichter und schneller. Nachdem der Lebenslauf bei einer Stellenbörse in der Datenbank abgelegt wurde, kann mit wenigen »Klicks« auf alle entsprechenden Stellenangebote reagiert werden. Dies beschreibt ein Faktum, welches auf der einen Seite einen Segen, auf der anderen Seite jedoch gleichzeitig einen Fluch darstellt. Hierdurch wird ggf. als Folge wesentlich mehr Quantität als Qualität erzeugt. Ein Tatbestand, auf den an anderer Stelle nochmals intensiver eingegangen wird.

Trotz dieser wesentlichen Vereinfachung bestehen viele Unternehmen darauf, von der veröffentlichten Anzeige zunächst wieder auf die eigene Unternehmenshomepage zu verlinken, wo der Bewerber dann die eigenen unternehmensspezifischen Eingabefelder zur Bewerbung ausfüllen soll.

Der Vorteil ist die 100%ige Kongruenz zum unternehmensspezifischen Workflow und die Möglichkeit zur unmittelbaren Einbindung in die eigene Bewerber-Datenbank etc. Der Nachteil ist der überproportionale zusätzliche Aufwand für den Bewerber, der nochmals ein »komplettes« Bewerber-Profil erstellen muss.

Die Vereinfachung des Bewerbungsprozesses wird tendenziell dazu führen, dass sich Kandidaten, vielmehr als heute, zeitgleich bei verschiedenen Unternehmen bewerben, so dass man annehmen kann, dass sich der Wettbewerb zwischen den Unternehmen, insbesondere in den späteren Phasen des Recruiting-Prozesses, erhöhen wird.

4.1.3 Schaltung von Online-Anzeigen

Zunächst kann bei der Schaltung von Online-Anzeigen entschieden werden, ob die jeweilige Jobbörse die Anzeige schaltet oder der betreffende Personaler unmittelbar selbst die Anzeige bei der Jobbörse ins Netz stellt. Im ersten Fall besteht keinerlei Unterschied zum Printmedium. Eine Vorlage wird erstellt und via Post, Fax oder E-Mail der Jobbörse zugesandt. Bis zur Schaltung werden »Feedback-Loops« durchlaufen und die Umsetzung dauert von mehreren Stunden bis mehrere Tage, je nach Leistungsfähigkeit der gewählten Jobbörse. Die Alternative ist die Selbstschaltung von Online-Anzeigen. Bei einigen Stellenbörsen kann das Unternehmen kurzfristig, unabhängig von Redaktionszeiten, eine Anzeige direkt schalten, d. h. in Echtzeit. Hierdurch werden Verzögerungen vermieden, die Publizität ist unmittelbar vorhanden, d. h. die Anzeige wird sofort veröffentlicht. Des Weiteren hat das Unternehmen die Selbstverantwortung; damit entfallen die »Feedback-Loops« und das Wording kann selbstständig, auch nachträglich, korrigiert bzw. angepasst werden.

Im Folgenden wird der Prozess der Online-Schaltung am Beispiel von monster.de skizziert. Nachdem der Arbeitskraft-Nachfrager die Homepage unter www.monster.de aufgerufen und nach Eingabe des User-Namens und Passworts den Arbeitgeber-Login durchgeführt hat, wird das so genannte »Monster Office HR« präsentiert. Hier stehen dem Personalverantwortlichen eine Reihe von Funktionalitäten zur Auswahl. Das Organisationssystem ermöglicht es, Projekt-Ordner für jede offene Position anzulegen. Von diesen Ordnern aus kann auf alle Angebote des Rekrutierungsprozesses, wie z. B. Jobs einstellen und verwalten, Schnell- bzw. Detail-Suche in der Bewerberdatenbank, Briefe verwalten u. a. zugegriffen werden.

Im ersten Schritt wird das Benutzerprofil mit Hilfe eines Formulars erstellt, in dem der Name, die Adresse, Telefon- und Faxnummer sowie E-Mail-Adresse eingetragen werden (siehe Abbildung 60). Als Kontaktperson kann der Personalverantwortliche sich selbst oder andere eintragen. Bei der Aufgabe von Stellenanzeigen werden dann diese Angaben automatisch in das Formular »Anzeige erstellen« übernommen. Die Angaben können jederzeit aktualisiert, bearbeitet und gespeichert werden.

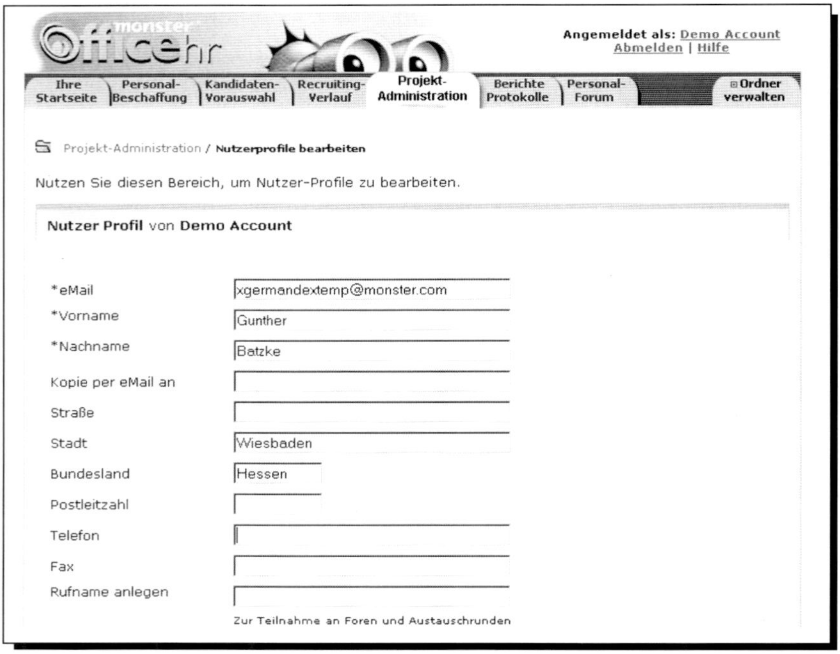

Abb. 60:   Benutzerprofil bei monster.de

Nachdem der Personalverantwortliche die Funktionalität »Anzeige erstellen« angewählt hat, werden unterschiedliche Eingabefelder angeboten. Im ersten Schritt besteht die Möglichkeit, den Job-Titel, der als Überschrift bei jeder Stellenanzeige zu finden ist und deshalb auch wichtige Informationen zur Stelle enthalten sollte, einzugeben.

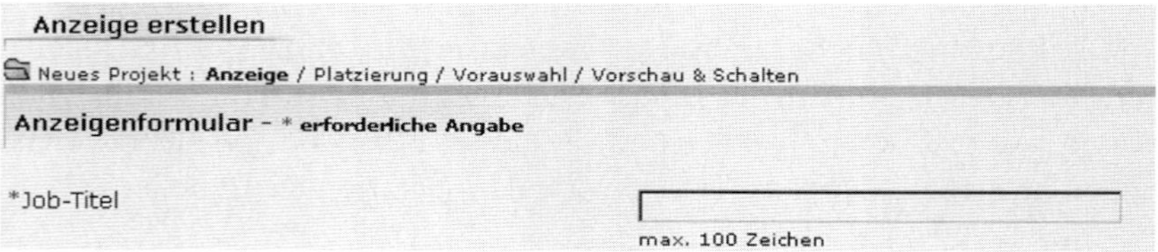

Gerade mit zunehmender Bedeutung des Anforderungsprofils für die Personalbeschaffung ist es wichtig, schon in der Stellenanzeige die konkreten Anforderungen bzw. Voraussetzungen zu artikulieren bzw. zu präzisieren. Deshalb kann als nächstes auch die erforderliche Berufserfahrung ausgewählt werden.

Mit den Angaben in den nächsten Eingabefeldern kann der jeweilige Recruiter dann noch Informationen zur Art der Position und/oder zum Gehalt freigeben.

Anschließend werden Referenzen eingegeben, wobei der Referenzcode eine Art interne Stellennummer sein sollte, die dabei hilft, Bewerbungen mit der richtigen Anzeige zu verbinden.

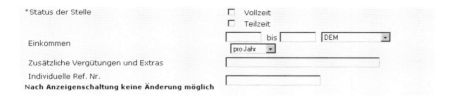

Damit Bewerber auf Stellenanzeigen antworten können, werden im nächsten Arbeitsschritt die Kontakt-Informationen abgefragt. Diese Angaben können den Stellenanzeigen des Unternehmens beigefügt werden. Es sollte zumindest eine E-Mail-Adresse angegeben werden, damit Bewerber das Feature »Online bewerben« nutzen können. Allerdings besteht auch die Möglichkeit, einzelne Informationselemente auszublenden und sich bei Bedarf sogar zu entscheiden, eine Anzeige völlig vertraulich ohne ersichtliche Nennung des Unternehmensnamens, der Kontaktinformationen und ohne Einblendung der Firmenlogos zu schalten.

Kontaktinformationen - Markieren Sie Elemente, die Sie in Ihrer Anzeige 'ausblenden' möchten

Alles Markieren

Name		☐ ausblenden
Unternehmen		☐ ausblenden
eMail	xgermandextemp@monster.com	☐ ausblenden
Straße		☐ ausblenden
Stadt		☐ ausblenden
Bundesland		☐ ausblenden
Postleitzahl		☐ ausblenden
Telefon		☐ ausblenden
Fax		☐ ausblenden

☐ **Anzeige vertraulich schalten**
(die Anzeige enthält weder das Unternehmenslogo, noch den Link 'alle Stellenangebote' des Unternehmens, etc.)
☑ **'Online Bewerben' als Link zulassen**
Wenn Sie sich für diese Option entscheiden, ist die Angabe Ihrer eMail-Adresse erforderlich

Im nächsten Eingabefeld kann dann von dem Personalverantwortlichen die Stellenbeschreibung bzw. das Anforderungsprofil frei als Text eingegeben werden oder aus einem Word-Dokument kopiert werden. Der Hauptteil der Stellenanzeige sollte eine Reihe von Schlüsselwörtern enthalten, die es den Bewerbern ermöglichen, die Anzeige zu finden. Die eigentliche Stellenbeschreibung kann eine DIN-A4-Seite ausfüllen und sollte alle für eine Stellenanzeige wichtigen Informationen enthalten. Die Formatierung der Anzeige bleibt dem Unternehmen überlassen – meist wird der Text in Absätze eingeteilt und durch Großschreibung werden Teile der Anzeige besonders hervorgehoben. Nach Eingabe der Daten kann sich der Personalverantwortliche entscheiden, die Daten zwischenzuspeichern, um zu einem späteren Zeitpunkt mit der Eingabe fortzufahren, oder mit dem Button »weiter« direkt zur nächsten Eingabemaske zu wechseln.

*Stellenbeschreibung
Informieren Sie Bewerber: Sie können Informationen zum Unternehmen, zu Verantworlichkeiten, Qualifikation und/oder Leistungen angeben. Hinweis: Text muss mindestens 200 Zeichen enthalten.

» Überprüfen Sie die Länge

[Zwischenspeichern] [Weiter]

Auf der nächsten Seite werden dann die Informationen zur Platzierung des Stellentextes abgefragt. Im ersten Schritt besteht die Möglichkeit, geografische Angaben und Informationen auszuwählen bzw. einzugeben, aber auch bei einer weitgehend anonymen Anzeige, darauf zu verzichten.

Im nächsten Schritt kann das »Berufsfeld« und der zu belegende »Kanal« aus einem vorgegebenen Menü ausgewählt werden.

Mit dem Button »Platzierung hinzufügen« wird die Auswahl des Standortes, das Berufsfeld und der Kanal innerhalb der Monsterplattform übernommen. Durch die Auswahl eines weiteren Standortes und/oder eines weiteren Berufsfeldes können nach Bedarf Kombinationen von Standorten und Berufsfeldern hinzugefügt werden.

Auf der nächsten Seite ist es möglich, erwünschte bzw. erforderliche Qualifikationen des Kandidaten/der Kandidatin in Form einer so genannten »Kandidaten-Vorauswahl und Gewichtung« abzufragen. Dem Bewerber können dazu fünf Vorauswahl-Fragen gestellt werden. Es besteht die Möglichkeit, zu diesen Fragen Antwortarten wie Ja/Nein oder Ja/Nein/Vielleicht vorzugeben und dazu Punkte zu vergeben. Für eine gewünschte Antwort erhält der Bewerber eine hohe Punktzahl. Die Belegung einer Frage mit »Notwendig« bedeutet, dass der Kandidat die Frage beantworten muss, um fortfahren zu können. Durch eine Gewichtung der einzelnen Fragen hat man die Möglichkeit, besonders wichtigen Fragen eine höhere Punktzahl zuzuordnen. Die Höhe der erreichten Punktzahl richtet sich dann nach dem priorisierten bzw. gewünschten Antwortverhalten.

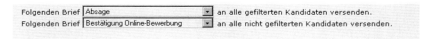

In dem nachfolgenden Menü wird die Möglichkeit gegeben, das Response-management zu automatisieren, d. h. vorher erstellte E-Mails automatisch an die Bewerber zu verschicken, z. B. Eingangsbescheide, Zwischenbescheide (»Engere Auswahl«) oder Absagen (»Abgelehnt«).

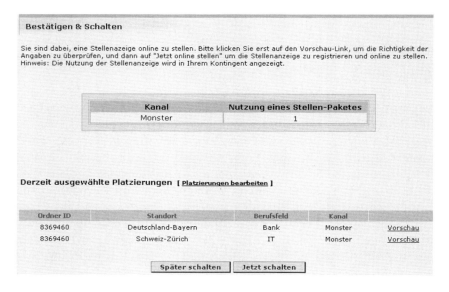

Mit dem »Weiter«-Button kommt man dann zur Funktionalität »Vorschau & Schalten der Seite«. Dem Personalverantwortlichen wird hier die Möglichkeit gegeben, seine Angaben selbst zu überprüfen und sich den Anzeigentext, vor der Online-Schaltung, in einer Vorschau anzusehen.

Mit dem Button »Jetzt schalten« gelangt man zu der Seite, auf der durch das Betätigen des Buttons »OK« die Anzeige innerhalb von wenigen Minuten auf der Internet-Plattform erscheint und sofort von Stellensuchenden gefunden werden kann.

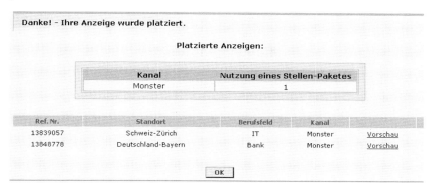

Wird seitens des Unternehmens die Einbindung bspw. des Logos gewünscht, so wird dieses in eine Datei aufgenommen, die mit dem Account des Unternehmens verknüpft ist. Dadurch erscheint das Logo in allen Stellenanzeigen des Unternehmens. Daneben kann auch innerhalb der Stellenanzeige zu einer Kurzbeschreibung des Unternehmens verlinkt werden (siehe Abbildung 61).

Die Schaltung von Online-Anzeigen, als Schnittstelle zwischen Personal suchenden Unternehmen und Jobbörsen, wird inzwischen aber auch als Dienstleistung auf dem Markt angeboten. Damit trägt man zum einen dem Tatbestand Rechnung, dass der Online-Recruiter sich einer Vielzahl von Jobbörsen gegenüber sieht und unterschiedlichen Formaten in den Anzeigen, aber auch den höheren Kosten ggf. bei der Nutzung von mehreren Jobbörsen.

DE-Hessen-Darmstadt-Facheinkäufer/in

Einkauf im Fokus internationaler Strategien

Mehr und mehr wird der Einkauf zu einer Schlüsselfunktion für die Sicherung von Wettbewerbsfähigkeit und Marktanteilen. Als international führendes Unternehmen der Haar- und Körperpflege erreichen wir durch die strategische, zukunftsorientierte Auffassung von Einkauf deutliche Kostensenkungen – bspw. durch die zunehmende Konzentration auf globale Partner oder die frühzeitige Einbindung des Einkaufs in Entwicklung und Produktion. Wir suchen daher Einkäufer/innen, die sich als strategische Berater/innen und Unterhändler/innen des Unternehmens verstehen. Als

Facheinkäufer/innen
Kunststoff-/Glasverpackungen sowie Lohnabfüller

sind Sie in diesem Segment verantwortlich für den Einkauf in ganz Europa und koordinieren dort die weltweiten Einkaufstätigkeiten. Mit dem richtigen Gespür für Märkte suchen Sie über die gesamte Beschaffungskette hinweg Kostensenkungsmöglichkeiten. Ihre Basis bildet eine intensive Beschaffungsmarktforschung und -beobachtung. Sie übernehmen die gesamte Einkaufsvorbereitung, wobei Sie eng mit den Fachabteilungen kooperieren. Unter Berücksichtigung der Einkaufsrichtlinien vergleichen Sie die Angebote in- und ausländischer Lieferanten anhand der Kriterien Kosten, Qualität, Termine, Zuverlässigkeit sowie Flexibilität und treffen eine geeignete Auswahl. Selbstständig führen Sie Verhandlungen über Liefervereinbarungen, Preise und Jahresabschlüsse.

Sie sind Betriebswirt/in, Wirtschafts- oder Verpackungsingenieur/in oder verfügen über eine kaufmännische bzw. technische Ausbildung sowie fachbezogene Zusatzqualifikationen. Erfahrung im Einkauf von Verpackungen kosmetischer Produkte ist von Vorteil. Gute EDV-Kenntnisse (MS Office, SAP, Datenbank) setzen wir ebenso voraus wie sicheres Englisch in Wort und Schrift. Sie verfügen über Verhandlungsgeschick sowie hohes Kostenbewusstsein und sind bereit, innerhalb des Teams Verantwortung zu übernehmen.
Sehen auch Sie den Einkauf als Schlüsselfunktion im internationalen Wettbewerb? Dann überzeugen Sie uns von Ihrer Kompetenz und Ihrer Persönlichkeit. Bitte senden Sie Ihre Bewerbung an unsere Personalabteilung. Im Internet bekommen Sie unter www.wella.de Ihren ersten Eindruck von der Wella-Welt.

Zusätzliche Informationen
Art der Position: Vollzeit

Kontaktinformationen
Raimund Loch
rloch@wella.de
Wella AG
Berliner Allee 65
Darmstadt 64274
Tel.:

Klicken Sie hier, um alle Stellenangebote bei "Wella AG" zu sehen

Leiten Sie dieses Stellenangebot an einen Freund weiter

Mehr Informationen über "Wella AG"

BEWERBEN SIE SICH ONLINE

Abb. 61: Online-Anzeige bei monster.de am Beispiel von WELLA

4.1.4 Optimierung des Personalmarketings

Ziel einer jeden Stellenanzeige, online oder im Printmedium, ist ein optimaler Bewerbungseingang in quantitativer und qualitativer Hinsicht. Die Schaltung einer Anzeige in einer Online-Stellenbörse garantiert ebenso wenig bzw. viel Erfolg wie die in einer regionalen oder überregionalen Tageszeitung. Während eine Stellenanzeige in einer Zeitung ggf. aufgrund ihrer Größe und/oder Gestaltung der Zielgruppe auffallen kann, ist dies bei einem Online-Stellenmarkt, aufgrund der zielgerichteten Recherche seitens der Stellensuchenden, geradezu fast ausgeschlossen. Um ggf. dennoch die Bewerberanzahl zu erhöhen, gibt es unterschiedliche Möglichkeiten innerhalb von Jobbörsen auf Stellenanzeigen bzw. auf das Unternehmen aufmerksam zu machen.

Zum einen besteht die Option Unternehmensprofile zu schalten. Fast jede der renommierten Jobbörsen bietet Unternehmen die Möglichkeit, Unternehmensprofile einzustellen, mit oder ohne Verlinkung auf die unternehmenseigene Homepage. Hier erfolgt eine Kurzdarstellung des Unternehmens nach Wunsch bzw. Vorgabe des betreffenden Unternehmens. Dies ist insofern zweckmäßig, da Stellensuchende ggf. auch gezielt nach offenen Stellen von bestimmten Unternehmen suchen.

Einige Stellenmärkte bieten darüber hinaus die Möglichkeit, meist gegen Gebühr, das eigene Firmenlogo auf der Startseite zu platzieren. Dieses kann dann mit dem Unternehmensprofil bzw. direkt mit den Stellenanzeigen verlinkt werden. Eine weitere Option ist die Schaltung von klassischen Werbebannern. Diese können statisch, aber auch animiert auf der Homepage von Stellenbörsen oder auf anderen Karriere-Websites geschaltet werden und mit der Liste der offenen Stellen verlinkt werden. Ebenso können, wenn die jeweilige Jobbörse solche Serviceleistungen anbietet, die Stellenangebote via Jobticker veröffentlicht werden und/oder sich die Unternehmen zusätzlich per Filmsequenz den Stellensuchenden vorstellen (siehe hierzu auch den Abschnitt über die Serviceleistungen der Jobbörsen).

4.2 Die Online-Bewerbung

Grundsätzlich stehen den Arbeitskraft-Anbietern heutzutage folgende vier Bewerbungswege zur Verfügung:

- Postweg
- E-Mail
- Bewerbungs-Homepage
- Formular-Bewerbung

Die Bewerber-Informationen (Bewerbungsunterlagen) erreichten traditionell die Unternehmen ausschließlich auf dem Postwege. Heute kommen drei weitere Bewerbungswege hinzu. Hier ist zunächst die E-Mail-Bewerbung zu nennen, d. h. der Bewerber oder die Bewerberin erstellt eine E-Mail mit oder ohne Anhang und übersendet diese via Internet dem Unternehmen. Während die E-Mail-Bewerbung ohne Anhang das Ziel der Kurzvorstellung verfolgt und das Interesse eines Arbeitskraft-Nachfragers wecken und abfragen möchte, dienen E-Mails mit Anhang (Zeugnisse, Bilder etc. werden als Attachment beigefügt) dem Zweck einer Komplettbewerbung. Dieser Bewerbungsweg ist nicht unkritisch, da es zunächst darauf ankommt, ob ein solcher Bewerbungsweg von den Arbeitskraft-Nachfragern gewünscht wird oder nicht. Entweder werden die Arbeitskraft-Anbieter, z. B. in einer Anzeige, dazu separat aufgefordert oder auch die Angabe der E-Mail-Adresse führt dazu, dass E-Mail-Bewerbungen das Unternehmen erreichen. Als problematisch kann angesehen werden, wenn die Bewerber keine Standard-Datei-Formate nutzen und/oder die Dateigröße nicht komprimieren, und dass die Virengefahr bei E-Mail-Bewerbungen wesentlich größer ist als bei den anderen Bewerbungswegen.

Eine weitere Möglichkeit ist die aus Amerika stammende, so genannte Bewerbungs-Homepage. Der Bewerber/die Bewerberin erstellt eine eigene Homepage mit den wichtigsten Bewerber-Informationen, wie Motivation zur Bewerbung, Lebenslauf, Zeugnisse etc.; er/sie teilt dem Unternehmen seine/ihre Web-Adresse mit und der Recruiter kann sich die Bewerber-Seiten ganzheitlich oder selektiv ansehen und ggf. ausdrucken. Dieser Bewerbungsweg hat zur Zeit noch keine so hohe Verbreitung, in IT-nahen Berufszweigen nimmt die Tendenz jedoch zu.

Die vierte Möglichkeit des Kontaktes zwischen Arbeitgebern und Stellensuchenden ist die Formular-Bewerbung. Sowohl bei Jobbörsen, als auch auf der unternehmenseigenen Web-Site, werden Online-Formulare zur Bewerbung angeboten, die über fixe Eingabemasken verfügen, aber auch über Freitextfelder und zusätzlich die Möglichkeit bieten, Dateien anzufügen. Die Formular-Funktionalität ermöglicht den Unternehmen, die für sie interessanten Informationen bewerberseitig abzufragen. Darüber hinaus sind die Vorteile dieses Bewerbungsweges im Wesentlichen zu sehen in:

■ der strukturierten Eingabe der Daten, seitens der Bewerber
■ der Möglichkeit der Übernahme in eine Datenbank
■ der nahezu objektiven Vergleichbarkeit der Informationen (hard facts)
■ der Möglichkeit der Datenübernahme in andere Systeme
■ der Möglichkeit der digitalen Informationsweiterverarbeitung, -weiterleitung etc.

Die aufgezeigten Online-Bewerbungsmöglichkeiten zeigen, dass dem ersten Anschein nach das Bewerbungsmanagement für die Arbeitskraft-Anbieter und die Personalabteilungen einfacher wird. Fakt ist aber auch, dass der Aufwand, je nachdem wie viel und welche Bewerbungswege ein Unternehmen präferiert, sehr schnell überproportional ansteigen kann. Die kontinuierliche Zunahme von Bewerbungsformaten hat bereits dazu geführt, dass Dienstleister Hilfen wie Scannen der Bewerbungsunterlagen oder das Outsourcing der Datenaufnahme professionell den Unternehmen anbieten. Darüber hinaus wird die Verknüpfung der HRM-Homepage eines Unternehmens mit einer dahinter zu implementierenden Datenverwaltung für eingehende Bewerbungen angeboten. Unternehmen erhalten eine costumized Online-Eingabemaske, in welche Bewerber ihre Bewerbungen eintragen können. Die hinter die Homepage geschaltete Datenbank übernimmt das Matching der eingetragenen Daten und die gesamte Verwaltung derselben, inklusive automatischem Einladungs-/Absageversand per E-Mail, Termin- und Kostenverwaltung für den Bewerbungsvorgang und schließlich die Schnittstellenverwaltung für die Übertragung der relevanten Bewerberdaten in die vorhandene Personalsoftware. Solche Lösungen führen unternehmensseitig zwar zur automatischen Einpflege und Bearbeitungsmöglichkeit von allen über die Homepage eingehenden Bewerbungen, sind aber für die Bewerberseite gleichbedeutend mit einem erheblichen Mehraufwand, da hierdurch die Notwendigkeit gegeben ist, jede Bewerbung für jedes Unternehmen neu aufzubauen und zu erstellen. Dies wird sich auch solange nicht ändern, bis sich ein einheitliches Dateiformat am Markt durchgesetzt hat.

Die Einstellungen zur Online-Bewerbung sind auch heute noch sehr heterogen und uneinheitlich, wobei der Trend als auch die Akzeptanz dahin erkennbar sind. Bereits heute gibt es Unternehmen, die Bewerbungen auf dem Postwege nicht mehr akzeptieren bzw. ausschließlich digitale Bewerbungen zulassen. Es darf natürlich nicht verschwiegen werden, dass die technischen Voraussetzungen zunächst einmal dafür zu schaffen sind bzw. vorhanden sein müssen, ebenso wie die Kapazitäten für die Pflege und kontinuierliche Betreuung. Im Sinne eines medienbruchfreien, prozessorientierten Bewerbungsmanagements ist die Entwicklung zu forcieren; von einer flächendeckenden Verbreitung kann zur Zeit allerdings noch nicht gesprochen werden.

4.3 Der Prozess der Online-Bewerbung *(am Beispiel von monster.de)*

Der Prozess der Online-Bewerbung wird hier am Beispiel der Internet-Stellenbörse www.monster.de dargestellt, und zwar aus Sicht des Bewerbers. Zu Beginn stehen dem Bewerber grundsätzlich zwei Bewerbungswege zur Verfügung. Zum einen besitzen die Arbeitskraft-Anbieter die Möglichkeit, sich auf eine konkrete Online-Anzeige zu bewerben und zum anderen besitzen sie die Option, durch die Einstellung des eigenen Stellengesuches (Lebenslauf-Einstellung), Arbeitskraft-Nachfrager auf sich aufmerksam zu machen.

Eine, den Vorstellungen des Stellensuchenden, entsprechende Stellenanzeige kann der zukünftige Bewerber durch die klassische, persönliche Recherche innerhalb der Jobbörse finden, oder er/sie nutzt einen Job- oder auch Such-Assistenten, der für eine auf Dauer angelegte, zielgerichtete Recherche von ihm/ihr eingerichtet wurde. Der Such-Assistent ermöglicht es, die Jobsuche durch die Eingabe bzw. Auswahl von Suchkriterien bzw. -kategorien, ohne weitere Aktivitäten kontinuierlich zu betreiben. Die entsprechenden Suchergebnisse werden dem Arbeitskraft-Anbieter dann per E-Mail zugestellt. Durch die Eingabe unterschiedlicher Suchkriterien und -kategorien kann der Jobsuchende, je nach Jobbörse, auch mehrere Assistenten anlegen. Zur Unterscheidung können die jeweiligen Assistenten mit individuellen Namen versehen werden. Die Suchergebnisse können nach Belieben gelöscht oder gespeichert werden. Nachdem der Arbeitskraft-Anbieter mit wenigen »Mausklicks« seine Suchkriterien festgelegt hat, erscheinen alle relevanten Jobangebote, analog zu den jeweiligen Suchkriterien. Angegeben ist das Ausschreibungsdatum, der genaue Standort, die Position und das Unternehmen.

Hat eine Stellenanzeige, mit oder ohne Nutzung des Job- oder Such-Assistenten, das Interesse eines Bewerbers gefunden, und diesen soweit angesprochen, dass er oder sie sein/ihr Interesse mittels einer Bewerbung dem Unternehmen kund tun möchte, so kann der oder die Bewerber/in dies recht aufwandsneutral bewerkstelligen. Hat der/die Bewerber/in bereits seinen/ihren Lebenslauf in die Datenbank eingestellt, klickt er/sie unten an der Stellenanzeige auf den Button »Bewerben Sie sich Online« und sendet dann seinen/ihren Lebenslauf an das Unternehmen. Der Bewerber hat bei www.monster.de die Möglichkeit, sein eigenes Karriere-Konto anzulegen, d. h. er kann hier Anschreiben und bis zu fünf Such-Assistenten und Lebensläufe anlegen, speichern und auch verändern. (In der Abbildung 62 ist der Prozess schematisch dargestellt)

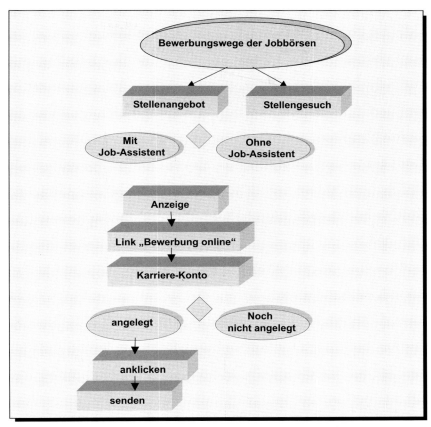

Abb. 62:   Der Prozess der Online-Bewerbung bei monster.de

Dies bedeutet, dass der Prozess der eigentlichen Online-Bewerbung im Wesentlichen darin besteht, Angebote zu sichten und darauf zu reagieren. Die Bewerbungsunterlagen, ggf. mit Ausnahme des Anschreibens, werden quasi einmal durch den Arbeitskraft-Anbieter erstellt und sind (theoretisch) unendlich duplizierbar. Während der traditionelle Bewerbungsprozess einen Zeitaufwand von mehreren Tagen bedeutete (die Transportzeit eingeschlossen), kann der Prozess der Online-Bewerbung, unter Umständen, in wenigen Minuten vollzogen werden.

4.4 Bewerbungs-Controlling *(am Beispiel von monster.de)*

Der traditionelle Recruitment-Prozess bietet nahezu keine Möglichkeit, in der Phase der Ausschreibung, in ein Verfahren steuernd einzugreifen, d. h. ist eine Anzeige in einem Printmedium geschaltet, sind die Eingriffs- und

Steuerungsmöglichkeiten seitens des Unternehmens nicht mehr gegeben. Anders dagegen beim E-Recruitment. Hier kann steuernd im Rahmen der Anzeigenschaltung und der Bewerbungseingänge (Anzeigen-Controlling) eingegriffen werden, als auch im Rahmen des Bewerber-Screenings, in Form eines Kandidaten-Vorauswahl-Rankings.

Während, wie oben beschrieben, bei Printmedien nach Schaltung der Anzeige keine Möglichkeit der Einflussnahme besteht, können bei der digitalen Anzeigenschaltung sowohl Informationen abgerufen werden, als auch Aktionen bzw. Reaktionen ausgelöst werden. Da eine Stellenanzeige bei einer Jobbörse i. d. R. zwischen vier und acht Wochen geschaltet wird, kann bspw. das aufgebende Unternehmen selbst die Anzeige während der Laufzeit ändern. Dies ist immer dann sinnvoll, wenn z. B. der »Traffic bzw. der Response« auf diese Anzeige nicht den qualitativen und quantitativen Erwartungen entspricht. So können bspw. Anforderungen konkretisiert oder abstrahiert, angehoben oder abgestuft oder zusätzliche Anreize angeboten werden u. v. m. Des Weiteren besteht die Möglichkeit, sich Informationen über die Wirkung der Anzeige visualisieren zu lassen. So können die Besuche auf der Seite der Stellenanzeige gezählt werden (= Interessenten), wie auch die tatsächlichen Bewerbungen (siehe Abbildung 63). Der Recruiter kann sowohl die absoluten Zahlen, als auch die Verhältniszahlen für sich bewerten. Dies kann unter Umständen auch dazu führen, das bspw. Anzeigen frühzeitig aus dem Netz genommen werden, weil der qualitative und quantitative Response ausreichend hoch ausfällt und für eine optimale Auswahl von dem Recruiter als hinreichend bewertet wird. Durch diese Informationen und Handlungsmöglichkeiten kann somit der Recruiter aktiv in den Prozess steuernd eingreifen. Diese Möglichkeit des Eingriffs existiert bei den größeren Jobbörsen seitens der Unternehmen autark, d. h. die Bearbeitung, Aktivierung oder Deaktivierung von Stellenanzeigen erfolgt ohne die Konsultation eines Jobbörsen-Mitarbeiters.

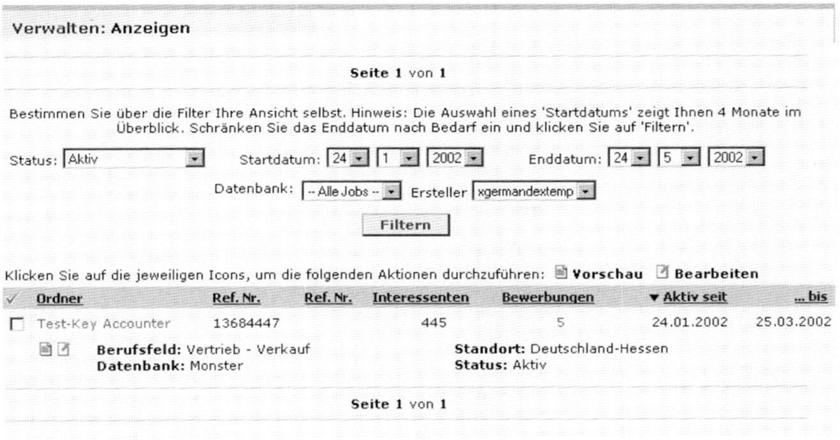

Abb. 63:   Stellenangebotsverwaltung bei monster.de

Ergänzend hierzu ist auch eine begleitende Statistik über die Summe der Anzeigen möglich. Gerade größere Unternehmen schalten nicht ausschließlich sequentiell, sondern häufig eine Vielzahl an Stellenanzeigen parallel. Über eine Statistik können somit wertvolle quantitative Informationen über die bei der jeweiligen Jobbörse geschalteten Anzeigen erfolgen. Dies kann u. a. genutzt werden, um auch eine Personaleinsatzplanung bzw. Kapazitätsausplanung im Personalteam eventuell vorzunehmen.

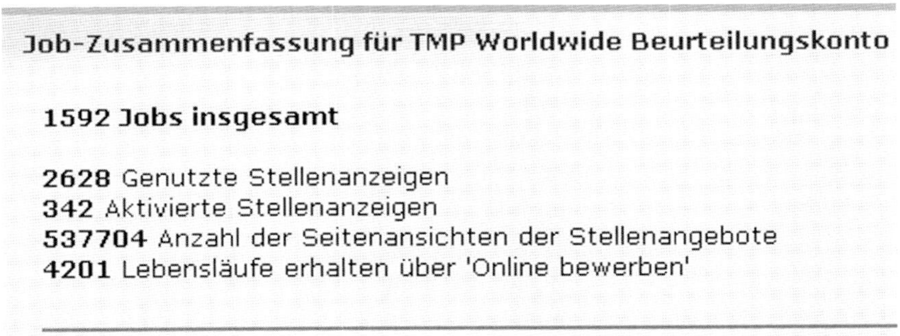

Das Bewerbungs-Controlling kann bzw. muss nicht auf die Anzeigenschaltung und die Bewerbungseingänge beschränkt bleiben, sondern kann durchaus im Rahmen des Bewerber-Screenings auf das Kandidaten-Vorauswahl-Ranking ausgedehnt werden. Während das Anzeigen-Controlling eindeutig auf die Quantität der eingehenden Bewerbungen setzt, zielt das Kandidaten-Vorauswahl-Ranking eindeutig auf die qualitativen Aspekte der eingehenden Bewerbungen. Dies wird im folgenden Abschnitt »Bewerber-Screening« behandelt.

4.5 Erst-Sichtung oder das Bewerber-Screening
(am Beispiel von monster.de)

Die unabwendbare Notwendigkeit der Formulierung eines Soll- oder Anforderungsprofils kennt jeder Personalverantwortliche. Ohne ein Soll-Profil kann keine zielgerichtete, annähernd objektive und den Anforderungen der Stelle adäquate Vorauswahl bzw. Auswahl von Kandidaten erfolgen. Der »Skill-Table« ist somit eine Automatisierung von Items, die bezogen auf die Stelle von hoher Relevanz sind. Hier können Einzelanforderungen formuliert werden, die bezogen auf die digitalen Bewerbungen automatisch abgefragt werden (siehe Abbildung 64).

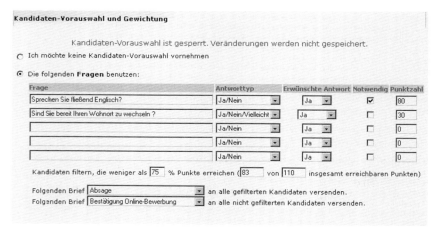

Der Vorteil dieses Instrumentes ist, dass dem Recruiter die Vorauswahl erleichtert wird und der Prozess der Sichtung sich beschleunigt. Die Möglichkeit, konkrete Fragen stellen zu können, gibt dem Personalverantwortlichen zusätzliche Flexibilität. Spezifische Anforderungen einzelner Stellen können vorab geprüft werden. Es erscheint aber auch ein geeignetes Instrument um dem Phänomen zu begegnen, welches bereits angesprochen wurde. Wenn Online-Bewerbungen jetzt via »Mausklick« den Bewerbungsaufwand für die Arbeitskraft-Anbieter so stark reduzieren, dass die Anzahl an Bewerbungen überproportional steigt, muss in gleichem Maße nach Instrumenten gesucht werden, um der anstehenden »Bewerbungsflut« entgegenzuwirken bzw. diesem Tatbestand, sowohl in quantitativer als auch in qualitativer Hinsicht, Rechnung zu tragen.

Das Bewerber-Screening mit Hilfe der Kandidaten-Vorauswahl ist ein wertvolles Tool zur Qualifikationsbeurteilung. Es erleichtert die Arbeit beim ersten Lesen von Bewerbungen, da von vornherein diejenigen Bewerbungen ausgeschlossen werden können, die die Mindestanforderungen nicht erfüllen. Man kann (bei monster.de) fünf Vorauswahl-Fragen stellen. Danach kann man zwischen folgenden Möglichkeiten wählen:

- **Antwortart** beschreibt die Antwort, die der Kandidat auswählt. Dies kann entweder Ja/Nein oder Ja/Nein/Vielleicht sein.
- **Gewünschte** Antwort ist die Antwort, die der Bewerber geben sollte, um eine möglichst hohe Punktzahl zu erzielen.
- Ist »**Notwendig**« angeklickt, so muss der Kandidat diese Frage beantworten, um fortfahren zu können.
- **Gewichtung** erlaubt es dem Recruiter, besonders wichtigen Fragen eine höhere Punktzahl zuzuordnen. Die Höhe der Punktzahl richtet sich nach der Richtigkeit der Antwort.

Wenn ein Bewerber sich auf eine Stellenanzeige mit Bewerber-Screening online bewirbt, liegt ihm im Grunde das gleiche Fenster wie dem Personaler im Recruiting-Office vor. Die Qualifikationsmerkmale werden dann dem Lebenslauf des Bewerbers beigefügt, so dass man später darauf zurückgreifen kann.

Funktionen

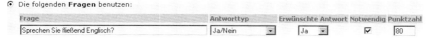

In den Zeilen des Kandidaten-Vorauswahl-Table werden die für eine Stelle erforderlichen Fähigkeiten als konkrete Fragen in das Leerfeld der linken Spalte eingefügt. Anschließend kann durch den Recruiter, für die einzelnen Fragen, der Antworttyp mit »Ja/Nein« oder »Ja/Nein/Vielleicht« festgelegt werden. Die Auswahl der erwünschten Antwort bestimmt, nach Beantwortung durch den Kandidaten, die Höhe der erreichten Punktzahl, die zu jeder Frage einzeln vergeben werden kann. Durch das Aktivieren der Checkbox »Notwendig« wird sichergestellt, dass der Kandidat die Frage beantworten muss. Man kann die erreichte Punktzahl als Maßstab nutzen, um bestimmte Kandidaten abzulehnen.

Ablehnen heißt, dass die Kandidaten unter der Mindestpunktzahlgrenze liegen, die gesetzt wurde. Sie erscheinen weiterhin im Lebenslauf-Pool, allerdings mit einer geringen Prozentzahl an Übereinstimmung (siehe Abbildung 65).

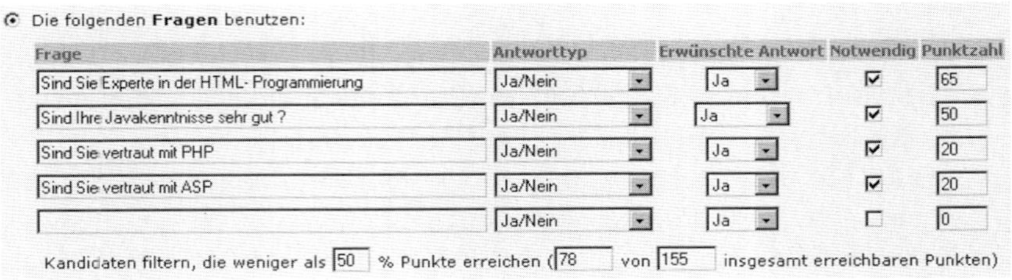

⊙ Die folgenden **Fragen** benutzen:

Frage	Antworttyp	Erwünschte Antwort	Notwendig	Punktzahl
Sind Sie Experte in der HTML- Programmierung	Ja/Nein ▾	Ja ▾	☑	65
Sind Ihre Javakenntnisse sehr gut ?	Ja/Nein ▾	Ja ▾	☑	50
Sind Sie vertraut mit PHP	Ja/Nein ▾	Ja ▾	☑	20
Sind Sie vertraut mit ASP	Ja/Nein ▾	Ja ▾	☑	20
	Ja/Nein ▾	Ja ▾	☐	0

Kandidaten filtern, die weniger als 50 % Punkte erreichen (78 von 155 insgesamt erreichbaren Punkten)

Abb. 65: Beispiel für ein Anforderungsprofil für einen Web-Programmierer

Das Bewerber-Screening ermöglicht somit eine automatische Erst-Sichtung der Bewerbungen. Durch die Formulierung und Festlegung der konkreten Fragen, sowie der Qualifikationshorizonte und deren Bedeutung für die Stelle, wird automatisch jede eingehende Bewerbung am Anforderungsprofil gemessen, der Abdeckungsgrad ermittelt und angezeigt. Eindeutiger Vorteil dieses Verfahrens ist zunächst, dass der Recruiter ein tatsächliches Anforderungsprofil erstellen muss, was in der Praxis des traditionellen Recruitment-Prozesses die gleiche Wichtigkeit und Bedeutung hat, häufig jedoch in dem Detaillierungsgrad nicht erfolgt. Des Weiteren werden alle Bewerbungen an diesem Kandidaten-Vorauswahl-Table gemessen, und zwar im wahrsten Sinne des Wortes. Durch die Möglichkeit, konkrete Fragen an den Kandidaten richten zu können, hat der Recruiter die Möglichkeit, »Hard und Soft Skills« abzufragen und somit bereits an dieser Stelle eine Art »Online-Assessment-Center« nutzen zu können. Weiterhin kann eine Sichtung aller eingehenden Bewerbungen entfallen, da der Recruiter selbst bestimmt, welche Bewerbungen, ab welchem Abdeckungsgrad er tatsächlich genau analysieren möchte. Dies ist eine große Erleichterung bei Bewerbungsverfahren mit hoher Bewerberzahl. Der Recruiter kann sich auf die wichtigsten Bewerbungen, bspw. mit einem Abdeckungsgrad von 100% konzentrieren und hat dadurch zusätzlich noch eine hohe Zeitersparnis (siehe Abbildung 66).

Verwalten des Kandidaten-Pools für <u>Test-Key Accounter</u>

Seite 1 von 1

Startdatum: 27 ▾ 7 ▾ 2001 ▾   Enddatum: 27 ▾ 1 ▾ 2002 ▾

Filtern

✓	Name	Treffer [%]	Standort	Beworben am: ▾
☐	Confidential	Nicht verfügbar	Baden	24.01.2002
☐	Musterfrau, Maria	100	Hessen	24.01.2002
☐	Hu, Caihong	100	Hessen	23.01.2002

Abb. 66:   Anzeige eines Screening-Ergebnisses bei monster.de

Das Bewerber-Screening wird in zunehmendem Maße an Bedeutung gewinnen. Dies wird letztendlich durch den Tatbestand ausgelöst, dass gerade die Jobbörsen die Bewerbung aus Sicht des Bewerbers sehr stark vereinfacht haben und zeitminimierend gestalten. Durch die Möglichkeit, Lebensläufe in den Datenbanken der Jobbörse zu speichern und sich per
Mausklick auf eine Stelle zu bewerben, wird das Bewerbungsaufkommen
in den nächsten Jahren enorm ansteigen. Da aus Sicht des Bewerbers der
Aufwand minimal ist, wird er mehr Bewerbungen versenden als beim traditionellen, post- und papiergestützten Bewerbungsverfahren. Dies kann
zu einer Streuung führen, d. h. Bewerbungen auch auf Stellen, die dem Anforderungsprofil nicht zu hundert Prozent entsprechen. Um dieser Masse
an Bewerbungen zu begegnen und dennoch ohne qualitative Einbußen
ein Auswahlverfahren durchzuführen, wird ein automatisches Bewerber-
Screening immer notwendiger.

Es ist an dieser Stelle noch einmal darauf hinzuweisen, dass es sich gegenüber dem traditionellen Verfahren um eine zusätzliche Möglichkeit handelt und nicht um eine ausschließliche Möglichkeit. Selbstverständlich
kann der Recruiter auch alle Bewerbungen ausreichend sichten, ohne
den Abdeckungsgrad zu berücksichtigen.

4.6 Response-Management *(am Beispiel von monster.de)*

Unter Response-Management werden alle Aktionen bzw. Reaktionen gegenüber dem Bewerberkreis verstanden, d. h. die Planung, Steuerung, Kontrolle und Durchführung der zielgerichteten Interaktivität bei einem konkreten, ausgeschriebenen Bewerbungsverfahren. Konkret bedeutet dies,
die digitale Interaktion zwischen Bewerbern und Unternehmen. Dies beinhaltet, Stand heute, zunächst einmal die Korrespondenz.

Bei der Jobbörse www.monster.de gibt es z. B. zwei verschiedene Möglichkeiten, Briefe zu verwalten. Zum einen können automatische Antwort-
briefe auf Online-Bewerbungen verschickt werden, bei denen das Bewerber-Screening durchgeführt wird. Monster verschickt dann automatisch innerhalb von 24 Stunden per E-Mail eine Nachricht an den Bewerber und
informiert ihn darüber, ob er in eine engere Auswahl kommt. Bei welcher
Punktzahl bspw. unmittelbar eine Absage oder ein Zwischenbescheid erfolgen soll, kann der Recruiter im Rahmen des Bewerber-Screenings selbst
definieren.

Der Recruiter legt eine Mindestprozentzahl fest, die die Bewerber erfüllen
müssen. Bei Unterschreiten dieser Punktzahl erhält der Bewerber automatisch eine Absage. Bei Überschreiten erhält er einen Brief, der das Interesse
des Arbeitgebers bekundet. Man kann festlegen, ob und welche Briefe nach
dem Bewerber-Screening an die Kandidaten versandt werden (siehe Abbildung 67).

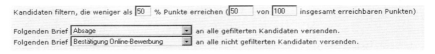

Abb. 67:   Auswahl-Menü »Antwortschreiben« bei monster.de

Man kann auch einen allgemeinen Dankesbrief an die Bewerber in Form
einer automatischen Antwort per E-Mail versenden lassen, ohne dass das
Bewerber-Screening durchgeführt wird. Man lässt dann das Formular
zur Vorauswahl leer und wählt einen geeigneten »Engere Auswahl-Brief«
aus. (Die Mindestprozentzahl sollte dann Null sein.) Die Bewerber brauchen dann bei einer Online-Bewerbung das Formular für das Screening
nicht auszufüllen, sondern erhalten automatisch eine Nachricht, dass das
ausschreibende Unternehmen den Lebenslauf erhalten hat.

Neben automatischen Antworten können Briefe auch manuell versandt
werden. Dies ist z. B. möglich, wenn ein Bewerber sich über das »Online-
bewerben-Feature« von monster.de bewirbt, oder wenn der Arbeitgeber einen geeigneten Lebenslauf bei seiner Suche in der Datenbank findet. Immer wenn der Arbeitgeber einen Lebenslauf durchliest, kann er aus einer
Reihe von Musterbriefen einen Antwortbrief auswählen und ihn unmittelbar an den Bewerber senden.

Des Weiteren haben die Recruiter die Möglichkeit, sich bereits bestehende
Briefe anzusehen (Button »Ansicht«), Briefe zu bearbeiten (Button »Bear-
beiten«) und/oder zu kopieren (Button »Kopieren«) oder zu löschen (siehe
Abbildung 68).

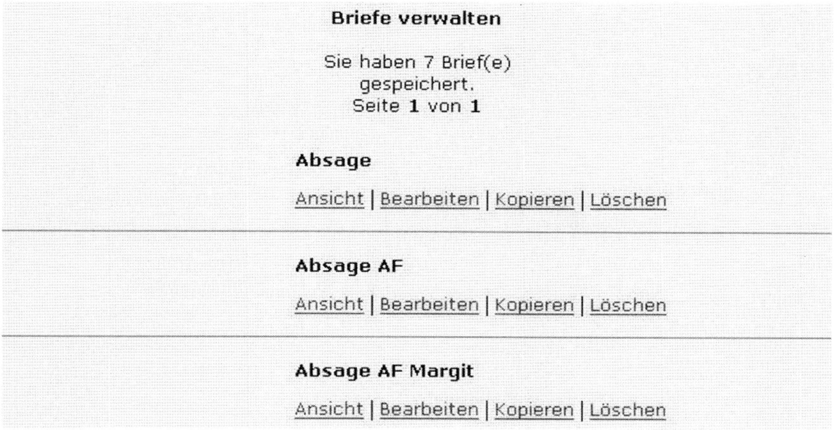

Briefe verwalten

Sie haben 7 Brief(e)
gespeichert.
Seite **1** von **1**

Absage

Ansicht | Bearbeiten | Kopieren | Löschen

Absage AF

Ansicht | Bearbeiten | Kopieren | Löschen

Absage AF Margit

Ansicht | Bearbeiten | Kopieren | Löschen

Abb. 68:   Briefverwaltung bei monster.de

Der Entwurf eines neuen Briefes erfolgt über eine Menü-geführte Eingabe-maske, wie in der Abbildung 69 dargestellt:

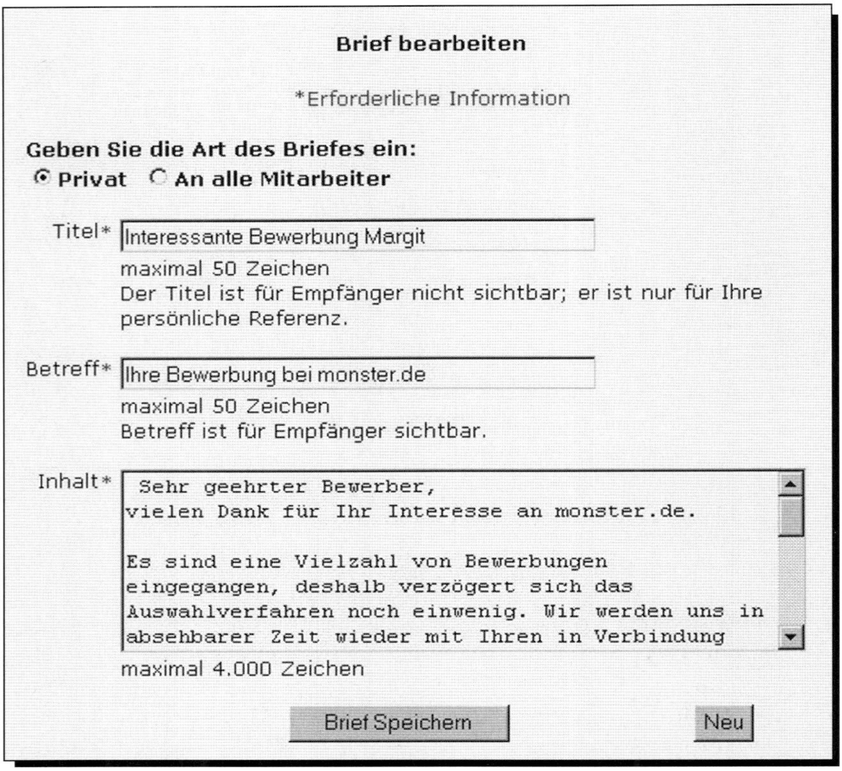

Brief bearbeiten

*Erforderliche Information

Geben Sie die Art des Briefes ein:
⦿ **Privat**   ○ **An alle Mitarbeiter**

Titel* | Interessante Bewerbung Margit |

maximal 50 Zeichen
Der Titel ist für Empfänger nicht sichtbar; er ist nur für Ihre
persönliche Referenz.

Betreff* | Ihre Bewerbung bei monster.de |

maximal 50 Zeichen
Betreff ist für Empfänger sichtbar.

Inhalt* | Sehr geehrter Bewerber,
vielen Dank für Ihr Interesse an monster.de.

Es sind eine Vielzahl von Bewerbungen
eingegangen, deshalb verzögert sich das
Auswahlverfahren noch einwenig. Wir werden uns in
absehbarer Zeit wieder mit Ihren in Verbindung |

maximal 4.000 Zeichen

[Brief Speichern]   [Neu]

Abb. 69:   Briefbearbeitung bei monster.de

Das Response-Management bietet somit Automatisierungsvorteile dort, wo es notwendig erscheint und ermöglicht gleichzeitig die Option zur Individualisierung. Prozess-Durchlaufzeiten können eindeutig verkürzt werden, operative Verwaltungsarbeit kann automatisiert und nahezu aufwandsneutral durchgeführt werden. Damit ist das Response-Management die konsequente Umsetzung der digitalen Interaktivität.

4.7 Workflow-Management *(am Beispiel von monster.de)*

Die Sichtung der Online-Bewerbungen wird, wie beim traditionellen (papiergestützten) Bewerbungsverfahren auch, nicht ausschließlich dem Recruiter aus der Personalabteilung obliegen. Er wird die am Beschaffungsprozess Beteiligten (Fachvorgesetzter, Betriebsrat etc.) weiterhin mit einbinden. Hierzu wird digital die Möglichkeit des Workflow-Managements geboten, d. h. der Recruiter kann die gesichteten Lebensläufe kommentiert bzw. unkommentiert weiterleiten und verteilen. Das Workflow-Manage-

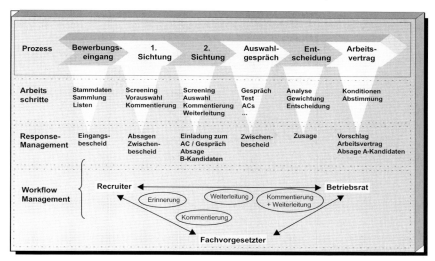

Abb. 70:   Workflow-Management

ment ist somit ein Instrument, das die einzelnen Arbeitsschritte prozessori-
entiert unterstützt (siehe Abbildung 70).

Ebenfalls in den Workflow einbezogen werden die Aktionen bzw. Reaktionen gegenüber dem Bewerberkreis, was hier als Response-Management
bezeichnet wird. Nach dem Screening und einer Sichtung der relevanten
Bewerbungen, verbunden mit Auswahl- bzw. Aussortierungsprozessen
im Rahmen der ersten und zweiten Sichtung, wird im Regelfall der Recruiter die am Auswahlprozess Beteiligten mit einbinden. Hierbei stehen
dem Recruiter grundsätzlich die Möglichkeiten zur Verfügung, die digitalen Bewerbungen zu kommentieren und dann weiterzuleiten oder einfach
nur weiterzuleiten.

Dieser Prozess wird bei Monster insoweit unterstützt, dass, nachdem der
Recruiter in seinem digitalen Recruiting-Office die Bewerbungen gesichtet hat, er unmittelbar Bemerkungen zur Bewerbung eingeben kann (über
den Button »Notiz anlegen«). Bemerkungen können als »Persönlich« oder
»Unternehmensweit« gekennzeichnet werden. Eine private Bemerkung ist
nur dem Verfasser der Bemerkung zugänglich. Eine unternehmensweite
Bemerkung kann jedem Mitarbeiter des Unternehmens angezeigt werden,
der einen Benutzernamen und ein Passwort für www.monster.de besitzt.
Bemerkungen können aber auch als Erinnerung per E-Mail versandt werden. Dabei legt der Recruiter ein Datum fest, an dem er diese Erinnerung
erhalten will. Die Überschrift der Bemerkung befindet sich in der Betreff-
zeile und die Bemerkung selbst im Hauptteil der Nachricht (siehe Abbildung 71). Außerdem ist ein Link zum Lebenslauf des Bewerbers enthalten.

Erstellen Notiz - Kandidat: Maria Musterfrau | Lebenslauf #: 11666695 | Ordner: Test-key Acco `Journale`

*Geben Sie einen Titel für die Notiz ein:

max. 40 Zeichen

*Geben Sie die Notiz ein:

» Überprüfen Sie die Länge

max. 7000 Zeichen

*Geben Sie ein Datum zur Erinnerung
an diesen Lebenslauf ein (Erinnerungen
werden an die im Kontoprofil
angegebene eMail-Adresse geschickt):

`28 ▾` `1 ▾` `2002 ▾`

☐ Erinnerung senden

☐ Public

Abb. 71:   Notiz-Möglichkeiten bei monster.de

Wurde die Bewerbung seitens des Recruiters kommentiert, kann er die Bewerbung an einen oder mehrere Beteiligte weiterleiten. Der Benutzer gibt eine E-Mail-Adresse ein oder wählt einen Namen aus dem Adressbuch aus, um einen Lebenslauf aus der Datenbank an ein E-Mail-Account einer anderen Person weiterzuleiten. Der Lebenslauf wird dann im Hauptteil der E-Mail versandt. Im Folgenden ein Beispiel für eine E-Mail, die der Empfänger erhält:

```
------------------------------------------------------------
Monster-Bewerbung #7784103
Multi-langual-sales-professional
------------------------------------------------------------
eMail:     9741875@users.monster.com
Wohnort wechseln      Wohnortwechsel möglich
Gehaltsvorstellungen:     75000/Jahr
Anforderung an den Job:     Vollzeit, Arbeitnehmer
Ausbildung:    Abitur oder vergleichbarer Abschluß
Arbeitsstatus USA     Ich benötige eine Arbeitsgenehmigung, um in diesem Land arbeiten zu dürfen.
```

Das Workflow-Management ist somit die Fortsetzung des Response-Managements und damit die konsequente digitale interne Prozess-Unterstützung. Je größer ein Unternehmen, desto dislozierter die Standorte, je größer die Anzahl der Prozess-Beteiligten, desto eher sind die Vorteile des Workflow-Managements spürbar.

4.8 Digitales Interview

Nach dem Screening und der Selektion der in Frage kommenden Kandidaten erfolgt das Vorstellungs- bzw. Auswahlgespräch. Dieser Prozess-Schritt kann technisch bereits heute digital unterstützt werden, wobei deren Verbreitungsgrad und auch deren Akzeptanz noch in den Kinderschuhen steckt.

Zunächst müssten sowohl bei den Bewerbern, als auch den Recruitern die technischen Voraussetzungen, sprich Web-Cam, leistungsfähige Übertragungsleitungen und PC-Ausstattungen vorhanden sein. Selbst wenn diese Voraussetzungen gegeben wären, benötigt der Recruiter, aber auch der Bewerber, die uneingeschränkte Überzeugung, dass das gewählte Medium das probateste Instrument ist. Uneingeschränkte Überzeugung bedeutet hier die mentale und emotionale Zustimmung und Bejahung dieser Mediennutzung, um eine Einstellungsentscheidung treffen zu können. Konkret bedeutet dies die Anstellung eines Mitarbeiters bei gänzlichem Verzicht auf einen persönlichen Kontakt. Fraglich ist an dieser Stelle auch, inwieweit die Dinge in einem digitalen Interview evaluiert werden können, die bei einem persönlichen Interview so Ausschlag gebend sind.

Wenn auch die Vorstellungen eines globalen Arbeitsmarktes immer spürbarer werden und damit verbunden die zukünftigen potenziellen Bewerber aus den unterschiedlichsten Herkunftsländern stammen können, so kann das digitale Interview zwar die anfallenden Reisekosten für ein Vorstellungsgespräch eindeutig reduzieren, die Zweckmäßigkeit bleibt zunächst jedoch weiterhin fraglich. Somit ist der Einsatz eines digitalen Interviews heute dort vorstellbar, wo Gespräche als Vorselektion dienen und zur Ergänzung der schriftlichen Unterlagen. Damit erhält das digitale Interview eher den Status des Telefon-Interviews, nicht aber den des Vorstellungs- und Auswahlgespräches.

4.9 Lebenslauf-Datenbanken-Recherche, eine echte Alternative
(am Beispiel von monster.de)

Wenn das Thema E-Recruitment behandelt wird, so ist die eine Seite der Medaille die Aufgabe von digitalen Stellenanzeigen, die andere Seite jedoch die Recherche in Lebenslauf-Datenbanken. Bevor dieses Thema am Beispiel von www.monster.de (zur Zeit über 200.000 deutsche Lebensläufe, 15 Mio. Lebensläufe weltweit, tgl. über 1.000 Neuzugänge) dargestellt wird, sollen zunächst einige grundlegende Ausführungen zum Thema »Lebenslauf-Recherche in und bei Jobbörsen« folgen.

Lebenslauf-Datenbanken beinhalten die über ein standardisiertes Online-Formular gewonnenen Profile von Kandidaten. Aufgrund der Qualität der gesammelten Informationen lässt sich bei einer Abfrage oder Suche von einer hohen Relevanzwahrscheinlichkeit des Recherche-Ergebnisses ausgehen. Das so genannte Bewerberprofil kann Angaben zu Beruf, Schulausbildung oder zur gewünschten beruflichen Stellung etc. beinhalten. Bei der Recherche in der Lebenslauf-Datenbank kann die Menge der Lebensläufe zunächst durch Schlagwörter bzw. Kategorien wie bspw. Eingangsdatum, Standort oder Ausbildungsgrad eingegrenzt werden.

Um qualifizierte Bewerber mit dem richtigen Anforderungsprofil zu finden empfiehlt sich eine Suche, die über die reine Kategorien-/Schlagwortsuche hinausgeht. Bei der Volltextsuche können mehrere Suchbegriffe eingegeben werden, die das Suchobjekt beschreiben. Das Suchergebnis wird dadurch in Quantität und natürlich auch in seiner Qualität sehr günstig beeinflusst. Im Gegensatz zur Kategoriensuche ist das Ergebnis präziser und zeichnet sich durch weniger, aber relevantere Treffer aus. Geübte Nutzer von Suchtools können ihre Suche durch die Verwendung logischer Operatoren oder auch Boole'sche Operatoren weiter verbessern.

In manchen Stellenbörsen können Personaler so genannte Such- oder Rekrutierungsassistenten definieren, die die Suche in der Lebenslauf-Datenbank automatisieren. Die Assistentenfunktion bietet die Möglichkeit, bestimmte Kriterien wie z. B. Standort, Ausbildungsniveau, Stichwörter etc. in einem Profil abzulegen. Anhand dieses Profils wertet der automatische Assistent die Lebenslauf-Datenbank, in vom Benutzer festgelegten Zeitabständen, nach relevanten Kandidaten aus. Er schickt dann auf Wunsch Benachrichtigungs-E-Mails und/oder zeigt die Suchergebnisse im individuellen Arbeitgeberbereich an. Die Such- oder Rekrutierungsassistenten können auch verändert oder wieder gelöscht werden. Sind bei mehreren Jobbörsen solche Profile angelegt, kann eine sehr hohe Trefferquote erreicht werden. Somit ist die Agentenfunktion eine sehr komfortable Art der Suche.

Die Recherche in der Lebenslauf-Datenbank, d. h. die Suche über die Summe aller Lebensläufe, nach geeigneten Bewerbern stellt somit künftig für ein Unternehmen eine echte Alternative zur Stellenanzeige dar bzw. kann jederzeit als Add-on u. a. zur Erhöhung der Transparenz des Bewerbermarktes dienen. Des Weiteren erfolgt hierdurch eine »zielgerichtete Mitarbeitersuche ohne Streuverluste«, da mit einer Profilrecherche das Unternehmen die Möglichkeit besitzt, Bewerber zu suchen, die ein ganz spezielles Anforderungsprofil erfüllen und diese unmittelbar direkt und ohne Umwege per E-Mail ansprechen bzw. -schreiben kann. Damit dreht sich gegenüber der Stellenanzeige die Angebots- und Nachfrageseite um. Der

Bewerber übernimmt die Angebotsseite, während der Arbeitgeber die Nachfrageseite bedient.

Wie funktioniert eine solche Recherche tatsächlich? Am Beispiel von monster.de wird der Rechercheprozess im Folgenden dargestellt.

Die Schnellsuche ist eine Kurzfassung der detaillierten Suche und hilft dabei, in kurzer Zeit möglichst viele Bewerber zu finden. Der Arbeitgeber wählt dabei aus einem Drop-down-Menü den Zeitraum aus, in dem Lebensläufe eingegangen sind. Er kann u. a. die folgenden Zeiträume festlegen: bis zu 30 Tage vorher, 30 bis 60 Tage, 30 bis 90 Tage, 30 bis 120 Tage, 121 bis 365 Tage.

Mit Hilfe weiterer Auswahlmenüs kann der Recruiter nun Kandidaten auswählen, die bereit sind, an dem Ort zu arbeiten und /oder zu leben, an dem sich der Arbeitsplatz befindet. Der Arbeitgeber kann mehrere Orte auswählen und so die Suche genau auf seinen Bedarf abstimmen.

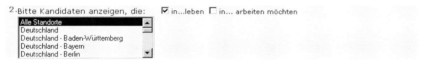

Danach kann ausgewählt werden, ob der Bewerber bereit ist, seinen Wohnort zu wechseln.

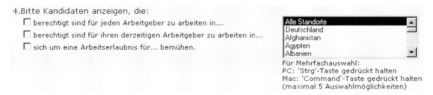

Der Recruiter kann nun die erwünschte Arbeitserlaubnis angeben und dabei aus einer Liste an Ländern wählen. Diese Eingrenzungsmöglichkeiten gewinnen bei der zunehmenden Globalisierung und europäischen Integration immer mehr an Bedeutung.

Im nächsten Schritt können die erforderlichen Bildungsabschlüsse gewählt werden; entweder alle Abschlüsse oder aus einer Liste vom Hauptschulabschluss bis zum Doktorgrad.

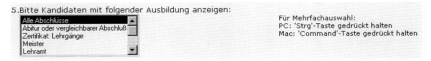

Weiterhin besteht die Möglichkeit der Stichworteingabe, d. h. die Festlegung von Stichwörtern, die in dem Lebenslauf enthalten sein sollten.

6.Bitte Lebensläufe anzeigen, die diese Stichworte enthalten: [ ]

» Tipps für die Stichwortsuche
☑ Zusammenfassung auf der Ergebnisseite anzeigen   Lebensläufe pro Seite ○ 10 ● 20 ○ 50 ○ 100

Die individuelle Konfiguration kann gleich als Suchagent gespeichert werden.

☐ **Suche für Such-Assistenten speichern** (Was ist ein Such-Assistent?)
* Zeigt die erforderlichen Felder an, um einen Such-Assistenten abzugespeichen

Wie oft möchten Sie eine eMail mit Such-Ergebnissen erhalten?
● Täglich ○ Wöchentlich ○ 14-tägig ○ Monatlich ○ Nie

Geben Sie einen Namen für Ihren Such-Assistenten ein:*
[ ]

eMail mit Suchergebnissen an:*
[ ]

Mit Hilfe der detaillierten Suche können Arbeitgeber ihr Suchergebnis noch genauer auf ihre Vorstellungen abstimmen. Die detaillierte Suche ist eine erweiterte Version der Schnellsuche. Hierbei können zusätzliche Felder ausgefüllt werden, wie z. B.:

■ Bereitschaft zum Wohnortwechsel
■ Beschäftigungsart
■ Vollzeit-/ Teilzeitbeschäftigung
■ Berufserfahrung
■ Unternehmenskategorien (Branchen)
■ Räumliche Präferenz

Auch bei der Recherche in der Lebenslauf-Datenbank sind die Funktionalitäten des Workflow-Managements möglich. D. h., nachdem die Lebensläufe selektiert und angezeigt wurden, können dann auch wiederum Notizen zu jedem Lebenslauf erstellt und angelegt werden bzw. können die Lebensläufe an andere Beteiligte des Personalbeschaffungsprozesses weitergeleitet bzw. verteilt werden.

Ein Problemfeld bei der Lebenslauf-Datenbank-Recherche stellt noch die Datenqualität dar. Die Arbeitskraft-Anbieter selbst bestimmen im Wesentlichen den Umfang und die Qualität der Angaben und weniger die Jobbörsen. Des Weiteren unterstellen die Arbeitskraft-Nachfrager, dass die Kandidaten auch tatsächlich ernsthaft einen Arbeitsplatz suchen und wechselwillig sind. Das kann sein, ist aber nicht zwingend, da durchaus Kandidaten zunächst das Instrument testen wollen, ggf. auch nur ihren Marktwert.

Dass die Lebenslauf-Datenbank zukünftig eine echte Alternative darstellt, wird durch die aufgezeigten Möglichkeiten deutlich. Neben der Euphorie über ein solches Instrument sollte bei den Arbeitskrafts-Nachfragern jedoch auch eine gewisse Realitätsnähe vorhanden sein. Der Erfolg einer Suchanfrage setzt zur Zeit voraus, dass ein bzw. mehrere Lebensläufe in der gesuchten Qualität, mit den jeweiligen räumlichen Präferenzen in der Datenbank der ausgewählten Jobbörse eingestellt wurden. Unterstellt man, dass die Mobilität mit der Qualifikation und den Verdienstmöglichkeiten korrelieren, so kann die Enttäuschung eines Arbeitskraft-Nachfragers, der bspw. eine Sekretärin aus der unmittelbaren Umgebung seines Standortes sucht, zur Zeit noch relativ groß sein. Mit zunehmender Verbreitung des Instrumentes werden jedoch die Erfolgsaussichten bei der Lebenslauf-Datenbank-Recherche für die Arbeitskraft-Nachfrager immer weiter steigen.

5. Praxisbericht: E-Recruiting in der GenoPersonalConsult GmbH

Die GenoPersonalConsult GmbH mit Sitz in Neu-Isenburg bei Frankfurt/ Main hat die Aufgabe, die Volksbanken Raiffeisenbanken sowie die Unternehmen des Genossenschaftlichen Finanzverbundes in allen relevanten Belangen des Personalmanagements beratend zu unterstützen. Gegenstand des Unternehmens ist die Beratung in Personalangelegenheiten, die Personalvermittlung, die Beratung und das Training, insbesondere von Vorständen und Führungskräften sowie die Übernahme administrativer Funktionen im Personalmanagement.

Das Unternehmen wurde im Frühjahr 2001 als 100%iges Tochterunternehmen des Genossenschaftsverbandes Hessen / Rheinland-Pfalz / Thüringen e. V., Frankfurt gegründet. Bis zu diesem Zeitpunkt war die Personalberatung als Abteilung des Verbandes organisiert. Mit der Umwandlung in die GenoPersonalConsult GmbH erweiterten sich die unternehmerischen Freiheitsgrade, die Attraktivität am Personalmarkt stieg.

5.1 Ausgangssituation

Im Finanzdienstleistungssektor insgesamt gewinnt der Faktor Personal als Alleinstellungsmerkmal und maßgebliche Einflussgröße für den Unternehmenserfolg an Bedeutung. Entsprechend wird der Fokus dort zukünftig verstärkt auf Themen wie Personalmarketing und Personalentwicklung liegen. Daneben ergeben sich aus den stark gestiegenen aufsichtsrechtlichen Anforderungen und wettbewerbsinduzierten Veränderungszwängen, die auf die Volksbanken Raiffeisenbanken einwirken, für diese viel deutlichere Handlungsnotwendigkeiten auch und gerade im Bereich Personalmanagement. Aufgrund der oftmals geringen Größe der Banken und des daher im Human-Resources-Bereich nicht vorhaltbaren Spezial-Know-hows sind diese zukünftig noch stärker auf Beratungsleistungen aus dem genossenschaftlichen Verbund angewiesen. Dies hat die GenoPersonalConsult GmbH in der Summe veranlasst, ihren Mitarbeiterbestand weiter auszubauen. Das Unternehmen wird von einem Geschäftsführer geleitet; zu Beginn des Jahres 2001 waren sechs Berater sowie zwei Mitarbeiterinnen im Sekretariat tätig. Das Unternehmen hat sich in seinen Beratungsleistungen auf folgende vier Kernbereiche fokussiert:

■ Recruiting und Diagnostik
■ Personalentwicklung und Führungsinstrumente
■ Personalservice
■ Managemententwicklung

Die Bereiche Recruiting und Personalentwicklung nahmen in den vergangenen Jahren den größten Teil der realisierten Projekte ein. Diese Entwicklung erscheint auch für die Zukunft auf Basis der prognostizierten Marktentwicklung Bestand zu haben. Folglich sollte auch der Personalzuwachs diese beiden Fachgebiete betreffen; konkret wurde die Einstellung je eines Beraters für die Segmente Recruiting und Personalentwicklung als Ziel formuliert.

5.2 Rahmenbedingungen und Auswahl des Suchweges

Vor Beginn der Personalsuche galt es, Rahmenbedingungen abzustecken und Vorgehensweisen zu bestimmen. Dem ökonomischen Grundprinzip folgend, sollte die Suche und Auswahl der neuen Mitarbeiter kostenminimal und in möglichst kurzer Zeit erfolgen. Die Realisierung der durch die Kunden beauftragten Projekte durfte durch die Anstrengungen »in eigener Sache« nicht beeinträchtigt werden. Zudem war die hohe Wettbewerbsintensität um hoch qualifizierte Mitarbeiter am Banken- und Wirtschaftsstandort Frankfurt am Main bekannt.

Mit der Vakanz sollten Kandidaten angesprochen werden, die über eine fundierte personalwirtschaftliche Qualifikation und erste Praxiserfahrungen verfügen. Die Aufgabenschwerpunkte erfordern darüber hinaus Kompetenz im Umgang mit moderner EDV und eine hohe Affinität zu neuen Medien, speziell dem Internet.

Damit erschien eine Electronic-Recruiting-Kampagne gegenüber klassischen Ansprachewegen (etwa durch überregionale Tageszeitungen) deutlich besser zur Erreichung des gestellten Ziels geeignet. Die Gesellschaft verzichtete bewusst darauf, herkömmliche und neue Personalsuchwege parallel einzuschlagen; vielmehr sollte allein durch den Einsatz des E-Recruitings der gewünschte Projekterfolg erzielt werden.

5.3 Umsetzungsschritte

Nachdem die Entscheidung über den einzuschlagenden Suchweg getroffen war, konnte mit der konkreten Umsetzung begonnen werden. Dazu wurde in einem ersten Schritt eine ausführliche Marktanalyse der Anbieter, sog. Jobbörsen im Internet, vorgenommen. Insgesamt existieren am deutschen Markt etwa 450 derartige Jobbörsen (Stand: 2001); eine Teilmenge davon hat sich auf spezielle Branchen oder Regionen konzentriert. Aus diesem schwer zu überblickenden, stark zersplitterten Gesamtmarkt wurden die 20 Jobbörsen, welche die größte Bekanntheit und Reichweite (gemessen an Zugriffszahlen, aber auch Präsenz durch Marketingaktivitäten) aufwie-

sen, ausgewählt. Von diesen Anbietern wurden danach Angaben zur Preisgestaltung, zur Nutzungsdauer der buchbaren Services und zu jeweiligen
Spezifika eingeholt. Die recherchierten Ergebnisse wurden in einer Daten-
Matrix zusammengestellt, die zur Auswahl zwischen den Anbietern herangezogen wurde. Dabei wurden die Kriterien Bekanntheit am Markt, Kos-
tenstruktur und Branchenbezogenheit besonders hoch gewichtet. Im Ergebnis wurden fünf Jobbörsen ausgewählt, die im Hinblick auf das zu errei-
chende Ziel und unter Beachtung der getroffenen Restriktionen als positiv
zu bewerten waren. Es handelte es sich um die Anbieter jobpilot.de, bank-
job.de, berufswelt.de, consultants.de, stellenmarkt.de sowie vr-karriere.de.

Die vorgesehene E-Recruiting-Kampagne beinhaltete sowohl das Schalten
von Anzeigen bei den ausgewählten Anbietern, als auch das Kontaktieren
von Kandidaten, die ihr Profil in den jeweiligen Datenbanken hinterlegen.
Im ersten Schritt wurden entsprechende mediengerechte Anzeigen entwor-
fen (siehe Abbildung 72). Wichtig hierbei waren knapp gehaltene Texte,
zielgenauer Transport der Kernaussagen zu gesuchtem Profil und gebote-
ner Position sowie die Möglichkeit für Bewerber, rasch und unkompliziert
auf die Anzeige zu reagieren. Verzichtet wurde daher weitgehend auf
Fließtext; stattdessen erfolgte eine klar gegliederte und stichwortbezogene
Gestaltung. Die Anzeige schloss mit der Aufforderung zur Kontaktaufnahme und bot hierfür eine verlinkte E-Mail-Adresse sowie die herkömmlichen Kommunikationsdaten (Post-Adresse, Telefonnummer, Ansprechpartner). Somit waren Online-Anfragen bzw. Bewerbungen direkt durch
ein Anklicken möglich; die Kontaktaufnahme wurde für die Bewerber
weit gehend vereinfacht. Formerfordernisse, die sich negativ auf die Be-
werbungswilligkeit latent suchender Kandidaten auswirken, sollten bewusst vermieden werden.

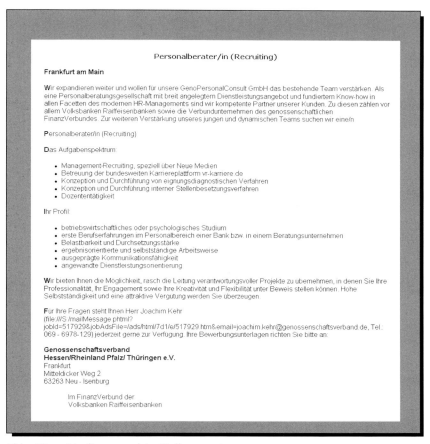

Abb. 72:   Mediengerechte Stellenanzeige

Wie erwähnt, war die Anzeigenschaltung nicht der einzige Bestandteil des E-Recruitings. Parallel wurde die Möglichkeit der aktiven Kontaktierung von Bewerbern genutzt. Erfahrungsgemäß erhalten qualifizierte Jobsuchende, die ihr Profil in Datenbanken hinterlegen, rasch sehr viele Nachrichten von interessierten Unternehmen. Dabei lässt das Interesse der Bewerber an und damit die Reaktionswahrscheinlichkeit auf diese Anfragen im Zeitverlauf stark nach. Nur die ersten zehn Anfragen finden in der Regel Beachtung. Um die erforderliche hohe Reaktionsgeschwindigkeit auf neue Bewerberprofile zu gewährleisten, müssen die Jobbörsen täglich, wenn möglich auch mehrfach, daraufhin durchsucht werden. Erleichternd wirkt hierbei, dass einige Anbieter den Service bieten, suchende Unternehmen per E-Mail über neu eingegangene Bewerber mit passendem Profil zu benachrichtigen. Das dazu notwendige Matching der eingestellten Bewerberdaten mit den Anforderungskriterien der Unternehmen ist technisch sehr aufwändig und stellt verschiedene Anbieter noch vor große Herausforderungen. Entsprechend kritisch sind auch die erzielten Ergebnisse zu bewerten.

Die in jedem Falle notwendige tagesaktuelle Durchsicht der Jobbörsen wurde durch Aufteilung dieser Aufgabe auf alle Berater der GenoPersonal-Consult GmbH (nach Wochentag) erreicht. So entstand ein Automatismus dahingehend, in regelmäßigem Turnus die relevanten Jobbörsen auf »Neueingänge« zu überprüfen und diese zu kontaktieren. Für den Einzelnen stellte dies keine spürbare Mehrbelastung dar, denn nur an »seinem« Wochentag war er mit einer etwa halb- bis einstündigen Zusatzaufgabe betraut. Durch eine schlanke Dokumentation der Aktivitäten wurde sichergestellt, dass bei diesem Vorgehen weder ein Bewerber übersehen, noch einer doppelt kontaktiert wurde. Die Kontaktaufnahme selbst erfolgte über standardisierte Textbausteine, die in die jeweiligen Felder der Jobbörsen eingefügt und abgesendet wurden. Dieses Vorgehen ist erheblich effizienter als das jeweilige Formulieren von individuellen Nachrichten. Der Standard-Text war (vergleichbar mit der Online-Anzeige) sehr komprimiert, enthielt gleichzeitig alle notwendigen Informationen für den Bewerber und schloss mit der Bitte um Kontaktaufnahme. Positiv auf die Antwortwahrscheinlichkeit wirkte sich aus, einleitend die Qualität des Stellengesuchs positiv zu bewerten und die Formulierungen stilistisch umgangssprachlicher zu wählen, als dies in anderen Medien opportun gewesen wäre. Die Abbildung 73 zeigt den Text für die Vakanz: Berater Personalentwicklung/Führungsinstrumente.

Sehr geehrte Inserentin,
Ihr qualifiziertes Profil hat uns ausgesprochen neugierig gemacht. Wir sind sicher,
Ihnen eine attraktive und herausfordernde Perspektive bieten zu können.
Wir expandieren weiter und wollen für unsere GenoPersonalConsult GmbH das
bestehende Team verstärken. Als eine Personalberatungsgesellschaft mit breit
angelegtem Dienstleistungsangebot und fundiertem Know-how in allen Facetten
des modernen HR-Management sind wir kompetente Partner unserer Kunden. Zu
diesen zählen vor allem Volksbanken Raiffeisenbanken sowie die Verbundun-
ternehmen des genossenschaftlichen Finanzverbundes.
Zur Verstärkung unseres Teams suchen wir genau Sie! Wir bieten Ihnen die
Möglichkeit, schnell Projektverantwortung zu übernehmen. Zu Ihren Aufgaben-
inhalten werden zählen:
Entwicklung von Führungsinstrumenten und Beratung unserer Kunden bei deren
Umsetzung und Anwendung, z. B.:
– Beratung und Begleitung bei der Einführung/Umsetzung von Personalent-
  wicklungskonzepten
– Entwicklung von Führungsinstrumenten und Beratung unserer Kunden bei
  deren Anwendung, z. B.: Mitarbeiterentwicklungsgespräche, Zielvereinba-
  rungssysteme, Arbeitszeit und Vergütungsmodelle
– Konzeption, Durchführung und Interpretation von Mitarbeiterbefragungen
– Begleitung von Veränderungsprozessen (Moderation, Coaching)
– Teamentwicklung
– Managementtrainings
– Dozententätigkeit
Gerne beantworten wir Ihre Fragen. Rufen Sie einfach an! Sie erreichen uns unter
069–6978–129. Sie können uns aber auch gerne direkt Ihre Unterlagen zuschi-
cken. (Postanschrift: GenoPersonalConsult GmbH, Mitteldicker Weg 2, 63263
Neu-Isenburg/Zeppelinheim oder per Mail: Kontakt@gpconsult.de)
Wir freuen uns auf Sie!
Mit freundlichen Grüßen

Abb. 73:   Kontaktaufnahme mit Kandidaten aus Online-Datenbanken

5.4 Erfahrungen mit dem E-Recruiting

Im Folgenden soll eine Darstellung der wichtigsten Erkenntnisse gegeben werden, die für die GenoPersonalConsult GmbH aus dem vorgestellten E-Recruiting-Projekt folgten. Da diese durchaus heterogen und mehrdimensional waren, wird eine Unterteilung hinsichtlich vor- und nachteiliger Erfahrungswerte getroffen. Eine knappe tabellarische Übersicht dazu liefert die Abbildung 74.

Vorteile des E-Recruitings	Schwächen des E-Recruitings
Mediakosten geringer als bei Printkampagne	hoher administrativer Aufwand für Handling und Screening der Bewerbungen
Unabhängigkeit von regionaler Verbreitung eines Printmediums sowie deren Anzeigenschlussterminen	mangelhafte Selbstselektion und geringe Bewerbungshemmschwelle führen zu hohem Anteil nicht ausreichend qualifizierter Bewerber
Ansprache eines medienaffinen, jüngeren Kandidatenspektrums	
Controlling-Möglichkeiten über Standardauswertungen der Jobbörsen gegeben	noch fehlende Schnittstelle zu anderen HR-Tools (Bewerberdatenbank etc.) in der GenoPersonalConsult
Unternehmenspräsentation in positiv bewertetem Medium ermöglicht Imagezuschreibung	

Abb. 74: Wahrgenommene Vor- und Nachteile des E-Recruiting

5.4.1 Vorteilhafte Aspekte

Eine der gesetzten Restriktionen des Projektes war die weitgehende Schonung von finanziellen Ressourcen. Insgesamt fielen für die Schaltung der Online-Anzeigen sowie die Nutzung von Bewerberdatenbanken zur Kontaktierung über die gesamte Projektdauer von mehreren Monaten Kosten in Höhe von ca. EUR 5.000 an. Für einen vergleichbaren Betrag wäre das Schalten einer einzigen Printanzeige in einer renommierten überregionalen Tageszeitung an nur einem einzigen Termin möglich gewesen. Damit kann von einer vorteilhaften Kostensituation beim E-Recruiting gesprochen werden.

Die Präsentation des Unternehmens erfolgte in den Anzeigen zwar nur knapp. Dennoch kann davon ausgegangen werden, dass die Wahrnehmung der GenoPersonalConsult GmbH am Markt durch die Anzeigenschaltung verbessert wurde und zudem über das weitgehend positiv bewertete Medium Internet eine wünschenswerte Imagezuschreibung erfolgte. Dieser Nebeneffekt ist gerade für junge, bisher wenig bekannte Unternehmen von Bedeutung.

Die eingegangenen Bewerbungen wurden – hier ergaben sich keine Unterschiede zu herkömmlichen Suchwegen – zunächst bestätigt, analysiert und bewertet. Es zeigte sich, dass insgesamt ca. ein Viertel von sehr gut qualifizierten und berufserfahrenen Bewerbern stammte. Aus der Tatsache, dass das Internet als Bewerbungsauslöser genutzt wurde, konnte zudem ein gewisses Maß an Medienaffinität bei den Bewerbern abgeleitet werden. Im Altersspektrum lag der Schwerpunkt in der Spanne von 25 bis 35 Jahren und entsprach somit dem Anforderungsprofil.

Positiv zu bewerten war weiterhin, dass die Kandidaten hinsichtlich mehrerer Kriterien recht heterogen verteilt waren. So konnten Bewerbungseingänge aus ganz Deutschland sowie aus dem benachbarten Ausland verzeichnet werden. Sowohl Hochschulabsolventen mit einer Vielzahl absolvierter Praktika, als auch Young Professionals waren unter den Bewerbern. Auch hinsichtlich der Branche bzw. Berufsgruppe konnten verschiedene Quellen erschlossen werden: Banker, Berater und Personalspezialisten aus kleinen Unternehmen sowie aus Konzernen waren unter den Bewerbern.

Durch die fortwährende Präsenz in den Online-Stellenbörsen konnte die Personalsuche unabhängig von den diversen Urlaubs- und Ferienterminen auch während der Sommermonate fortgesetzt werden. Hier wurde die deutlich höhere Flexibilität im Vergleich zu konventionellen Printmedien deutlich.

Insgesamt gingen mehr als 200 Bewerbungen ein. Mit 25 Kandidaten wurden Erstgespräche geführt, 10 davon nahmen an einer zweiten Interviewrunde teil. Aus den Ergebnissen der zweiten Runde wurden fünf Vertragsangebote erstellt, von denen zwei zu erfolgreichen Einstellungen führten. Das Gesamtziel des Projektes war damit erreicht.

Ein entscheidender Vorteil des E-Recruitings lag zudem darin, dass über die genannten Zahlenwerte hinaus, die auch bei anderen Suchwegen zu generieren wären, Controlling-Optionen bestanden. Die Jobbörsen bieten meist (zumindest auf Anfrage) die Möglichkeit, die genauen Zugriffszahlen für jede Anzeige zu erhalten. Daraus lassen sich Erkenntnisse in zweierlei Hinsicht ziehen: Zum einen ergibt sich eine Rangfolge der Online-Stellenmärkte selbst. Da eine möglichst hohe Kontaktzahl wünschenswert ist, können für zukünftige Projekte diejenigen Jobbörsen gewählt werden, die maximale Zugriffszahlen liefern. Zum anderen besteht für den Personalsuchenden die Möglichkeit, die Anzeigen während der Laufzeit redaktionell zu bearbeiten, wenn die Zugriffszahlen hinter den Erwartungen zurückbleiben. Eine Übersicht zu den ermittelbaren Response-Werten enthält die nächste Abbildung.

bankjob.de	Anzeigenaufrufe: 152	davon: Personalentwicklung: 99 Recruiting: 53
jobpilot.de	Anzeigenaufrufe: 2.431	davon: Personalentwicklung: 1.373 Recruiting: 1.058
vr-karriere.de	Anzeigenaufrufe: 480	davon: Personalentwicklung: 288 Recruiting: 192
Stellenmarkt.de	Anzeigenaufrufe: 318	davon: Personalentwicklung: 228 Recruiting: 90
Summe	3.381	

Abb. 75: Zugriffszahlen auf die Online-Anzeigen

Eine andere Controlling-Möglichkeit bot sich hinsichtlich der kontaktierten Kandidaten aus den Bewerberdatenbanken. Erfahrungsgemäß antworten auf die Kontaktaufnahme ca. 10 bis 20 Prozent der Bewerber. Höhere Werte sind nur im Ausnahmefall zu erreichen. Die Ursachen dafür liegen in der Anonymität und Unverbindlichkeit des Mediums sowie in der schon angesprochenen oftmals sehr hohen Anzahl von Kontakten, die der einzelne Bewerber erhält. Auch kann unterstellt werden, dass eine nicht unerhebliche Anzahl von Bewerbern nur latent an einer neuen Position interessiert ist, eventuell gar nur ihren »Marktwert« testen möchte. Von diesen Personengruppen ist wenig Resonanz zu erwarten. Weichen die erzielten Antwortquoten (auch diese werden von den Jobbörsen zur Verfügung gestellt) jedoch von den Erfahrungswerten zusätzlich stark nach unten ab, ist die Art und Weise der Kontaktaufnahme zu verändern. Denkbar sind hier noch kürzere Reaktionszeiten bzw. stilistisch veränderte Antworttexte.

Abschließend sei auf einen Vorteil des E-Recruitings verwiesen, der speziell in einer Personalberatung wie der GenoPersonalConsult GmbH zum Tragen kommt. Personalsuchprojekte werden fortlaufend (dem eigentlichen Geschäftszweck folgend) im Auftrag der Kunden durchgeführt. Hierzu werden oftmals die Bewerberdatenbanken der großen Anbieter ohnehin täglich analysiert. Dabei liegt es auf der Hand, dass es ein unerheblicher Mehraufwand (oder positiv ausgedrückt: ein bedeutender Synergieeffekt) ist, mehrere Profile der unterschiedlichen vakanten Positionen parallel mit den Bewerbungen abzugleichen. Dies wird bei qualitativ ansprechenden Anbietern durch die Möglichkeit zur Speicherung mehrerer Suchprofile technisch unterstützt.

5.4.2 Kritische Aspekte

Ein Erfahrungsbericht kann nicht ausschließlich Erfolge schildern. Auch kritische Aspekte müssen angesprochen werden, um ein insgesamt realistisches Bild zu liefern. Im Verlauf des beschriebenen Personalsuchprojektes wurden dabei insbesondere folgende Erfahrungen gemacht:

Nach der Vorselektion der eingegangenen Bewerbungen musste konstatiert werden, dass es sich zu zwei Drittel um B- bzw. C-Kandidaten handelte, d. h. um Bewerber, die nicht für ein Erstgespräch in Frage kommen. Erinnert man sich an die Gesamtzahl der Bewerbungen (ca. 200), so wird die Dimension dieser nicht verwertbaren Anzeigenresonanz deutlich, sowie der administrative Aufwand, der mit dem Handling und der notwendigen Korrespondenz einhergeht. Nur auf der Basis von Hypothesen kann die Frage beantwortet werden, worin die Gründe für dieses Phänomen liegen. Zum einen erscheint es möglich, dass durch die Bewerber eine mangelhafte Selbstselektion vorgenommen wurde. So wurde eine Bewerbung oft schon initiiert, wenn einer der Punkte des Anforderungsprofils mit den Qualifikationen des Kandidaten übereinstimmte. Das Profil wurde nicht als additive, insgesamt zu erfüllende Anforderung verstanden. Zum anderen ist denkbar, dass die (bewusst) niedrig angesetzte »Hemmschwelle« zur Bewerbung (etwa durch die verschiedenen Kommunikationskanäle und den appellativen Charakter der Anzeige) hier einen ungewünschten Nebeneffekt ausgelöst hat. Ein anderer Erklärungsbaustein könnte sein, dass das Medium Internet per se die Bewerbungsfreudigkeit im Vergleich zu herkömmlichen Stellenanzeigen erhöht hat. Es ist technisch und zeitlich wesentlich weniger aufwändig geworden, sich bei zahlreichen Unternehmen parallel zu bewerben; damit sinkt naturgemäß die Zielgenauigkeit der Bewerbungen.

In engem Zusammenhang mit der genannten Beobachtung steht auch das vereinzelte Auftreten von sehr exotischen Bewerbungen (fachfremde Kandidaten ohne jede erkennbare Eignung) sowie einzelne Mehrfachbewerbungen.

Die hohe Zahl der Bewerbungen und der dadurch induzierte Aufwand relativiert den genannten Kostenvorteil der E-Recruiting-Kampagne nicht unerheblich. Sobald man Richtgrößen für den intern, für Screening und Administration zu leistenden Zeiteinsatz ansetzt, reduziert sich der Kostenvorteil des Internets (siehe Abbildung 76).

	Printanzeige (2 Anzeigen in überregionaler Tageszeitung)	E-Recruiting-Kampagne (im beschriebenen Umfang)
Anzeigenkosten	EUR 11.350	EUR 5.000
Kosten für Handling und Screening (geschätzt)	EUR 2.900	EUR 4.900
Summe	EUR 14.250	EUR 9.900

Abb. 76:   Gesamtbetrachtung der Kosten im Vergleich

Von grundsätzlicher Natur und nicht projektspezifisch sind die Erfahrungen, welche die Punkte Kontaktfrequenz und -dauer betrafen. Durch die technischen Optionen im E-Recruiting erreichten die Recruiter sehr viele Anfragen, die zudem aus unterschiedlichen Medienkanälen einwirkten. Zu nennen sind hier neben der herkömmlichen Briefpost häufige Anfragen per E-Mail, Telefon und über Kontaktoptionen der einzelnen Jobbörsen. Es entstand ein nicht unerheblicher Medien-Mix mit entsprechenden Auswirkungen auf Handling und Korrespondenz. Die differenzierten technischen Ausprägungsarten von Kontakten und Bewerbungen wirkten sich auch sehr einschränkend auf die Vergleichbarkeit der Kandidaten aus. Bei einer E-Mail-Bewerbung – meist nur als lose Voranfrage bestimmt – fehlten oftmals wichtige Teilaspekte (z. B. Zeugnisse), die in herkömmlichen Bewerbungsunterlagen selbstverständlich sind. Hier liegt für die Zukunft ein erhebliches Potenzial in Richtung auf mehr Standardisierung und Kompatibilität. In diesem Zusammenhang muss auch erwähnt werden, dass die Nicht-Kompatibilität des bei der GenoPersonalConsult GmbH eingesetzten Bewerberverwaltungssystems mit Online-Bewerbungen nicht unerhebliche administrative Arbeiten auslöste; aktuelle Nachfolgeprodukte lassen für dieses Problem aber bereits eine tragfähige Lösung erwarten.

Ebenfalls begrenzend auf die Vergleichbarkeit der Bewerbungen wirkte die lange Zeitspanne, über die – anders als bei Zeitungsinseraten – die Bewerbungseingänge zu verzeichnen waren. Hierdurch waren klar fixierte Beurteilungskriterien für die Vorselektion der Bewerbungen notwendig, um nicht Beurteilungsfehlern zu unterliegen. Eine entsprechende Bewertungscheckliste stellte die Bewertungskontinuität sicher.

5.5 Fazit

Reflektierend auf die eingangs dargestellten Ziele des Personalsuchprojektes bleibt festzuhalten, dass diese in ihrer Mehrzahl erreicht wurden. Die vakanten Positionen konnten mit qualifizierten Kandidaten besetzt werden. Ein Berater sowie eine Beraterin wurden zum 01.10.01 sowie zum 02.01.02 eingestellt. Die Lösung war im Vergleich zu einer konventionellen Anzeige in Printmedien kostengünstiger und es konnten positive Synergie- und Imageeffekte erzielt werden. Aus den angeführten kritischen Aspekten lassen sich zum Teil Handlungsempfehlungen für die Gestaltung zukünftiger Projekte ableiten. Grundsätzliche Spezifika des E-Recruitings, wie etwa die deutlich höhere Bewerberzahl und längere Bewerbungsdauer können hingegen nicht beeinflusst werden, gehen jedoch als Rahmendatum in die Planung ein.

E-Recruiting ist längst kein Spezialgebiet für die IT-Branche mehr. Auch bank- und beratungsbezogene Positionen lassen sich rasch und kostengünstig besetzen. In einigen Segmenten lässt sich, wie gezeigt, bereits auf herkömmliche Suchwege gänzlich verzichten. Der Erfolg gibt dem Verfahren Recht, und es ist gerechtfertigt zu unterstellen, dass dieser Erfolg zukünftig noch ausgeprägter sein wird. Für die GenoPersonalConsult GmbH als Personalberatungsgesellschaft bedeutet dies auch, dass zukünftig die getestete Struktur der E-Recruiting-Kampagne intensiv für Kundenprojekte eingesetzt werden kann.

6. Die Unternehmens- bzw. eigene HRM-Homepage als Instrument der Personalbeschaffung

Neben der zunehmenden Bedeutung der Jobbörsen, nimmt der Stellenwert der unternehmenseigenen Homepages bzw. der HRM-Homepages, im Rahmen der digitalen Personalbeschaffung, kontinuierlich zu. Der Grund ist im Wesentlichen darin zu sehen, dass Arbeitskraft-Anbieter nach einem unmittelbaren (konkreten) Bedarf eines Arbeitskraft-Nachfragers recherchieren und die Schnittstelle Jobbörse (bewusst oder unbewusst) vermeiden oder umgehen wollen. Bei einer solch gearteten Bewerbungsstrategie wird bei der Stellensuche meist die Attraktivität eines Arbeitskraft-Nachfragers subjektiv eingeschätzt, was zum Besuch der jeweiligen Internet-Präsentation führt. Die Attraktivitätseinschätzung des Arbeitskraft-Anbieters kann vom Bekanntheitsgrad, den Produkten und Dienstleistungen, dem Firmenimage, den Erfahrungshorizonten anderer etc. abhängen. Auf der anderen Seite besteht durch die Gestaltung und inhaltliche Aufbereitung der unternehmenseigenen Homepage die Möglichkeit, die latenten Bedürfnisse eines Arbeitskraft-Anbieters anzusprechen. Unterstellt man, dass zunehmend mehr die Informationsbedarfsdeckung über das Internet erfolgt, so werden die Web-Auftritte der Unternehmen, aufgrund von Produktinformationsrecherchen, Preisanfragen etc. zunehmend stärker frequentiert. Erfolgten im »Papierzeitalter« die Informationsanfragen meist in schriftlicher Form, auf Messeständen etc., so waren die Möglichkeiten der Präsentation als Arbeitgeber doch sehr eingeschränkt. Im Internet besteht, jenseits des eigentlichen Grundes für den Web-Besuch, grundsätzlich die Möglichkeit, sich problemlos über das Unternehmen ganzheitlich zu informieren. Dies schließt dann die HR-Aktivitäten bzw. Angebote mit ein. Durch zusätzliche Anreize auf der Homepage kann dieses Verhalten dann noch verstärkt bzw. ganz bewusst gesteuert bzw. unterstützt werden.

Eine Differenzierung in unternehmenseigene Homepage und HRM-Homepage wird an dieser Stelle »nur« deshalb getroffen, um alle Möglichkeiten in die Betrachtung mit einzubeziehen. Erfolgt die Präsentation der HR-Aktivitäten in einem eigenen Web-Bereich, so spricht man von einer HRM-Homepage. Dies ist u. a. von der Betriebsgrößenklasse und den zur Verfügung stehenden HR- und IT-Ressourcen abhängig. Als Beispiel kann hier die Volkswagen AG dienen, auf deren Homepage (www.volkswagen.de) der Bereich Personal über die Rubrik »Unternehmen« unmittelbar oder über die zur Verfügung gestellte Sitemap zu erreichen ist. Geöffnet wird ein separates Fenster, welches auch über die eigene Web-Adresse www.vw-personal.de (=HRM-Homepage) unmittelbar erreicht werden kann. In Abgrenzung hierzu existieren eine Vielzahl an Unternehmen, die ihre HR-Aktivitäten unmittelbar über die unternehmenseigene Homepage (und hier zumeist in den Rubriken »Jobs«, »Jobs+Karriere« oder auch »Jobforum« oder »myfuture«) präsentieren. Da es sich hierbei um eine eher formale Unterscheidung handelt, wird im Folgenden für beide Fälle der Begriff der HRM-Homepage synonym verwendet.

Im Folgenden soll der Frage nachgegangen werden: Welche Anforderungen werden an eine optimale HRM-Homepage gestellt?

6.1 Formale Anforderungen an eine HRM-Homepage

Eine optimale HRM-Homepage besteht aus folgenden Betrachtungselementen:

- die formalen Anforderungen an eine HRM-Site
- die Basiselemente einer HRM-Site
- die Zusatzelemente einer HRM-Site und
- die Serviceelemente einer HRM-Site

Die formalen Anforderungen könnte man, in Anlehnung an die Motivationstheorien, als »Hygienefaktoren« bezeichnen. D. h. die Erfüllung der Anforderungen führt nicht unmittelbar zum Erfolg einer solchen HRM-Site, deren Nichterfüllung aber unmittelbar zum Misserfolg. Als Basiselemente einer HRM-Site werden all jene Informationen, Funktionalitäten und Dienstleistungen verstanden, die für den Personalbeschaffungsprozess unmittelbar zwingend sind und vom Arbeitskraft-Anbieter, unabhängig von Betriebsgröße, Branche etc., heutzutage erwartet werden. Demgegenüber beinhalten die Zusatzelemente der HRM-Site Informationen, Funktionalitäten und Dienstleistungen, die den Personalbeschaffungsprozess mittelbar unterstützen, eine erhöhte Transparenz ermöglichen und Betriebsspezifika der HR-Aktivitäten verdeutlichen. Die Serviceelemente einer HRM-Site können HR-Informationen und -Aktivitäten beinhalten, die über die Personalbeschaffung hinausgehen, die Attraktivität des Unternehmens unterstreichen und/oder transparenzsteigernd wirken, die Kommunikation und Interaktion mit dem Unternehmen forcieren und/oder zusätzliche Anreize abbilden.

Führt die Nichterfüllung der formalen Anforderungen, wie oben aufgeführt, zum Misserfolg einer HRM-Site, so wird hierdurch der Stellenwert sehr deutlich. Ein Arbeitskraft-Anbieter toleriert bzw. akzeptiert eher eine fehlende, auf ihn zugeschnittene Stellenausschreibung, als ein mangelhaftes Layout oder eine bedienerunfreundliche Navigation etc. Mängel in den formalen Anforderungen vermitteln Unprofessionalität und führen beim Web-Besucher dazu, dass er diesen Eindruck auf das Unternehmen überträgt, und zwar auch über die Bereiche des Web-Auftrittes hinaus.

Bei den formalen Anforderungen sollen folgende Punkte besonders herausgehoben werden:

- Zugang zur Unternehmens-/HRM-Site
- Layout und Navigation
- Mehrsprachigkeit
- Kontaktmöglichkeit
- Aktualität
- Datenschutz

6.1.1 Zugang zur Unternehmens-/HRM-Site

Der Zugang zu einer Unternehmensseite sollte prinzipiell intuitiv möglich sein. Das bedeutet, dass die Homepage unter einem einfachen, in der Öffentlichkeit bekannten, Namen erreichbar sein sollte (Anstatt der Bezeichnung Badische Anilin und Soda Fabriken Aktiengesellschaft wird bspw. die Adresse www.basf.de verwendet). Weiterhin sollte die Homepage mindestens über die .de und .com Adresse gleichermaßen erreichbar sein, da nur so die nationale, sowie die internationale Verfügbarkeit bzw. Erreichbarkeit sichergestellt werden kann. Vermieden werden sollte nach Möglichkeit das Zusammenschreiben von getrennten Begriffen in der Adresse sowie die Verwendung von zu langen Begriffen als Adressenname.

Die Erreichbarkeit der HRM-Site sollte auf jeden Fall unmittelbar von der Homepage aus gewährleistet sein. Der typische Internet-User ist ein ungeduldiger, selektiver Informationsreisender, der zu schnellen Handlungen neigt und ebenso schnelle Ergebnisse erwartet. Somit toleriert er eine sehr starke Gliederungstiefe in den seltensten Fällen, sondern reagiert hierauf mit Übersprungshandlungen, d. h. mit dem Verlassen des betreffenden Web-Auftrittes.

Eine weitere Möglichkeit besteht darin, dass den Arbeitskraft-Anbietern bereits auf der Startseite entsprechende Angebote präsentiert werden, um zusätzliche Anreize zu schaffen, den Aufmerksamkeitsgrad und die Zielorientierung der Ansprache zu erhöhen. Als Beispiel kann hier die Linde AG genannt werden, die bereits auf ihrer Homepage einen »Job-Finder« und einen »Jobmarkets-Finder« installiert hat.[1] Mit dem Job-Finder kann der Web-Besucher direkt betriebliche Fachgebiete auswählen und erhält sofort die Vakanzen in diesem Bereich angezeigt, während mit dem Job-

---

[1] Vgl. Linde AG (2002): Homepage, online: http://www.linde.de/de/de.jsp (21. 06. 2002)

markets-Finder weltweit die zum Konzern gehörenden Tochterfirmen aufgerufen werden können.

6.1.2 Layout und Navigation

Die Web-Site ist die Identität eines Unternehmens im Word Wide Web, so dass der Wiedererkennungswert des Unternehmens durch den Einsatz eines Corporate Designs unterstützt werden sollte. Dieses sollte dann auch durchgängig eingehalten werden, d. h. auch auf den weiteren Gliederungsebenen in der Tiefe. Eine Veränderung führt zur Irritation und erschwert die Navigation. Daneben ist bei der Gestaltung darauf zu achten, dass einmal festgelegte Standards befolgt werden. Dies gilt sowohl für die Schriftart und -größe, die Verwendung von Buttons, aber auch von Bildern.

Eine HRM-Site sollte den potenziellen Interessenten nicht mit zu vielen Informationen (sei es mit Formen, Farben, Funktionalitäten und Fakten) konfrontieren, da dies zum einen zur Reizüberflutung und ggf. zur temporären Orientierungslosigkeit des Web-Besuchers führt und zum anderen das vertikale und/oder horizontale Scrollen hierdurch vermieden werden kann. Generell kann gelten, dass man sich auf das Wesentliche beschränken und dem Grundsatz folgen sollte: »Weniger ist Mehr«.

Die Navigation der HRM-Site sollte stets durch eine komfortable Menüleiste sichergestellt werden. Dies setzt u. a. voraus, dass jeder User, unabhängig von der Zielgruppenangehörigkeit, mit der Menüsteuerung zurechtkommt. Darüber hinaus ist die Menüleiste das Ergebnis der Informationsstrukturierung und damit gleichzeitig ein Ausdruck bzw. ein Spiegelbild der angewandten Systematik. Komfortabel ist es, wenn die Menüleiste sich am Rand öffnet und während des Navigationsprozesses sichtbar bleibt oder wenn sich beim »Klicken« eines bestimmten Menüpunktes der Randleiste, ein Pull-down-Menü öffnet und die Einzelelemente der Rubrik angezeigt werden.[2] Solche Funktionalitäten erhöhen die Orientierung und werden von den Usern als Bedienerfreundlichkeit empfunden. Diese wird darüber hinaus noch dadurch erhöht, dass ein formal gleicher Seitenaufbau verwendet wird, »Schalter« die bspw. wieder zum Seitenanfang führen, immer an der gleichen Stelle platziert werden und die gleiche Form aufweisen sowie eine geringe Gliederungstiefe verwendet wird.

Als weitere Hilfsmittel der Navigation können die Sitemap, als auch die Suchfunktionen genannt werden. Während die Sitemap eine Art Inhaltsverzeichnis des Internet-Auftritts darstellt, kann der User mit einer Suchfunktion gezielt nach vorgegebenen Themen, Bereichen oder Personen auf der

---

2 Vgl. hierzu METRO AG (2002): Homepage, online: http://www.metro.de/servlet/PB/menu/-1/index.html (21. 06. 2002)

Web-Site suchen, oder im Fall der »Frei-Text-Suchfunktion« durch die Eingabe von Schlagworten, sehr bedarfsgerecht recherchieren.[3] Ein nicht alltägliches Hilfsmittel zur Orientierung bietet die Bertelsmann AG mit ihrer »Bertelsmann-Tour«, eine multimediale Einführung in den Web-Auftritt, welche durch den User selbst gesteuert werden kann (siehe Abbildung 77).[4]

Abb. 77:   Auszug aus der »Tour« der Bertelsmann AG[5]

6.1.3 Mehrsprachigkeit

Wird das Thema Web-Auftritt in der Konzeptions- oder Nutzungsphase behandelt, so wird meist direkt das Postulat der Mehrsprachigkeit aufgestellt. Ebenso verfährt man bei den »ex-post«-Betrachtungen, d. h. bei der Analyse von unterschiedlichen Web-Präsentationen. Dabei wird die Notwendigkeit der Mehrsprachigkeit damit begründet, dass die zunehmende Internationalisierung und Globalisierung zumindest eine englischsprachige Version des Web-Auftrittes erforderlich macht, da ansonsten die komparativen Vorteile des Internets nicht ausgeschöpft würden. Diesem Tatbestand ist grundsätzlich zuzustimmen, aber doch »nur« für die Unternehmen, die bereits international tätig sind bzw. zukünftig international tätig werden wol-

---

3 Vgl. hierzu Deutsche Post AG (2002): Homepage, online: http://www.deutschepost.de/ (21. 02. 2002)

4 Vgl. Bertelsmann AG (2002): Homepage, online: www.bertelsmann.de (21. 06. 2002)

5 Bertelsmann AG (2002): Homepage, online: www.bertelsmann.de (21. 06. 2002)

len. Dabei beschränkt sich die internationale Tätigkeit nicht allein auf die »normale« Geschäftstätigkeit, sondern auch auf das Recruitment. Insofern kann die Mehrsprachigkeit für die Web-Auftritte, und hier speziell für die HRM-Homepages, nicht als generelle Anforderung formuliert werden. Handelt es sich jedoch um Unternehmen die jetzt oder zukünftig international tätig sind oder werden, so besteht hinsichtlich der Mehrsprachigkeit die Mindestanforderung, dass der Web-Auftritt zusätzlich in einer englischen Version aufrufbar ist. Abhängig von der Geschäftstätigkeit und der Präsenz in anderen Ländern gilt es dann noch zu entscheiden, inwieweit der einzelne Web-Auftritt zusätzlich noch in der jeweiligen Landessprache zu verfassen ist. Bezüglich der HRM-Site seien an dieser Stelle noch zwei Anmerkungen erlaubt. Zum einen sollte die Option zur Sprachumstellung auf der HRM-Homepage möglich sein, damit interessierte User sich in ihrer Sprache über die Informationsangebote informieren können[6] und zum anderen stellt die Mehrsprachigkeit, bezogen auf das Recruitment, die Möglichkeit zur Ausdehnung des Arbeitskraftmarktes dar. D. h. hiermit globalisiert sich der Arbeitsmarkt, so dass die Grenzen der regionalen oder nationalen Arbeitsmärkte aufgelöst werden und theoretisch »nur« ein weltweiter Arbeitsmarkt existiert. Faktum ist: Hiermit werden die Voraussetzungen für einen weltweiten HR-Pool gelegt.

6.1.4 Kontaktmöglichkeit

Um den Usern die Option der zielgerichteten Interaktivität bzw. Kommunikation zu ermöglichen, sollten gerade auf der HRM-Site die Kontaktmöglichkeiten unter einem Link zusammengefasst werden. Hilfreich ist hierbei eine zielgruppen-, themen- bzw. aufgabenbezogene Strukturierung, wie bspw. Ansprechpartner für Schüler, Studenten, Young Professionals oder auch für Trainee-Programme. Zweckmäßigerweise sollte dann eine Verlinkung von den jeweiligen Informationsseiten auf die Kontaktadresse ebenfalls realisiert werden. Diese strukturierte und systematische Listung stellt sicher, dass die Interessenten auch mit den Personen im Unternehmen kommunizieren, die für das jeweilige Themen- oder Sachgebiet als kompetenter Ansprechpartner fungieren.

Als Kontaktmöglichkeit sind neben dem Namen und der E-Mail-Adresse auch die traditionellen Wege, wie Postanschrift und Telefonnummer abzubilden. In vielen Web-Auftritten wird zunehmend mehr auch bei den Kontaktmöglichkeiten personalisiert, d. h. ein entsprechendes Photo des Ansprechpartners abgebildet. Als zusätzlich komfortabel kann dann noch

---

6 Vgl. hierzu Aventis AG (2002): Karriere, online: http://www.aventis.com/main/0,1003, DE-XX-18910–,00.html (21. 02. 2002)

die Visualisierung der Anfahrtsskizze angesehen werden, als auch die Auflistung der Kontaktmöglichkeiten zu Tochterunternehmen und Auslandsniederlassungen etc.

So vorteilhaft die Kontaktmöglichkeiten, gerade für die HRM-Site, zu bewerten sind, so können sie im Einzelfall doch Fluch und Segen gleichermaßen sein. Eine Vielzahl bspw. von E-Mails mit allgemeinen Anfragen und Informationsbedarfen kann dazu führen, dass der administrative Aufwand für den einzelnen Ansprechpartner exorbitant ansteigt. Sicherzustellen ist dennoch, dass der Aktion stets, und zwar schnellstmöglich, eine Reaktion folgt.

6.1.5 Aktualität

Die Aktualität ist eine der am meisten gestellten Anforderungen in der Praxis und gleichzeitig diejenige, die am schwierigsten einzuhalten ist. So war es z. B. wenig ermutigend für Web-Besucher Ende Januar 2002, auf der HRM-Homepage eines internationalen Chemiekonzerns eine Rubrik mit der Bezeichnung »Wen suchen wir 2001« zu finden. Aktualität erfordert eindeutige Verantwortlichkeit für Web-Inhalte und die Bereitstellung von Zeitkontingenten zur Pflege.

Neben den Informationsseiten ist die Aktualität besonders bei den Stellen-Offerten sicherzustellen. Hilfreich ist es, wenn die digitale Stellenanzeige stets mit dem Einstelldatum versehen wird. Dies gibt Orientierungshilfe und baut Unsicherheit bei den Arbeitskraft-Anbietern ab.

6.1.6 Datenschutz

Eine weitere Unsicherheit, gerade bei semi-professionellen Internet-Anwendern, besteht in der Ungewissheit im Umgang mit intimen Daten. Gerade die Angaben bei der Online-Bewerbung werden vom Arbeitskraft-Anbieter als sehr persönliche und sensible Daten eingestuft und »nur« noch von der Herausgabe der Bankverbindung übertroffen. Insofern ist es durchaus gerechtfertigt, dass die Zusicherung des Datenschutzes auf den HRM-Sites abgebildet wird und auch erfolgt. Mindestvoraussetzung hierbei ist, dass den Bewerbern äußerste Diskretion und Vertraulichkeit im Umgang mit den gesendeten Daten und Unterlagen zugesichert wird. Um dies zu gewährleisten, sollten die Daten, die per E-Mail an das Unternehmen verschickt werden, mit Hilfe eines Verschlüsselungsprogramms codiert werden. Darüber hinaus sollten die Bewerber gefragt werden, ob sie mit der Speicherung ihrer Daten oder mit der Weitergabe bspw. an Tochterunternehmen etc. einverstanden sind. Eine solche Vorgehensweise baut auf der einen Seite Vorbehalte ab und Vertrauen auf. Auf der anderen Seite ist dies ein weiterer Ausdruck für Professionalität in der digitalen HR-Welt.

6.2 Basiselemente einer HRM-Homepage

Einleitend wurde bereits festgehalten, dass als Basiselemente einer HRM-Site all jene Informationen, Funktionalitäten und Dienstleistungen verstanden werden, die für den Personalbeschaffungsprozess unmittelbar zwingend sind und vom Arbeitskraft-Anbieter, unabhängig von Betriebsgröße, Branche etc., heutzutage erwartet werden. Dabei handelt es sich um folgende fünf Basiselemente:

■ Zielgruppenspezifische Ansprache
■ Offerten und Stellenangebote
■ Stellenbezogene Informationen
■ Unternehmensinformationen
■ Bewerbungsmöglichkeiten

6.2.1 Zielgruppenspezifische Ansprache

Die Spezifika des Internets ist u. a., dass der Web-Besucher seinen Informationsbedarf schnellstmöglich gedeckt haben möchte. Dies bedeutet, dass er nicht nur zur selektiven Informationswahrnehmung neigt, sondern vor allem auch eine selektive Informationsbedarfs-Deckung wünscht bzw. intuitiv fordert. Kommt eine HRM-Site dieser Erwartung bzw. Forderung nicht in adäquater Weise nach, so besteht die Möglichkeit, dass der Web-Besucher sehr schnell die Web-Präsentation des Unternehmens verlässt und eine andere Unternehmensseite aufruft. Um dies zu vermeiden, ist auf der HRM-Site eine zielgruppenspezifische Ansprache zu realisieren. Dabei ergeben sich vier relevante Zielgruppen (Schüler und Auszubildende, Studenten/Hochschulabsolventen, Young Professionals und Berufserfahrene) die angesprochen werden sollten. In Einzelfällen werden auch ergänzende Zielgruppen in der Web-Präsentation angesprochen, wie z. B. Quereinsteiger und Existenzgründer.

Grundsätzlich dient die Klassifizierung zunächst der Orientierung und der Bindung des Web-Besuchers. Anschließend gilt es zielgruppengerecht in der Web-Präsentation die drei Bereiche Information, Angebot und Interaktivität abzubilden. Während der Informationsbereich eine Orientierungsfunktion übernimmt, erfüllt der Angebotsbereich eine Anreizfunktion und der Interaktivitätsbereich eine Kommunikationsfunktion. Theoretisch werden diese Bereiche/Funktionen phasenweise durchlaufen, wo mit jeder weiteren Phase der Konkretisierungsgrad (hinsichtlich der Personalbeschaffung) zunimmt und auf der Seite der Arbeitskraft-Anbieter in der letzten Phase die Anonymität aufgehoben wird (siehe Abbildung 78).

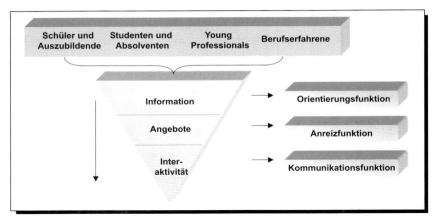

Abb. 78:   Zielgruppenspezifische Ansprache

Auf die zielgruppenspezifische Ansprache sollte also eine zielgruppengerechte Informationsversorgung folgen, ohne dabei bereits zu priorisieren, inwieweit dies im jeweiligen Basis-, Zusatz- oder Serviceelement der HRM-Homepage zu realisieren ist. Nimmt man als Beispiel die Schüler und Auszubildenden, so zeichnet sich diese Zielgruppe hierbei im Wesentlichen dadurch aus, dass sie bis zu diesem Zeitpunkt nahezu kaum Berührungen mit der Arbeitswelt hat und somit der Informationsbedarf (= Orientierungsbedarf) mit am höchsten ist. Damit wäre ein Informationsangebot, welches sich ausschließlich auf die Angebote von Ausbildungsplätzen fokussiert, zwar hinreichend, aber im Sinne einer verantwortungsvollen Personalarbeit nicht ausreichend. Es gilt diese Zielgruppe zunächst über die grundsätzlichen Ausbildungsmöglichkeiten im Unternehmen, die betreffenden Berufsbilder und späteren Möglichkeiten zu informieren. Um Enttäuschungen zu vermeiden, sollte darauf geachtet werden, dass die Darstellung der Ausbildungsmöglichkeiten einen Standortbezug erhalten. Im nächsten Step sollten dann auch unternehmensspezifische (spezielle) Ausbildungsprogramme, wie bspw. Kombi-Ausbildungsmöglichkeiten (Ausbildung + Studium etc.) dargestellt und erläutert werden.

Gleiches gilt für die anderen Zielgruppen in ähnlicher Weise, wobei festzuhalten ist, dass die Orientierungsfunktion und das damit notwendige (allgemeine) Informationsangebot, entlang der Zielgruppen (vom Auszubildenden zum Berufserfahrenen), abnimmt. Im Hinblick auf die Anreizfunktion der HRM-Site lässt sich festhalten, dass diese im Wesentlichen davon abhängig ist, und zwar bei allen Zielgruppen, inwieweit das jeweilige Unternehmen Stellenangebote/Offerten, in qualitativer und quantitativer Hinsicht, anbieten kann. Anreize können nicht nur durch ausgeschriebene Ausbildungsplätze oder Stellenangebote geschaffen werden, sondern darüber hinaus auch durch z. B. besondere Qualifizierungsprogramme, Projekte, Diplomarbeitsthemen etc. Die Kommunikationsfunktion wird durch das Interaktivitätsangebot auf der HRM-Site sichergestellt. Dies schließt die Online-Bewerbungsmöglichkeit ebenso mit ein wie die Möglichkeit zur Teilnahme an Online-Spielen oder Tests, Diskussionsforen etc. Auch diese können zielgruppenspezifisch sehr unterschiedlich ausfallen.

Festzuhalten ist, dass eine zielgruppenspezifische Ansprache und die konsequente Umsetzung derselben auf der HRM-Site, dem Web-Besucher eine bessere Orientierung ermöglicht und gleichzeitig eine bedarfsgerechte Informationsversorgung sicherstellt. Zur Konzeption einer HRM-Homepage gilt es somit folgende Matrix (Abbildung 79), an den Möglichkeiten des jeweiligen Unternehmens gespiegelt, zu befüllen:

	Information	Angebote	Interaktivität
Schüler und Auszubildende			
Studenten und Absolventen			
Young Professionals			
Berufserfahrene			

Abb. 79:   Matrix über die zielgruppenspezifischen Web-Inhalte

Eine erweiterte zielgruppenspezifische Ansprache kann dann noch erfolgen, indem man die Zielgruppen noch einmal differenziert, wie z. B. im Rahmen der Angebote für bspw. Studierende und Hochschulabsolventen, in Offerten für Naturwissenschaftler, Wirtschaftswissenschaftler, IT-Spezialisten etc. oder nach den unterschiedlichen Einstiegsmöglichkeiten, wie Direkteinstieg und Traineeprogramm.

6.2.2 Offerten und Stellenangebote

Die Offerten und Stellenangebote bilden das Hauptanliegen des Web-Besuchers und nehmen somit, im Rahmen der Basiselemente einer HRM-Homepage, auch eine herausgehobene Stellung ein. Erst das Medium Internet hat es den Arbeitskraft-Nachfragern ermöglicht, kontinuierlich ihren Bedarf nicht nur zu artikulieren, sondern auch direkt zu veröffentlichen. Unter Offerten und Stellenangebote werden all jene Leistungen verstanden, die ein Arbeitskraft-Nachfrager den unterschiedlichen Zielgruppen anbieten kann. Auch wenn die Ausbildungsplatz- und Stellenangebote hierbei im Vordergrund stehen, so zählen, im Sinne eines ganzheitlichen Personalbeschaffungs- und -marketingkonzeptes, Diplomarbeitsthemen, Praktika und Werkstudententätigkeiten etc. ebenso dazu.

■ **Praktika**

Das Angebot von Praktikumsplätzen ist besonders für die Zielgruppen der Schüler und Studierenden interessant. Diese sammeln im Rahmen eines Praktikums ihre ersten Erfahrungen (ggf. auch international) in der realen Arbeitswelt und umgekehrt können die Arbeitskraft-Nachfrager Erfahrungen mit zukünftigen Absolventen und möglichen Mitarbeitern machen. Neben der Option, die Praktikumsplätze bei einer Job- oder auch Praktikumsbörse (siehe hierzu z. B. praktikum-service.de, unicum.de, wirtschaftswoche.de etc.) zu veröffentlichen, bietet die HRM-Homepage hierfür eine ideale Plattform. Als Beispiel kann hier die Fa. Shell in Deutschland angeführt werden, die in ihrer Web-Präsentation unterschiedliche Praktika anbietet, und zwar in der Terminologie, ihrem Kraftstoff entsprechend (siehe Abbildung 80).

Normal	**Besonderheiten: Intensive Praxisbetreuung** *Vergütung: 650,– € p. M.*
Super	**Besonderheiten: Planung, Konzeption und Durchführung von Projekten** *Vergütung: 800,– € p. M.*
Super Plus	**Besonderheiten: Shell-relevante Diplom- und Studienarbeiten** *Vergütung: 1.000,– € p. M.*
Premium Placement	**Besonderheiten: Auslandspraktikum** *Vergütung: Dem Einsatzland angemessen plus Flüge und Unterbringung vor Ort.*
Power PlusPower	**Praktikum während des Studiums und Geld verdienen als Aushilfe** *Die Vergütung richtet sich nach der Tätigkeit*

Abb. 80: Praktikum & Berufseinstieg bei der Shell & DEA Oil GmbH [7]

---

[7] Shell & DEA Oil GmbH (2002): Jobs & Karrieren, Praktikum & Berufseinstieg, Während des Studiums, online: http://www2.shell.com/home/Framework?siteId=de-de (21. 02. 2002)

■ **Ausbildungsplätze**

Die konsequente Bereitstellung von Ausbildungsplätzen sichert jedem Unternehmen, mittel- bis langfristig, den Unternehmenserfolg, da die qualifizierten Auszubildenden das zukünftige Fach- und Führungskräfte-Potenzial darstellen. Die Zielgruppe der Schüler zeichnet sich jedoch im Wesentlichen dadurch aus, dass aufgrund der demographischen Entwicklung in der Bundesrepublik Deutschland, bereits heute teilweise schon mehr Ausbildungsplätze als Schulabsolventen vorhanden sind und zum anderen dieser Personenkreis eine sehr stark ausgeprägte Internetaffinität aufweist. Dies bedeutet, dass die Arbeitskraft-Nachfrager in einen sehr starken Wettbewerb zueinander eintreten, und dass die Schulabsolventen zunehmend mehr ihren Ausbildungsplatz über das Internet suchen. Ein Verzicht auf die Präsentation von Ausbildungsplätzen auf der HRM-Homepage käme somit einem Verzicht auf Auszubildende gleich. Viele Unternehmen tragen diesem Tatbestand dadurch Rechnung, dass die Angebote, als auch die Informationen für die Ausbildungsplatz-Suchenden, einen sehr großen Raum auf der HRM-Homepage einnehmen. Als Beispiel kann hier die Firma Merck KGaA dienen, die jährlich 180 Auszubildende aus 3.000 Bewerbungen aussucht und einstellt.[8]

■ **Werkstudententätigkeit und Projekte**

Das Angebot von Werkstudententätigkeiten und Projektarbeiten zielt im Wesentlichen darauf ab, entweder (kurzfristig aufgetretene oder planbare) Personalengpässe zu überbrücken oder temporäres Know-how zu nutzen, welches im Unternehmen nicht (oder z.Zt. nicht) verfügbar ist. Hierbei kann es sich sowohl um wechselnde Themenstellungen handeln, als auch um eine Tätigkeit in einem festen Kompetenzbereich, um reine Assistenz- und Unterstützungsleistungen oder Spezialistentätigkeiten, um einen regelmäßigen (meist stundenweise) oder einmaligen (z. B. 8 Wochen) Einsatz. Die Studierenden erhalten ggf. die Möglichkeit, die im Studium erworbenen Kenntnisse anzuwenden, Praxiserfahrung zu sammeln und die Option des Hinzuverdienstes. Diese Tätigkeiten wurden bis dato nur in den seltensten Fällen ausgeschrieben, so dass die Arbeitskraft-Nachfrager diesen Bedarf auf andere Art und Weise decken mussten. Die HRM-Homepage bietet auch hierfür eine ideale Plattform, den Bedarf kostengünstig zu veröffentlichen (siehe Abbildung 81).

---

8 Vgl. Merck KGaA (2002): Ausbildungsberufe, Informationen für Ausbildungsplatz-Suchende, online: http://www.merck.de/german/corporate/apprentices/index.htm (21. 06. 2002)

Anzahl	Bezeichnung	Bereich	Qualifikation	Aufgaben	Online-Bewerbung
2	Werkstudent/in	EI-H-W	Software-Ingenieur/in für ■ Windows-NT ■ C++	Informations-systeme	Online-Bewerbung
2	Werkstudent/in	EI-N-W	Informatikstudent/in für Web-Anwendungen, Data Warehouse	Informations-systeme	Online-Bewerbung

Abb. 81: Angebot Werkstudententätigkeit bei der ESG GmbH (Auszug)[9]

■ **Diplomarbeiten/Doktorarbeiten**

Während auf der Seite der Arbeitskraft-Nachfrager die Ressourcen (meist personell oder zeitlich) nicht vorhanden sind, um eine (spezielle) Themen- und oder Problemstellung ausreichend zu erarbeiten, ist auf der Seite der zukünftigen Arbeitskraft-Anbieter das Interesse bzw. der Bedarf an praxisorientierten Abschlussarbeiten sehr groß. Auch für diese Bedarfssynchronisation bietet die HRM-Homepage eine geeignete Plattform. Entweder sind Themen für Diplomarbeiten oder Dissertationen im Unternehmen vorhanden und können ausgeschrieben werden, oder man bietet die Möglichkeit, dass die entsprechende Zielgruppe sich mit eigenen Themenvorschlägen bewerben kann. Neben der Präsentation von Offenheit des Unternehmens für Studierende und Absolventen kann der HR-Bereich hierdurch gleichzeitig auch den anderen Unternehmensbereichen eine weitere Dienstleistung anbieten (siehe Abbildung 82).

Thema						
Studienrichtung	Dauer/Beginn	Diplom/Promotion	Ansprechpartner	Telefon	Abteilung	
Probenvorbereitung für quantitative Genomics/Proteomics Analyse						
Biologie/Biotechnologie	2–3 Jahre ab 01. 10. 2001	Promotion	Herr Dr. XXXXX	06151/XXX	Biochemie	
Chromatographische Prefaktionierung von Proteingemischen						
Biologie/Biotechnologie	6–9 Monate ab 01. 10. 2001	Diplom	Herr Dr. XXXXX	06151/XXX	Biochemie	

Abb. 82: Diplomarbeiten/Doktorarbeiten (Auszug) der Fa. Merck KGaA[10]

---

9 ESG GmbH (2002): Werkstudenten/Praktikanten/Diplomanden, online: http://www.esg-gmbh.de/jobs/jobs_studenten.html (27. 01. 2002)
10 Merck KGaA (2002): Diplom + Promotion, Themenangebote, online: http://www.come2 merck.de/german/index.html (27. 01. 2002)

■ Von der Stellenausschreibung zum Konzern – Job-Portal

Das konkrete Angebot von Stellen zum Direkteinstieg oder für Trainees kann von den Unternehmen, abhängig von der Betriebsgröße und dem Personalbedarf, auf der HRM-Homepage unterschiedlich realisiert werden (siehe Abbildung 83).

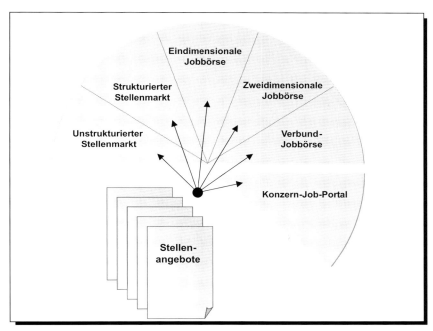

Abb. 83:   Präsentationsmöglichkeiten für Stellenangebote

Die einfachste Möglichkeit ist die Veröffentlichung von singulären Stellenausschreibungen (= unstrukturierter Stellenmarkt), die unmittelbar über die HRM-Homepage aufrufbar sind. Gerade kleinere oder mittelständische Unternehmen mit einem geringen und eher situativen Personalbedarf werden diese Vorgehensweise bevorzugen. Bei zunehmend kontinuierlichem Personalbedarf, in Verbindung mit einer erhöhten Anzahl an Stellenangeboten, sollte eine Lösung realisiert werden, die man als strukturierten Stellenmarkt bezeichnen könnte. Die Struktur kann sich an Unternehmensbereichen und/oder Tätigkeitsbereichen orientieren und mit einem »Listing« oder mit einfachen Suchfunktionalitäten verbunden sein. Mit einer weiteren Zunahme an Stellenangeboten wird man der Benutzerfreundlichkeit dahingehend Tribut zollen, dass man zunehmend komfortablere Suchfunktionalitäten realisiert, so dass dieser Entwicklungsschritt zur unternehmenseigenen Jobbörse (eindimensional) führt. Die Bezeichnung eindimensionale Jobbörse soll aufzeigen, dass die Zielsetzung im Wesentlichen in der Veröffentlichung von Vakanzen und der Teilautomatisierung des Personalbeschaffungsprozesses zu sehen ist. In Abgrenzung dazu entspricht die zweidimensionale Jobbörse der Vollfunktionalität der kommerziellen Jobbörsen, d. h. neben der Veröffentlichung von Stellenangeboten besteht die Möglichkeit der Einstellung von Lebensläufen (Lebenslauf-Datenbank) und der Nutzung eines Matching-Systems sowie einer komfortablen, digitalen Prozessunterstützung. Im Regelfall sind es die Großunternehmen die eine solche Lösung realisieren oder dies im Rahmen des Out- oder Insourcing mit bzw. von externen Jobbörsen anbieten.

In Kenntnis der Vorteilhaftigkeit des E-Recruitments auf der einen Seite, aber auch der Möglichkeit des HR-Bereiches auf der anderen Seite, eine zusätzliche Dienstleistung anbieten zu können, werden gerade bei den Großunternehmen künftig noch einige Evolutionsschritte in diesem Bereich folgen. Mit der Realisierung der Partner-Jobbörse von Audi zeigt sich bereits, dass die unternehmenseigenen Jobbörsen künftig ihren Aktions- und Wirkungskreis ausdehnen. Im Falle der Partner-Jobbörse, die sich selbst als internetgestützte Plattform ansieht, auf der Audi Partner als Stellenanbieter und Bewerber zusammenfinden können, ohne als Vermittler von Arbeitsstellen tätig zu werden, haben bspw. die Arbeitskraft-Anbieter, die ein Stellengesuch aufgeben, die Möglichkeit, 3.500 Volkswagen-Partner zu erreichen.[11]

Eine weitere Evolutionsrichtung der Jobbörsen zeigt die Preussag AG auf, die ein Konzern-Job-Portal anbietet. De facto besteht dieses zurzeit jedoch lediglich aus einer verlinkten Listung von nationalen und internationalen Tochter- und Beteiligungsgesellschaften.[12] Die Verlinkung führt den Web-Besucher unmittelbar zur HRM-Homepage bzw. zum Stellenmarkt des betreffenden Unternehmens. Hiermit erhöht man den Wirkungs- und Streuungsgrad von Stellenangeboten. Die Beispiele Audi und Preussag zeigen, dass eine Weiterentwicklung in Richtung konzerneigener oder konzernübergreifender Verbund-Jobbörsen künftig realistisch erscheint.

■ Employability

Die oben genannten Alternativen, Offerten und vor allem Stellenangebote im World Wide Web zu präsentieren, erfolgte vor allem vor dem Hintergrund der externen Personalbeschaffung. Die gleichen Möglichkeiten kön-

---

11 Vgl. audi-jobboerse.de (2002): Tipps & Hinweise, online: http://www.audi-jobboerse.de/ (21. 06. 2002)

12 Vgl. Preussag AG (2002): Job und Karriere, Karriere bei unseren Konzerngesellschaften, online: http://www.preussag.de/de/jobkarriere/jobportal/konzerngesellschaften.html (21. 06. 2002)

nen aber auch im jeweiligen Intranet, für die interne Recruitment genutzt bzw. realisiert werden. An dieser Stelle setzt das Employability an. Die ständig zunehmende Dynamik der Umweltgegebenheiten und der damit verbundenen Notwendigkeit zur kontinuierlichen proaktiven oder reaktiven Anpassung führt dazu, dass die Aufgabenbereiche und Aufgabeninhalte ebenfalls einem ständigen Wandel unterworfen sind. Dies führt u. a. dazu, dass die »Stellensicherheit« (= räumliche Arbeitsplatzsicherheit), bis hin zur Beschäftigungssicherheit abnimmt. Hieraus resultiert, zukünftig noch mehr als heute, die Notwendigkeit für jeden Einzelnen, seine Beschäftigungsfähigkeit und ggf. auch Arbeitsmarktfähigkeit zu erhalten. Der Arbeitgeber kann hierbei unterstützend wirken, und zwar durch entsprechende Personal-Entwicklungsprogramme, aber auch durch eine erhöhte Transparenz über Angebot und Nachfrage innerhalb des eigenen Unternehmens bzw. im Unternehmensverbund.

■ Interner Stellenmarkt

Ein interner Stellenmarkt trägt zum einen dem Tatbestand, der Notwendigkeit von internen Stellenausschreibungen, Rechnung, zum anderen aber auch der Möglichkeit, Humanressourcen optimal im eigenen Unternehmen zu nutzen. Die unternehmensweite Transparenz über Vakanzen wird erstmalig mit einem internen, digitalen Stellenmarkt möglich. Dies bedeutet, dass Mitarbeiter, deren Arbeitsplatz wegfällt, hierdurch die Chance erhalten unternehmensintern einen alternativen Arbeitsplatz zu finden. Gleichzeitig bietet ein interner Stellenmarkt den Mitarbeitern Perspektiven, die sich aus eigenem Willen verändern wollen (Veränderung des Wohnortes, persönliche Weiterentwicklung etc.), ohne dass sie dem Unternehmen verloren gehen.

Voraussetzung für den Erfolg eines solchen Stellenmarktes ist es, dass die Vakanzen auch tatsächlich dort eingestellt werden, d. h. die Personalabteilungen ein solches Instrument aktiv fördern und konsequent nutzen. Weiterhin sollte sichergestellt werden, dass bspw. veränderungswillige Mitarbeiter die Möglichkeit der temporären Anonymität, zumindest in der Search- und Screening-Phase, erhalten. Neben diesen Dingen wird darüber hinaus, wie bei anderen Jobbörsen auch, besonders das Verhältnis zwischen Angebot und Nachfrage erfolgsdeterminierend wirken. Somit sollte auch die Implementierung bzw. Einführung eines internen Stellenmarktes nicht zu einem Zeitpunkt erfolgen, zu dem das Unternehmen nahezu kaum Stellen ausschreiben kann.

– Inhouse-Zeitarbeitsunternehmen

Eine weitere Nutzungsmöglichkeit für den (internen) elektronischen Stellenmarkt ist darin zu sehen, dass nicht nur Stellen, sondern auch temporäre Aufgaben oder Vakanzen dort ausgeschrieben werden. Bei diesem Ansatz überträgt man das Prinzip der Arbeitnehmerüberlassung bzw. des Personalleasings auf das eigene Unternehmen. Die Zielsetzung und Aufgabenstellung jeder Zeitarbeitsfirma ist es, einen temporär auftretenden Personalbedarf, qualitativ und quantitativ bestmöglich zu decken. Die Frage ist, warum muss dies unbedingt von außen geschehen?

Mit der Institutionalisierung eines Inhouse-Zeitarbeitsunternehmens können bspw. Mitarbeiter, deren Arbeitsplatz wegfällt, für zeitlich befristete Einsätze im eigenen Unternehmen vermittelt werden. Einen solchen Ansatz verfolgt bspw. die Deutsche Bank und nennt es »Bankforce«. Die Stellenausschreibung erfolgt im hauseigenen Stellenmarkt, auf die sich interessierte Mitarbeiter bei Bankforce bewerben können (siehe Abbildung 84).[13]

Abb. 84:   »Bankforce« der Deutschen Bank[14]

---

13 Vgl. Deutsche Bank AG (2002): Das interne Zeitarbeitsunternehmen Bankforce, online: http://karriere.deutsche-bank.de/wms/dbhr/index.php3?ci=154&language=1   (21. 06. 2002)

14 Deutsche Bank AG (2002): Das interne Zeitarbeitsunternehmen Bankforce, online: http://karriere.deutsche-bank.de/wms/dbhr/index.php3?ci=154&language=1   (21. 06. 2002)

Die Deutsche Bank hat diesen Ansatz zunächst vor dem Hintergrund der Employability gewählt, aber auch festgestellt, dass die Mehrheit der »Wechsler« keine Sorge um ihren Arbeitsplatz hatten, sondern der Reiz des neuen Aufgabengebietes häufig ausschlaggebend für die Entscheidung für die Bankforce war.[15]

Diesen Ansatz könnte man jedoch auch für die Personalentwicklung aufgreifen: Mit der Institutionalisierung eines Inhouse-Zeitarbeitsunternehmens werden qualifizierte Mitarbeiter, die im Wesentlichen gekennzeichnet sind durch hohe Fachkompetenz, gepaart mit einer hohen Flexibilität und vor allem Mobilität, zusammengefasst. Diese könnten dann als »Mobile Forces« gelten und würden dort flexibel eingesetzt, wo sie die größtmögliche Wertschöpfung für das Unternehmen generieren. Während ihrer Zeit in der Inhouse-Zeitarbeitsfirma könnten die Mitarbeiter besonders qualifiziert werden und entsprechende Laufbahnperspektiven erhalten. Die Verwendung in der »Mobile Forces« wäre bspw. auf zwei Jahre befristet und anschließend erfolgt die Integration in die Primärorganisation. Der Benefit könnte wie folgt beschrieben werden:

- Höhere Flexibilität des Personaleinsatzes
- Erhöhung der Transparenz im Unternehmen
- Senkung des Personalbedarfs
- Steigerung der Qualifikation
- Kostensenkung
- Positionierung von Laufbahnperspektiven
- Institutionalisierbar als Profit-Center
- Ggf. auch als internationale Teams oder interdisziplinäre Teams
- Ggf. auch Teams mit Lieferanten/Händlern etc.

Zusammenfassend lässt sich festhalten, dass die hier angesprochenen Möglichkeiten, Offerten und Stellenangebote auf der HRM-Homepage zu präsentieren, der erhöhten Transparenz von Angebot und Nachfrage dienen, aber damit zunächst »nur« eine notwendige bzw. unabdingbare Voraussetzung für das Recruitment darstellen. Diese Funktionalität ist hierbei alleine noch nicht handlungsauslösend (= Bewerbung), es gilt dem Web-Besucher (= Arbeitskraft-Anbieter) noch wertvolle Informationen zur Verfügung zu stellen.

6.2.3 Stellenbezogene Informationen

Voraussetzung für eine zielgerichtete Personalbeschaffung ist, das eine Transparenz über die Stelle (Stellenbeschreibung) und die an den oder

---

15 Vgl. Deutsche Bank AG (2002): ebenda

die Stelleninhaber gestellten Anforderungen (Anforderungsprofil) vorhanden ist. Diese stellenbezogenen Informationen dienen der Konkretisierung des tatsächlichen Bedarfs und sind insofern von großer Bedeutung, da eine Stellenbezeichnung bei weitem nicht aussagefähig ist. So kann z. B. ein Assistent der Geschäftsleitung (= Stellenbezeichnung) sowohl von dem Unternehmen, als auch von dem Arbeitskraft-Anbieter so unterschiedlich interpretiert werden, dass weder die Vorstellungen über den Aufgabenbereich, noch die Inhalte oder die erforderlichen Kompetenzen übereinstimmen.

Obwohl das Medium Internet grundsätzlich die Veröffentlichung einer Vielzahl an stellenbezogenen Informationen ermöglichen würde, wird sich heutzutage immer noch auf eine eher klassische Stellenanzeige beschränkt, lediglich ergänzt um zusätzliche Funktionalitäten wie Online-Bewerbungsmöglichkeit, Weiterleitungsmöglichkeiten etc. Dabei ist die Stellenanzeige meist ein Mix aus Stellenbeschreibung und Anforderungsprofil und enthält die wesentlichen, personenunabhängigen, Informationen zum Aufgabenbereich, zur Zielsetzung, den Kompetenzen und Befugnissen, ggf. zur Einordnung der Stelle im Stellengefüge sowie zu den qualifikatorischen Voraussetzungen, der Berufserfahrung und ggf. zu den Ausprägungen in den einzelnen Kompetenzbereichen (Fach-, Methoden-, Sozial- und Persönlichkeitskompetenz).

Gerade die HRM-Homepage eines Unternehmens eröffnet die Chance, wesentlich mehr Informationen über eine Stelle verfügbar zu machen, als dies, aufgrund von Kostenbetrachtungen, bei der Veröffentlichung in Printmedien möglich ist. Neben einer ausführlichen Stellenbeschreibung und dem Anforderungsprofil könnten z. B. Hintergrundinformationen, aktuelle und zukünftige Aufgabenstellungen, aber auch das Arbeitsumfeld oder auch Vorgesetzte und Kollegen beschrieben und vorgestellt werden. Status quo ist aber, dass die Möglichkeiten des Internets bei weitem nicht ausgenutzt werden und die klassische Stellenanzeige den Personalbedarf konkretisiert. Die Gründe könnten darin gesehen werden, dass der Aufwand als zu hoch bewertet wird, die Notwendigkeit nicht erkannt wird oder einfach, dass man die Stellenanzeige als ausreichend betrachtet.

Auf die Inhalte und die Komponenten einer digitalen Stellenanzeige wurde bereits ausführlich im Abschnitt 4 (Digitale Personalbeschaffung) eingegangen. Der wesentliche Unterschied der Stellenanzeige auf der eigenen HRM-Homepage ist darin zu sehen, dass all jene Informationen entfallen können, die das Unternehmen beschreiben und die auf der HRM-Homepage recherchiert werden können (z. B. Personal-Entwicklungsprogramme etc.).

6.2.4 Unternehmensinformationen

Die Abbildung der stellenbezogenen Informationen auf der HRM-Homepage, sind im Hinblick auf einen anzustrebenden (möglichst hohen) Transparenzgrad, für die Arbeitskraft-Anbieter nicht ausreichend. Unterstellt wird hierbei, dass die Arbeitskraft-Anbieter, in Kenntnis ihrer eigenen Bedarfe und Bedürfnisse, ein möglichst hohes Informationsangebot seitens der Arbeitskraft-Nachfrager erwarten und erst bei Erreichung eines optimalen Transparenzgrades, die Entscheidung für oder gegen eine Bewerbung treffen. Der optimale Transparenzgrad ist theoretisch dann gegeben, wenn dem Arbeitskraft-Anbieter alle objektiv und subjektiv notwendigen Informationen zur Entscheidungsfindung verfügbar gemacht werden. Die stellenbezogenen Informationen führen somit lediglich zu einem »minimalen Transparenzgrad«, was in der Praxis jedoch nicht bedeutet, dass auf dieser Basis keine Bewerbungen erstellt und versendet werden. Dies ist im Wesentlichen darauf zurückzuführen, dass der als notwendig erachtete Transparenzgrad seitens der Arbeitskraft-Anbieter subjektiv und individuell bewertet wird und sehr stark von der persönlichen Situation des Bewerbers, d. h. von der Notwendigkeit und Dringlichkeit eine Stelle zu finden, abhängt. Während die klassische Stellenanzeige, medienbedingt, nur einen niedrigen Transparenzgrad ermöglicht, kann das Internet, angebotsseitig, einen optimalen Transparenzgrad sicherstellen. Dies setzt jedoch voraus, dass die Arbeitskraft-Nachfrager ihr Informationsangebot, orientiert an dem theoretisch »optimalen« Transparenzgrad, ausrichten bzw. dahingehend erweitern. Dieser Sachverhalt wird in der Abbildung 85 (Ringe der Angebots-Transparenz) dargestellt. Das Ziel ist die Deckungsgleichheit von Informationsangebot und -nachfrage, was bedeutet, dass die Arbeitskraft-Nachfrager ein optimales Informationsangebot sicherstellen müssen, um möglichst die Informationsbedarfe und -bedürfnisse nahezu aller Arbeitskraft-Anbieter abdecken zu können. Unterstellt wird hierbei, dass bei unzureichendem Informationsangebot Bewerbungen von Arbeitskraft-Anbietern ausbleiben, bei denen z. B. die Notwendigkeit und Dringlichkeit eines Stellenwechsels nicht in einem so hohen Maß gegeben ist.

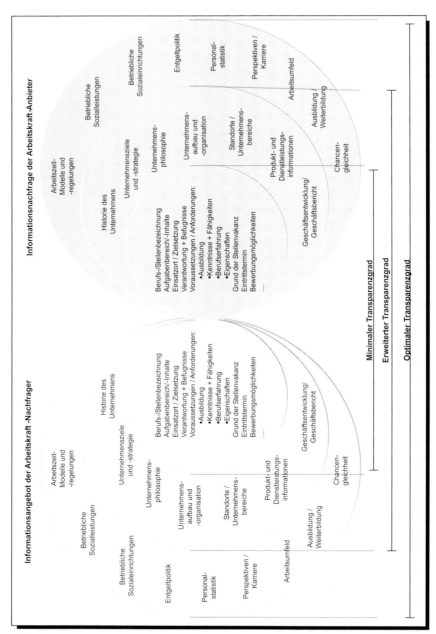

Abb. 85:   Ringe der Angebots-Transparenz

Die Bereitstellung von Unternehmensinformationen (2. Ring der Angebots-Transparenz) werden in dem o. g. Zusammenhang als zwingend angesehen, da ein Arbeitskraft-Anbieter erst auf dieser Informationsbasis, theoretisch gesehen, eine Entscheidung treffen kann. Hierbei handelt es sich vornehmlich um folgende Informationen:

- Historie des Unternehmens
- Unternehmensphilosophie
- Unternehmensziele und -strategie
- Standorte/Unternehmensbereiche
- Unternehmensaufbau und -organisation
- Produkt- und Dienstleistungsinformationen
- Geschäftsentwicklung/Geschäftsbericht

Hierdurch wird ein erweiterter Transparenzgrad erreicht, der es den Arbeitskraft-Anbietern erst ermöglicht, die stellenbezogenen Informationen in einen Gesamtzusammenhang einzuordnen bzw. zu beurteilen. Darüber hinaus können die aufgeführten Fakten bzw. Sachverhalte oder Standpunkte des Unternehmens für das Bewerbungsschreiben, oder auch später für Fragen im Rahmen des Auswahlgespräches, für den Arbeitskraft-Anbieter hilfreich sein.

Auf der Seite der Arbeitskraft-Nachfrager bilden die Unternehmensinformationen eine zusätzliche Möglichkeit, sich als attraktiver Arbeitgeber zu präsentieren bzw. die Attraktivität zu unterstreichen. Die Firma Merck KGaA in Darmstadt z. B. geht diesen Weg mit ihrem Web-Auftritt. Ausgehend davon, dass ein Arbeitskraft-Anbieter sich die Fa. Merck als Arbeitgeber vorstellen kann und den Wunsch hat, das Unternehmen näher kennen zu lernen, besteht für den Web-Besucher unter dem Menü-Button »Pluspunkte« die Möglichkeit, sich über das Unternehmen, das Besondere, das Innovative, die Arbeitswelt und die Perspektiven, ausführlich zu informieren.[16]

Alle weiteren Informationen, die in dem oben beschriebenen Modell durch den dritten Ring der Angebots-Transparenz gekennzeichnet sind, wie z. B. Informationen zur Entgeltpolitik, zu Arbeitszeitmodellen oder auch zur Personalentwicklung, dienen zwar der Erreichung eines optimalen Transparenzgrades und können die Entscheidung für eine Bewerbung positiv beeinflussen, dennoch können sie zunächst nicht als zwingendes Informationsangebot und damit als Basiselement einer HRM-Homepage angesehen werden.

---

16 Vgl. Merck KGaA (2002): Pluspunkte, online: http://www.come2 merck.de/german/index.html (21. 06. 2002)

6.2.5 Bewerbungsmöglichkeiten

Die grundsätzlichen Möglichkeiten der Online-Bewerbung (E-Mail, Bewerbungshomepage und Online-Formulare) wurden bereits im Anschnitt 4.2 behandelt. Für die Konzeption einer optimalen HRM-Homepage bleibt festzuhalten, dass zunächst unterschiedliche Bewerbungsmöglichkeiten vorzusehen sind. Dies beinhaltet auch weiterhin die traditionelle Bewerbung auf dem Postweg und damit verbunden die Angabe der vollständigen Postanschrift und der Ansprechpartner, entweder unmittelbar in der digitalen Stellenanzeige oder im Bereich der Kontakte. Bisher gibt es nur wenige Unternehmen die darauf verzichten und den Arbeitskraft-Anbietern ausschließlich den digitalen Weg zur Verfügung stellen. Eine solche Entscheidung ist eine personalwirtschaftliche Grundsatzentscheidung und hängt im Wesentlichen davon ab, was das jeweilige Unternehmen mit den Online-Bewerbungen intern (z. B. automatisierte Weiterverarbeitung etc.) und extern (z. B. Technikaffinität der Bewerber) verbindet. Die Funktionalität der E-Mail-Bewerbung kann als Minimum-Anforderung gelten, um grundsätzlich eine Möglichkeit der Online-Bewerbung, und damit mediengerecht, zu gewährleisten. Verzichtet ein Unternehmen auf die Angabe der E-Mail-Adressen der entsprechenden Ansprechpartner, so schränkt es damit die Kontaktmöglichkeiten zu potenziellen Bewerbern ein und stellt ggf. sogar den Internet-Auftritt des HR-Bereiches in Frage.

Die Möglichkeit der Bewerbung per Online-Formular kann zurzeit als die komfortabelste Option aus Sicht der Unternehmen angesehen werden. Die Realisierung hängt jedoch u. a. von den zu erwartenden Bewerbungen auf der einen Seite und der durchschnittlichen Anzahl an ausgeschriebenen Stellen auf der anderen Seite ab sowie von den informationstechnischen Möglichkeiten der Weiterverarbeitung. Der Arbeitskraft-Nachfrager kann durch das Online-Formular alle ihm als relevant erscheinenden Angaben, vom Arbeitskraft-Anbieter in einer sehr strukturierten Art und Weise einfordern. Durch die Formulierung von Mindestangaben, so genannten Pflichtfeldern, kann der Arbeitskraft-Nachfrager auch sicherstellen, dass die Bewerbungen nahezu vollständig sind. In der Abbildung 86 sind auszugsweise zwei Online-Formulare der Bertelsmann AG dargestellt.

Bei den Online-Bewerbungsmöglichkeiten wird seitens der Unternehmen stets die Frage nach der Polarität, zwischen Standardisierung auf der einen Seite und Individualität auf der anderen Seite, zu beantworten sein. Sowohl Arbeitskraft-Nachfrager, als auch Arbeitskraft-Anbieter haben ein gleiches Interesse daran, dass die Alleinstellungsmerkmale eines Bewerbers (wie z. B. besondere Fähigkeiten, Ausbildungen, Kompetenzen, usw.) präsentiert werden können. Eine Möglichkeit hierzu bieten elektronische Fragebögen, in denen der Bewerber Zutreffendes ankreuzen bzw. abhaken kann.

Dem Vorteil der Standardisierung, verbunden mit den guten und automatisierbaren Auswertungsmöglichkeiten, steht der Nachteil gegenüber, dass zunächst »nur« die im Fragebogen angegebenen Items zur Verfügung stehen. Demgegenüber geben einige Unternehmen die Möglichkeit von Freitext-Eingabefeldern, in denen die Arbeitskraft-Anbieter ihre besonderen Fähigkeiten, Erfahrungen etc. eintragen können. Dem Vorteil der hohen Individualität und Varianz steht hier der Nachteil der ggf. auftretenden Unübersichtlichkeit und dem damit verbundenen großen Aufwand zur Auswertung gegenüber. In einer Kombi-Lösung als dritte Möglichkeit, werden Fragebögen mit Freitext-Eingabefeldern kombiniert, um sowohl eine gute Auswertbarkeit der Bögen zu gewährleisten als auch der Individualität Rechnung zu tragen.

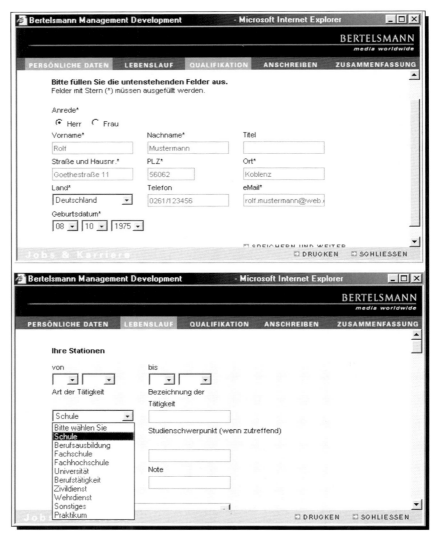

Abb. 86: Online-Bewerbungsformulare der Bertelsmann AG (Auszug)[17]

6.3 Zusatzelemente einer HRM-Homepage

Als Zusatzelemente der HRM-Homepage werden all jene Informationen, Funktionalitäten und Dienstleistungen verstanden, die den Personal-beschaffungsprozess mittelbar unterstützen, eine erhöhte Transparenz

---

17 Bertelsmann AG (2002): Jobs & Karriere, online: http://www.bertelsmann.de/index.cfm (26. 01. 2002)

ermöglichen und Betriebsspezifika der HR-Aktivitäten verdeutlichen. Hierzu zählen folgende Elemente:

■ Möglichkeit zur Initiativ-Bewerbung
■ HR-Info-Base
■ Personalentwicklung
■ Personalisierung

Die Zusatzelemente, so auch später die Serviceelemente, unterstreichen im Hinblick auf die Personalbeschaffung die Vorteile des Mediums Internet als Informations- und Interaktivitätsplattform, so dass diese Elemente aufklärend, prozessverstärkend, motivierend und kommunikationsfördernd wirken.

6.3.1 Initiativ-Bewerbungen

Die Möglichkeit der Initiativ-Bewerbung wird hier insofern als mittelbar den Personalbeschaffungsprozess unterstützend angesehen, weil der primäre Beschaffungsprozess einen i. d. R. zeitpunktbezogenen, vom Arbeitskraft-Nachfrager artikulierten, Personalbedarf voraussetzt. Die Option zur Initiativ-Bewerbung bietet jedoch die zielorientierte Kontaktaufnahme durch die Arbeitskraft-Anbieter, ohne einen (vom Arbeitskraft-Nachfrager) konkret artikulierten Bedarf. Hierdurch demonstriert ein Unternehmen zum einen Offenheit und das prinzipielle Interesse an qualifizierten Arbeitskraft-Anbietern. Einige Unternehmen schränken diese Möglichkeit auch dahingehend ein, dass sie »lediglich« Arbeitskraft-Anbieter mit einer bestimmten Qualifikations- und Kompetenzstruktur, speziellen Erfahrungshorizonten etc. zur Initiativ-Bewerbung auffordern. Zum anderen bietet diese Funktionalität die außergewöhnliche Chance, einen qualifizierten Bewerberpool aufzubauen. Der Arbeitskraft-Anbieter hat durch seine Bewerbung zunächst grundsätzliches Interesse an einer Tätigkeit in dem betreffenden Unternehmen gezeigt. Wurde die Initiativ-Bewerbung durch den HR-Bereich gesichtet und als interessant eingestuft, kann dann eine Übernahme in einen Talent-Pool (Datenbank) erfolgen. An die Stelle der Bedarfssynchronisation tritt hier eine Interessensynchronisation. Durch eine kontinuierliche Pflege und gegenseitige Information können konkrete Bedarfe abgeglichen werden. Somit ermöglicht die konsequente Umsetzung der Initiativ-Bewerbung eine zeitraumbezogene Personal-Akquisition gegenüber der zeitpunktbezogenen Personalbeschaffung.

6.3.2 HR-Info-Base

Die HR-Info-Base wird hier als ein Zusatzelement der HRM-Homepage verstanden, welche dem Arbeitskraft-Anbieter die Option ermöglicht, Wissenswertes über die Personalarbeit im Unternehmen zu erfahren. Beginnend mit dem Stellenwert des menschlichen Elementes in der Arbeit, bietet sich hier die Präsentation der Personalpolitik mit ihren personalwirtschaftlichen Grundsätzen ebenso an, wie die Darstellung der personalwirtschaftlichen Zielsetzungen. Die BMW Group erlaubt z. B. dem Web-Besucher u. a. Einblicke in die langfristige Personalpolitik, in das grundsätzliche Verständnis von Leistung und Gegenleistung, in grundsätzliche Statements des Unternehmens zu Beschäftigung und Veränderung, bis hin zur Möglichkeit, vertiefende Themenbeiträge aus dem Personalbereich anzusehen bzw. herunterzuladen (siehe Abbildung 87).

Den meist generellen Informationen (strategischer Inhalt) können, im Rahmen der HR-Info-Base, dann auch Daten und Fakten folgen, indem man bspw. den Web-Besuchern Einblicke in den Bereich der Personalstatistik gewährt. Die Metro AG bietet zum Beispiel Informationen und Angaben zur Mitarbeiterstruktur, zur Betriebszugehörigkeit, zur Entwicklung des Mitarbeiterbestandes oder auch zur Ausbildungsquote.[18]

Neben allgemeinen personalwirtschaftlichen Informationen, Daten und Fakten sind es immer wieder spezielle Themenbereiche, die gerade die Arbeitskraft-Anbieter besonders interessieren. Hierzu können mit Sicherheit die Themen Entgeltpolitik, betriebliche Sozial- und Sonderleistungen, Arbeitszeit und Chancengleichheit gezählt werden. Ein solches Informationsangebot im Rahmen der HR-Info-Base schafft nicht nur Transparenz, sondern darüber hinaus vor allem Klarheit und ggf. zusätzliche Anreize. Bei den zu präsentierenden Informationen stehen weniger einzelfallbezogene Lösungen oder Angaben im Vordergrund, als vielmehr themenbezogene, grundsätzliche Regelungen und/oder Wahlmöglichkeiten. So kann bei der Entgeltpolitik beispielsweise über Vergütungsformen im Unternehmen, über tarifliche und übertarifliche Leistungen oder über variable Ertrags- oder Leistungskomponenten oder auch über die Regelungen der betrieblichen Altersversorgung informiert werden. Vergleichbares gilt für das Thema Arbeitszeit, bei dem über die grundsätzlichen Arbeitszeitmodelle informiert wird, die Möglichkeiten der Mitarbeiter, diese zu nutzen u. v. m.[19]

---

18 Vgl. METRO AG (2002): Jobs und Karriere, Menschen, online: http://www.metro.de/servlet/PB/menu/1000628_l1/index.html (21. 06. 2002)

19 Vgl. Commerzbank (2002): Karriere – Unsere Leistungen, online: http://www.commerzbank.de/karriere/leistung/index.html (21. 06. 2002)

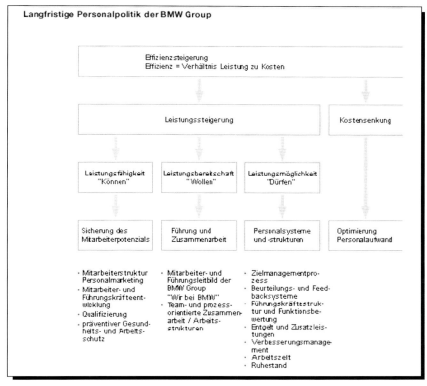

Abb. 87:   Langfristige Personalpolitik der BMW Group[20]

6.3.3 Personalentwicklung

Als Personalentwicklung werden hier die Bildungs- und Förderungsaktivitäten eines Unternehmens verstanden, die in ihrer Bedeutung, sowohl für die Arbeitskraft-Anbieter, als auch für die Arbeitkraft-Nachfrager ständig zunehmen. Die Transparenz über die Personal-Entwicklungsprogramme bzw. Aktivitäten eines Unternehmens kann sich mittelbar positiv auch auf den Personalbeschaffungsprozess auswirken, da die Arbeitskraft-Anbieter zunehmend die Attraktivität eines Arbeitgebers u. a. hiervon abhängig machen, so dass ein solches Zusatzelement auf der HRM-Homepage durchaus gerechtfertigt erscheint.

---

20 BMW Group (2002): Karriere, Faszination BMW Group, Personalpolitik. Internationale Wettbewerbsfähigkeit, Stand: 11. April 2002, online: http://www.bmwgroup.com/d/nav/?/d/0_0_www_bmwgroup_com/homepage/index.jsp?1_0 (21. 06. 2002)

6.3.3.1 Ausbildung

Überträgt man die Ringe der Angebots-Transparenz auf die Zielgruppe der Auszubildenden, so ist zu ergänzen, dass die Präsentation und damit das Angebot an Ausbildungsplätzen, meist verbunden mit den stellenbezogenen Informationen, deswegen nicht ausreicht, da die Zielgruppe sich u. a. dadurch auszeichnet, dass sie mit der Wahl eines Ausbildungsplatzes, eine, wenn nicht die Wichtigste berufliche Entscheidung überhaupt trifft. Eine solche Entscheidung sollte nicht unter Unsicherheit getroffen werden, sondern im Gegenteil. Daraus folgt, nach dem Verständnis einer verantwortungsvollen und zukunftsorientierten Personalarbeit, dass man der Zielgruppe auf der HRM-Homepage eine umfangreiche Möglichkeit der Orientierung anbieten sollte. Folgenden Informationsbedarf gilt es auf Seiten der zukünftigen Auszubildenden zu decken:

– **Angebotene Ausbildungsberufe (mit Standortbezug)**
– **Voraussetzungen für die jeweiligen Ausbildungsberufe**
– **Ausbildungsdauer**
– **Ausbildungsort (Betrieb/Berufsschule)**
– **Ausbildungsablauf/-phasen**
– **Inhalte der praktischen Ausbildung**
– **Inhalte der theoretischen Ausbildung**
– **Möglichkeit der Übernahme nach der Ausbildung**
– **Tätigkeits- und Einsatzgebiete nach der Ausbildung**
– **Ausbildungsvergütung (optional)**
– **Weiterbildungs- und Entwicklungsmöglichkeiten**
– **Unterkunftsmöglichkeiten**
– **Ankündigung von Informationsveranstaltungen (Ausbildungsmesse/ Schnuppertage/Tag d. offenen Tür/Schülerpraktika/Schulklassenführungen)**
– **Ansprechpartner für Ausbildungsberufe**
– **FAQ-Liste**
– **Tipps zur Bewerbung (optional)**
– **Information zu Auswahlkriterien**
– **Information zu Auswahlverfahren**

Darüber hinaus können auch alternative und erweiterte Ausbildungsprogramme, wie z. B. Ausbildung und Studium an einer staatlichen Studienakademie, vorgestellt werden oder wie im Falle von Audi das StEP-Programm, die Kombination von Studium (Wirtschaftsingenieurwesen oder Elektro- und Informationstechnik) und Erfahrung in der Ausbildung zum Mechatroniker/-in oder Industrieelektroniker/in.[21]

---

21 Vgl. Audi AG (2002): Karriere bei Audi, online: http://www.audi.com/de/de/unternehmen/ unternehmen.jsp (21. 06. 2002)

Die Notwendigkeit der Informationen über die Ausbildungsvergütung und die Bewerbungsunterlagen wird von den Praktikern sehr unterschiedlich bewertet. Im Falle der Ausbildungsvergütung sieht man die Gefahr einer Strategie der »vergütungsoptimierten Bewerbung« und im Falle der Bewerbungstipps, den Nachteil der hohen Standardisierung und damit mangelnden Differenzierung.

Erkennt ein Unternehmen den hohen Stellenwert der Auszubildenden für den zukünftigen Unternehmenserfolg an, so sollte die Präsentation der Ausbildungsthematik auf der HRM-Homepage diesem Tatbestand auch Rechnung tragen. Defizite in den Inhalten und der Darstellung führen zur Nicht-Erfüllung der Erwartungshaltung und damit gleichzeitig zu einem Absentismus von qualifiziertem Bewerberpotenzial.

6.3.3.2 Weiterbildung

Die Weiterbildung war für den Arbeitskraft-Anbieter in der Vergangenheit meist eine Unbekannte im Rahmen der Personalbeschaffung, d. h. die Entscheidung für oder gegen eine Bewerbung bzw. die Zu- oder Absage wurde in weitgehender Unkenntnis von den Weiterbildungsaktivitäten eines Unternehmens getroffen. Das Vorstellungs- und Auswahlgespräch war meist die einzige Informationsquelle. Nachdem die Weiterbildung zum integralen Bestandteil jeder Lebens- und Unternehmensplanung evolutioniert ist, und auch als solcher anerkannt wird, gilt es hierüber auf der HRM-Homepage zu informieren. Die Weiterbildungsmöglichkeiten sind für die Arbeitskraft-Anbieter ein Entscheidungskriterium im Rahmen ihres Bewerbungsvorhabens und für die Arbeitskraft-Nachfrager eine weitere Möglichkeit, sich als attraktiver Arbeitgeber zu präsentieren bzw. vom Wettbewerb abzuheben. Ein Fehlen dieser Informationen auf der HRM-Homepage wird u. U. von den Web-Besuchern als nicht existent interpretiert, was ggf. dazu führt, dass die Arbeitskraft-Anbieter die Unternehmens-Homepage wechseln und somit dem Unternehmen als Bewerber verloren gehen. Auch hier steht nicht eine individuelle und einzelfallbezogene Darstellung von Weiterbildungsmaßnahmen im Vordergrund des Interesses, sondern vielmehr die Präsentation des grundsätzlichen Angebotes bzw. der Möglichkeiten. So kann über das allgemeine Weiterbildungsangebot, über Integrationsprogramme für neue Mitarbeiter oder über spezielle Aufbau- und Entwicklungsprogramme für Fach- und Führungsnachwuchskräfte informiert werden, bis hin zur Abbildung von Management-Entwicklungsprogrammen für Führungskräfte oder auch von Seminaren und Vorträge für leitende Angestellte (siehe Abbildung 88).

Trainings	Organisation	Zielsetzung
Führungstrainings	Offene Trainings, die je nach Inhalt für alle oder bestimmte Mitarbeiter-gruppen ausgerichtet sind	Förderung und Weiter-entwicklung der Hand-lungskompetenz der Teil-nehmer (fachliche, me-thodische, persönliche Fähigkeiten)
Verhaltenstrainings		
Fachtrainings	Dauer 2–5 Tage	
DV-Trainings	national und international	
Beratung und Entwick-lung	**Organisation**	**Zielsetzung**
PE-Beratung der Füh-rungskräfte	prozessorientierte Durch-führung	kompetente, zeitnahe und bedarfsorientierte Beratung von Führungs-kräften und Mitarbeitern mit dem Ziel der Qualifi-zierung, Unterstützung und Professionalisierung
Potenzialerkennung und -entwicklung	Einzelberatung durch in-terne oder externe Berater	
Coaching	Laufzeit des Prozesses va-riiert in Abhängigkeit vom Bedarf	
Supervision	absolut vertrauliche Be-handlung aller Inhalte	
Team- und Bereichsent-wicklung	**Organisation**	**Zielsetzung**

Abb. 88: Personalentwicklung – Weiterbildung bei der WestLB (Auszug)[22]

Während die Personalbeschaffung ein singuläres Ereignis für den Arbeits-kraft-Anbieter darstellt, welches im Fall der Zu- oder Absage zeitpunktbe-zogen der Gegenwart bzw. der Vergangenheit zugeordnet wird, geben die Weiterbildungsmöglichkeiten den unterschiedlichen Zielgruppen Aus-kunft über die Zukunft, d. h. die Entwicklungsmöglichkeiten und Entwick-lungshorizonte (= Ziele) in einem Unternehmen. Darüber hinaus verbin-den die Arbeitskraft-Anbieter mit den Weiterbildungsmöglichkeiten den Stellenwert, den ein Unternehmen der Humanresource zuordnet. Somit dienen die Informationen über die Weiterbildung auf der HRM-Homepage nicht nur der Transparenz, sondern auch der Glaubwürdigkeit eines Unter-nehmens, da die Weiterbildungsmöglichkeiten als (sichtbare) konsequente Umsetzung der Unternehmensphilosophie und der personalpolitischen Grundsätze aufgefasst und interpretiert werden.

---

22 WestLB (2002): Jobforum, Arbeiten bei der WestLB – Personalentwicklung – Weiterbildung, online: http://jobforum.westlb.de/index/1,1061,30224,00.html?fSelectedLanguage=2 (21. 06. 2002)

6.3.3.3 Spezielle Programme

Die HRM-Homepage als Informationsplattform bietet für Unternehmen mit speziellen Ausbildungs-, Weiterbildungs- und Entwicklungsprogrammen die kostengünstige Möglichkeit, diese bekannt zu machen. Neben der allgemeinen Attraktivitätssteigerung kann durch die Veröffentlichung solcher Programme, entweder eine spezielle Zielgruppenansprache, und/oder auch eine Sensibilisierung bzw. Lenkung von Bewerbern, d. h. eine gezielte Einflussnahme auf das Bewerberverhalten, erreicht werden. Als Beispiel können folgende Programme dienen:

- Frauenförderungsprogramme
- Berufsgruppenspezifische Förderungsprogramme
- Randgruppenspezifische Förderungsprogramme
- Internationale Auszubildenden-Austauschprogramme
- Stipendiaten-Programme

Darüber hinaus erreicht man durch die Präsentation solcher Programme auf der HRM-Homepage, dass bestehende Informationsdefizite bei den Arbeitskraft-Anbietern abgebaut werden können (Aufklärungsfunktion). Zusätzlich können aber auch Anreize geschaffen werden, indem die Teilnahme an bestimmten Programmen, wie im Fall der Internationalen Auszubildenden-Austauschprogramme, »nur« den Besten ermöglicht wird (Anreizfunktion).

6.3.4 Personalisierung

Während die vorgenannten Zusatzelemente der HRM-Homepage im Wesentlichen Primär-Informationen enthalten, d. h. Informationen die sich stärker an dem tatsächlich objektiven Informationsbedarf eines Arbeitskraft-Anbieters orientieren, stellt das Zusatzelement »Personalisierung« hauptsächlich auf die Vermittlung von Sekundär-Informationen ab. Diese zielen vermehrt auf das Informationsbedürfnis (= subjektiver Informationsbedarf), besitzen jedoch die gleiche Bedeutung (= Wertigkeit) auf der HRM-Homepage wie die Primär-Informationen.

Die Personalisierung verknüpft dargestellte Informationen mit realen Personen. Hierdurch wird eine persönlichere Darstellung der Inhalte erreicht, gleichzeitig aber auch die Möglichkeit gegeben, dass der Web-Besucher eigene Vorstellungen entwickeln bzw. Informationen anhand seiner Erfahrungen besser spiegeln kann. Darüber hinaus kann durch die Personalisierung der Abstraktionsgrad von Inhalten reduziert werden, da die Art und Weise der Darstellung wechselt und hierdurch gleichzeitig Realitätsnähe und Erreichbarkeit vermittelt werden kann. Zusätzlich wird die Glaubhaftigkeit der Aussagen sowie der Wiedererkennungseffekt unterstützt.

Die Personalisierung wird im Wesentlichen dadurch umgesetzt, dass auf der HRM-Homepage z. B. Erfahrungsberichte von Auszubildenden oder anderen Zielgruppen präsentiert, Kurzportraits von Mitarbeitern abgebildet, persönliche Statements zu bestimmten Themen visualisiert werden oder auch, wie bspw. bei der BMW Group, das Personalwesen live durch Videos (per Streaming) vorgestellt wird.

6.4 Serviceelemente einer HRM-Homepage

Die Serviceelemente einer HRM-Site stellen eine Ergänzung zu den Basis- und Zusatzelementen dar und können das Informationsangebot und/oder die Interaktivitätsmöglichkeiten erweitern. Eine Fokussierung auf die Personalbeschaffung ist hierbei nicht unbedingt zwingend, wohl aber die Erzielung eines so genannten Zusatznutzens für den Internet-User. Mit den Serviceelementen sollen vor allem Kundenbeziehungen aufgebaut und dann durch die Informations-, Kommunikations- und Interaktionsmöglichkeiten gepflegt werden. Im Folgenden werden einzelne Serviceelemente beispielhaft dargestellt und erläutert.

6.4.1 Jobagent mit Mail-Funktion

Die Jobagenten mit Mail-Funktion (oder auch Jobmails genannt), informieren den Internet-User automatisch über interessante Stellenangebote, entweder per E-Mail oder auch teilweise per SMS. Der interessierte Web-Besucher kann meist Stellenangebote aus einem bestimmten Fachbereich auswählen oder ggf. auf der Basis von detaillierten Kriterien ein individuelles Suchprofil erstellen. Häufig wird die Möglichkeit geboten, die Suche auf das Unternehmen zu beschränken oder auf Tochterunternehmen oder Konzernbetriebe auszuweiten. Je nach Unternehmen ist dieser Service zeitlich befristet (8 Wochen z. B. bei der Telekom) oder unbefristet. In der Regel findet man einen solchen Service bei den Unternehmen, die eine eigene Jobbörse betreiben. Bei dieser Dienstleistung steht eindeutig die Bedarfssynchronisation im Vordergrund, da grundsätzlich jeder (gemäß seinem Suchprofil) über aktuelle Stellenausschreibungen informiert wird. Die Qualität dieser Serviceleistung kann dann noch erheblich gesteigert werden, wenn bereits das Bewerberprofil, z. B. in der Lebenslauf-Datenbank, als sehr interessant eingestuft wurde und aufgrund einer aktuellen Vakanz ein Jobmail an einen eingeschränkten, bereits vorselektierten Interessentenkreis, versendet wird. Damit würde ein solcher Service sowohl die zeitpunktbezogene Personalbeschaffung, als auch die zeitraumbezogene Personal-Akquisition (siehe Abschnitt Initiativ-Bewerbung) unterstützen. Diese Dienstleistung unterstreicht auch noch einmal, dass es durch bzw. bei der digitalen

Personalbeschaffung gerechtfertigt erscheint, weniger von Unternehmen, als vielmehr von Arbeitskraft-Nachfragern, zu sprechen.

6.4.2 Eignungs- und Orientierungstests

Digitale Eignungs- und Orientierungstests, meist mit unmittelbarem Feedback, werden von einigen Unternehmen bevorzugt für die Zielgruppe der Schüler und Studierenden angeboten. So bietet z. B. die Deutsche Post einen Eignungs-Check für Schüler an, bei dem vierzehn Fragen beantwortet werden können und anschließend eine Eignungsprognose für neun verschiedene Ausbildungsberufe abgebildet wird.[23] Die postulierten Zielsetzungen solcher Online-Tests werden meist beschrieben mit der Möglichkeit

- zur Standortbestimmung,
- zur Feststellung von Neigungen und Präferenzen,
- zur Evaluation von Interessensschwerpunkten,
- zur Evaluation einer Affinität zu bestimmten Tätigkeitsfeldern,
- zur Analyse von Stärken und Schwächen,
- zur Entscheidungshilfe.

Unterstellt man zunächst, dass diese Ziele mit den eingesetzten Online-Tests tatsächlich erreicht werden können, so wird darüber hinaus durch dieses Serviceelement aber auch die Verweildauer auf der jeweiligen Web-Site verlängert und die Interaktivität gefördert. Eine längere Verweildauer gibt dem Unternehmen die Möglichkeit, gezielte Informationen z. B. zu bestimmten Berufsfeldern zu transportieren (= Lenkungsfunktion) und mit der Interaktivität kann man der Konsumentenmentaliät des Internet-Users entgegenwirken. Entscheidend wird jedoch sein, wie und inwieweit die angebotenen Eignungs- und Orientierungstests ihre Zielsetzungen erreichen und vor allem, wie dies von den jeweiligen Zielgruppen empfunden wird. Ein Online-Test, den die Zielgruppe als oberflächlich, wenig hilfreich und glaubhaft einstuft, kann dazu führen, dass die Attraktivität des Unternehmens (als Arbeitgeber) in Frage gestellt wird und eine andere HRM-Homepage aufgerufen wird.

6.4.3 Erweiterte Kommunikationsmöglichkeiten

Viele Elemente einer HRM-Homepage unterstützen (teils auch schützen) bei der Recherche des Web-Besuchers seine Anonymität. Will man aber aktiv Kundenbeziehungen aufbauen, gilt es Möglichkeiten anzubieten, bei denen der Internet-User (selbstbestimmt) seine Anonymität, teils oder

---

23 Vgl. Deutsche Post AG (2002): Karriere – Schüler/innen, online: http://www.deutschepost.de/index.html?inhalt=/karriere/index.html?inhalt=/karriere/content.html (21. 06. 2002)

ganz, verlassen bzw. aufgeben kann. Dies kann u. a. dadurch erreicht werden, dass auf der HRM-Homepage erweiterte Kommunikationsmöglichkeiten angeboten werden, wie z. B.:

■ Chat & Foren
■ Interaktive Kommunikation mit Auszubildenden/Mitarbeitern
■ Blind-Date-Option

Chat und Foren bilden eine gute und weit verbreitete Möglichkeit, mit potenziellen Bewerbern in Kontakt zu treten und die gegenseitige Informationsbasis zu erweitern. Durch die Auswahl an Themen kann zusätzlich eine Zielgruppensteuerung vorgenommen werden, indem man z. B. Themen im Chat und in speziellen Foren so auswählt, dass »nur« spezielle Zielgruppen davon angesprochen werden (z. B. ein Forum für Ingenieure).

Die interaktive Kommunikation mit Auszubildenden oder Mitarbeitern stellt eine zusätzliche Kommunikations-, aber auch vor allem Informationsmöglichkeit dar. Interessenten können sich direkt mit Auszubildenden oder Mitarbeitern des Unternehmens, in den entsprechenden Ausbildungsberufen oder Fachbereichen, in Verbindung setzen.

Wenn auch anonym, so doch interaktiv, kann eine Blind-Date-Option auf der HRM-Site realisiert werden, in dem man den Interessierten die Möglichkeit gibt, nach einer Kurzabfrage (drei bis fünf Daten) z. B. nach Studienschwerpunkt, Alter, anvisiertes Tätigkeitsgebiet, mit einem »passenden« Mitarbeiter (vergleichbarer Hintergrund) aus dem Unternehmen zu kommunizieren. Solche Serviceleistungen schaffen Vertrauen und Offenheit in der Kommunikation und der Kundenbeziehung

6.4.4 Bewerber-Informationen

Viele Unternehmen bieten als Serviceleistung eine Vielzahl an Bewerber-Informationen an. Dabei besteht die Kunst nicht in der Quantität, sondern in der Qualität. Bezogen auf die Bewerbungsinformationen besteht die Serviceleistung im Wesentlichen darin, dass das Unternehmen zielgruppenspezifisch, z. B. über seine Erwartungen, das Auswahlverfahren (ggf. die Auswahlkriterien) oder auch über bestehende Kooperationen informiert. (Die BMW Group informiert z. B. über internationale Hochschul-Kooperationen, d. h. über Kontakte zu technischen Universitäten MIT und Wharton School sowie der Harvard University in den USA.)[24] Bewerbungsinformationen sollten somit die Betriebsspezifika zum Inhalt haben und nicht der Verbreitung von allgemein gültigen Tipps dienen. Die Abbildung von so genannten Mus-

---

24 Vgl. BMW Group (2002): Karriere – Faszination BMW Group, Kooperationen online: http://www.bmwgroup.com/d/nav/?/d/0_0_www_bmwgroup_com/homepage/index.jsp?1_0 (21. 06. 2002)

terbewerbungen zum Beispiel führen häufig dazu, dass (wie im Abschnitt 6.3.3 bereits angesprochen) eine Vielzahl an Bewerbungen den Vorlagen entsprechen. Die Differenzierungsmöglichkeiten werden hierdurch reduziert und die bewerberseitige Konsumentenmentalität wird bei dieser Vorgehensweise, bewusst oder unbewusst, gestärkt. Sehr wohl können aber Hinweise auf Literatur, Ansprechpartner oder Institutionen bei den Bewerber-Informationen aufgeführt werden, da dies auf der einen Seite hilfreich sein kann und auf der anderen Seite, das Engagement der zukünftigen Auszubildenden oder Mitarbeitern fördert. Gleiches gilt für die Bereitstellung von Link-Sammlungen, die Interesse und Engagement wecken sollen, gleichzeitig aber auch zusätzliche Informationsquellen aufzeigen können.

Eine weitere Möglichkeit der zusätzlichen Information bietet die Funktionalität und Einrichtung einer FAQ-Liste auf der HRM-Site. Hierdurch kann man dem Interessenten (Kunden) bereits gestellte Fragen und Antworten transparent machen und somit seinen erweiterten Informationsbedarf proaktiv decken.

Gleiches gilt für den »Karriere-Newsletter«, eine auf der HRM-Homepage realisierte Bestell-Funktionalität, die es dem Unternehmen ermöglicht, dem interessierten Personenkreis Informationen z. B. über Neuerungen, Karrieremöglichkeiten etc. verfügbar zu machen, ohne dass dieser die Web-Site besucht. Diese Serviceleistung ist im Sinne einer kundenorientierten Personalpolitik, ein durchaus probates Mittel der Kundenbetreuung und -pflege.

6.4.5 Veranstaltungskalender

Ein Veranstaltungskalender auf der HRM-Homepage ermöglicht den Interessenten eine Transparenz über zusätzliche Kontaktmöglichkeiten. Er kann Auskunft geben über Messepräsenzen, über Jobinitiativen, Berufsinformationstage u. v. m. Damit erhält der interessierte Personenkreis die Möglichkeit, ein Unternehmen bzw. dessen Vertreter auch persönlich kontaktieren zu können, auch jenseits der digitalen Darstellung und gleichzeitig selbst die Anonymität teilweise oder ganz aufzugeben. Ein komfortables Feature im Rahmen des Veranstaltungskalenders ist, sich direkt per E-Mail für Gespräche bei den entsprechenden Veranstaltungen anmelden zu können. Damit wird eine höhere Bindung des Interessenten an das Unternehmen erreicht.

6.4.6 Download-Möglichkeiten

Die Möglichkeit Berichte, Informationsbroschüren, Statistiken, Fotos etc. herunterzuladen ist in jeder Hinsicht eine Serviceleistung. Zum einen trägt man dem Tatbestand Rechnung, dass der »normale« Internet-User sich als ein »selektiver Informationssammler« entpuppt, der es vermeidet, zeitaufwändige und leseintensive Arbeiten online zu verrichten (Verkürzung der Online-Zeit) und zum anderen wird hierdurch die Möglichkeit geschaffen, dass der Internet-User sich die Informationen ausdrucken kann. Der zweite Grund muss jedoch relativiert werden, da serviceorientierte Web-Auftritte gleichzeitig die Möglichkeit bieten, Druckexemplare von Konzerngeschäftsberichten, Personal- und Sozialberichten etc. zu bestellen.

6.4.7 Feedback

Die Feedback-Funktionalität auf der HRM-Homepage ist eine mittelbare Serviceleistung. Mittelbar aus dem Grund, da durch das konstruktive Feedback von engagierten Web-Besuchern, die HRM-Homepage kontinuierlich verbessert werden kann und damit wiederum den Zielgruppen (in Inhalt und Funktionalität) zugute kommt. Darüber hinaus bietet ein solches Feedback-Feature die Möglichkeit der Interaktivität und setzt dahingehend Signale, dass dem Unternehmen die Meinung des Einzelnen wichtig ist (siehe Abbildung 89).

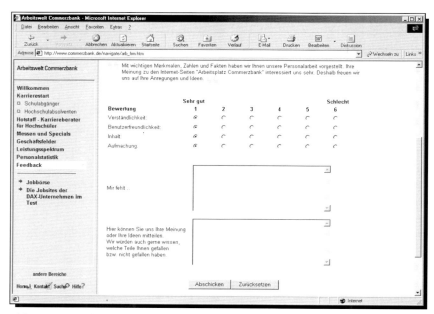

Abb. 89:   Feedback-Feature der Commerzbank (Auszug)[25]

---

25 Commerzbank AG (2002): Karriere – Ihre Meinung, online:
    http://www.commerzbank.de/karriere/meinung/index.html (21. 06. 2002)

6.4.8 Weitere Serviceelemente

Um den unterschiedlichen Zielgruppen einen Zusatznutzen anzubieten, sind gerade bei den Serviceelementen auf der HRM-Site, den Unternehmen keine Grenzen gesetzt. So besteht bei der Bertelsmann AG die Möglichkeit der Nutzung eines »Personal Career Planer« (PCP), mit dem der Interessent Informationen sammeln kann (MY Links), Auskunft über den Stand seiner Online-Bewerbung erhält, über Job-Events informiert wird oder auch ein Job-Profil erstellen kann.[26] Die Deutsche Post AG bietet speziell für die Zielgruppe der Lehrer und Lehrerinnen Unterrichtsmaterialien zur Vorbereitung und Gestaltung des Unterrichts an.[27] Andere Unternehmen stellen Glossare zusammen oder Lexika der Tochterfirmen ins Netz, bieten die Nutzung eines Routenplaners an oder ermöglichen den Web-Besuchern die Versendung von E-Cards oder SMS-Nachrichten.

Fast 90% der 100 personalstärksten Unternehmen Deutschlands verfügen über einen eigenen Human-Resources-Bereich in ihren Internetauftritten, so die Marktstudie der Zeitschrift Personalwirtschaft. Hier belegte die Deutsche Bank, vor Siemens und der Deutschen Lufthansa mit ihren Karriereseiten Platz eins.[28]

Während in den letzten Jahren die Online-Präsentation und das Posting von Job-Angeboten im Vordergrund standen, nehmen zukünftig das zielgruppenorientierte Informations- und Kommunikationsangebot sowie die Interaktivitätsmöglichkeiten einen immer höheren Stellenwert ein. In einem Vergleich von insgesamt 306 Karriere-Seiten im Internet wurden im Dezember 2001 die Unternehmen Siemens, HypoVereinsbank und Deutsche Lufthansa in der Kategorie »Electronic Recruiting« mit dem Staufenbiel Award für erfolgreiches Personalmarketing im Internet ausgezeichnet (siehe hierzu www.staufenbiel.de).[29]

Die Kreativität und das Engagement der Unternehmen verfolgt den Zweck, die HRM-Homepage erfolgreich im Internet betreiben zu können. Der Erfolg der HRM-Homepage wird dabei aber nicht davon abhängen, dass alle hier angesprochenen Basis-, Zusatz- und Serviceelemente im Web-Auftritt realisiert werden, sondern davon, welcher Elementen-Mix gewählt wird und

---

26 Vgl. Bertelsmann AG (2002): Jobs & Karriere – Personal Career Planer (PCP), online: https://www.myfuture.bertelsmann.de/wms/bertelsmann/index.php3?language=1 (21. 06. 2002)

27 Vgl. Deutsche Post AG (2002): Jobs & Karriere – Postforum, Post + Schule, online: http://www.deutschepost.de/postundschule/ (21. 06. 2002)

28 Vgl. Frickenschmidt, S. / Görgülü, K. / Jäger, W. (2001): Human Resources im Internet 2001, Erneuter Vergleich der 100 größten Arbeitgeber, 2. Aufl., Neuwied/Kriftel, S. 107

29 In der Kategorie »Personalimage-Anzeigen« wurden die Unternehmen Booz Allen Hamilton, KPMG und Cell Consulting ausgezeichnet.

wie dieser umgesetzt und gepflegt wird. Zur Orientierung und auch zum Vergleich mit anderen Unternehmen sind im folgenden Abschnitt alle Einzelelemente noch einmal in einer Checkliste zusammengefasst.

6.5 Checkliste: Die optimale HRM-Homepage

Formale Anforderungen	Ja	Nein
Zugang zur Unternehmens- /HRM-Site		
■ Intuitive Eingabe der URL		
■ HR-Bereich auf der Homepage verlinkt		
■ Job-Finder/Jobmarkets-Finder		
■ ...		
Layout und Navigation		
■ Übersichtlichkeit (Layout)		
■ Strukturierung		
■ Komfortable Menüleiste		
■ Bedienerfreundlichkeit		
■ Hilfsmittel (Sitemap/Suchfunktion)		
■ Keine »toten« Links		
■ ...		
Mehrsprachigkeit		
■ Deutsch- und englischsprachiger Auftritt		
■ Weitere Sprachen		
■ Umstellung zusätzlich im HRM-Bereich möglich		
Kontaktmöglichkeiten		
■ Spezieller Link »Kontakt«		
■ Ansprechpartner		
■ Telefonnummer		
■ E-Mail/Online		
■ Postanschrift/Anfahrtsskizzen		
Aktualität		
Datenschutz		

$\rightarrow$

Basiselemente einer HRM-Homepage	Ja	Nein
Zielgruppenspezifische Ansprache		
■ Schüler + Auszubildende		
■ Studenten/Hochschulabsolventen		
■ Young Professionals		
■ Berufserfahrene		
■ Quereinsteiger		
■ Existenzgründer		
■ ...		
Offerten und Stellenangebote		
■ Praktika		
■ Ausbildungsplätze		
■ Werkstudententätigkeit		
■ Diplomarbeiten/Doktorarbeiten		
■ Projekte		
■ Stellenausschreibungen		
■ Employability		
– Interner Stellenmarkt		
– Inhouse Zeitarbeit		
Stellenbezogene Informationen		
■ Stellenbeschreibung		
■ Anforderungsprofil		
■ Einsatzorte		
■ Perspektiven		
■ Sozial- und Sonderleistungen		
■ Hintergrundinformationen		
■ Aktuelle Projekte		
■ Näheres Arbeitsumfeld		
■ Ansprechpartner		

→

Basiselemente einer HRM-Homepage	Ja	Nein
■ Weiterleitungsmöglichkeit der Ausschreibung		
Unternehmensinformationen		
■ Historie des Unternehmens		
■ Unternehmensphilosophie		
■ Unternehmensziele/-strategie		
■ Standorte/Unternehmensbereiche		
■ Produkt- & Dienstleistungsinformationen		
■ Geschäftsentwicklung/Geschäftsbericht		
■ ...		
Bewerbungsmöglichkeit		
■ E-Mail		
■ Online-Formular		
■ Postweg		

Zusatzelemente einer HRM-Homepage	Ja	Nein
Möglichkeit zur Initiativ-Bewerbung		
HR-Info-Base		
■ Personalpolitik		
■ Personalwirtschaftliche Ziele		
■ Personalwirtschaftliche Grundsätze		
■ Statements zu Beschäftigung / Veränderung		
■ Daten & Fakten:		
– Mitarbeiterstruktur		
– Betriebszugehörigkeit		
– Entwicklung Mitarbeiterbestand		
– Ausbildungsquote		
– ...		
■ Spezielle Themen:		
– Entgeltpolitik		

$\rightarrow$

Zusatzelemente einer HRM-Homepage	Ja	Nein
− Sozial- und Sonderleistungen		
− Health Care (BKK/Betriebssport etc.)		
− Arbeitszeit		
− Chancengleichheit		
− ...		
Personalentwicklung		
■ Ausbildung		
− Ausbildungsberufe		
− Voraussetzungen		
− Ausbildungsdauer		
− Ausbildungsablauf		
− Inhalte praktische Ausbildung		
− Inhalte theoretische Ausbildung		
− Übernahmemöglichkeiten		
− Ausbildungsvergütung		
− Spezielle Ausbildungsprogramme		
− Weiterbildungs- und Entwicklungsmöglichkeiten		
− Unterkunftsmöglichkeiten/-vermittlung		
− Infoveranstaltungen		
− Ansprechpartner		
− FAQs		
− ...		
■ Weiterbildung		
− Allgemeines Weiterbildungsangebot		
− Integrationsprogramme (neue Mitarbeiter)		
− Aufbau- und Entwicklungsprogramme		
− Management-Entwicklungsprogramme		
− Seminare und Vorträge		

→

Zusatzelemente einer HRM-Homepage	Ja	Nein
– ...		
■ Spezielle Programme		
– Frauenförderungsprogramm		
– Berufsgruppenspezifische Förderungsprogramme		
– Randgruppenspezifische Förderungsprogramme		
– Stipendiaten-Programme		
– ...		
■ Personalisierung		
– Erfahrungsberichte von Auszubildenden		
– Kurzportraits von Mitarbeitern		
– Persönliche Statements		
– Erfolgsstories		
– Bildergalerie		
– Video		
– ...		

Serviceelemente einer HRM-Homepage		
Jobagent mit Mail-Funktion		
Eignungs- und Orientierungstests		
Erweiterte Kommunikationsmöglichkeiten		
■ Chat & Foren		
■ Interaktive Kommunikation mit Auszubildenden		
■ Interaktive Kommunikation mit Mitarbeitern		
■ Blind-Date-Option		
■ ...		

$\rightarrow$

Serviceelemente einer HRM-Homepage		
Bewerber-Informationen		
■ Informationen zu Bewerbung/Auswahlverfahren/etc.		
■ Literaturhinweise/Links/Institutionen/etc.		
■ Library/Glossare		
■ FAQs		
■ Karriere-Newsletter		
■ ...		
Veranstaltungskalender		
Download- und Bestellmöglichkeiten		
Feedback-Funktionalität		
Weitere Serviceelemente		
■ E-Card-Service		
■ SMS-Service		
■ Routenplaner		
■ Lexika Tochterunternehmen		
■ ...		

7. Online-Spiele – Innovatives Recruiting-Instrument

Sei es die Erkenntnis, dass die Human Resources zukünftig einen noch höheren Stellenwert im Unternehmen einnehmen wird als heute, oder ist es der viel zitierte »War for Talent« oder sind es einfach »nur« die Möglichkeiten, die ein Medium bietet, die zu einem neuen, innovativen Recruiting-Instrument geführt haben. Ist die Notwendigkeit sich vom Wettbewerb bei der Personalbeschaffung abzuheben so immens angestiegen, dass die Suche nach neuen Formen der Personalbeschaffung neue Instrumente hervorbringt oder ist es der Kreativität Einzelner zuzuschreiben? Faktum ist, dass sich hieraus ein innovatives Recruiting-Instrument entwickelt hat, das der Online-Spiele.

> **Definition:** *Online-Spiele sind eine webbasierte Verknüpfung von Assessment-Center-Elementen und deren Einbettung in eine spielerische Rahmenhandlung zur zielorientierten Personalbeschaffung, mit der Möglichkeit der Dokumentation und des Matchings der Leistungsergebnisse (Hard und Soft Skills) sowie der Option zum automatisierten Bewerber-Screening und -Ranking zur Unterstützung und Absicherung der Auswahlentscheidung.*

Damit verbindet ein solches Recruiting-Instrument auf der Seite der Arbeitskraft-Nachfrager die Teilprozesse Personalbeschaffung und Personalauswahl und auf der Seite der Arbeitskraft-Anbieter die Elemente Notwendigkeit/Ernsthaftigkeit mit denen von Spaß und Freude.

7.1 Beispielhafte Auswahl von Online-Spielen

Um zunächst einen Überblick bzw. Einblick in die Welt der Online-Spiele zu erhalten, sollen im Folgenden einige Spiele kurz vorgestellt werden, und zwar diejenigen, die in den vergangenen Jahren auch im Internet durchgeführt wurden.

7.1.1 Siemens – »Challenge Unlimited«

Siemens startete am 1. Juni 2000 erstmals im Rahmen einer Recruiting-Initiative das Spiel »Challenge Unlimited«. Sechs Wochen lang konnten Studierende und Young Professionals spielerisch mit dem Unternehmen in Kontakt treten.[1]

---

1 Vgl. Crusius, M. (2000): *Jobs und Spiele.* In: Personalwirtschaft 10/2000, S. 44–47

Rahmenhandlung:

Auf der Reise nach »Nouvopolis«, der Stadt der Zukunft, hatten die Spieler viele Abenteuer zu bestehen. Jeder Spieler musste als so genannter »Cyber Consultant« (Cyco) die Probleme der Stadt im All lösen. So galt es auf der Reise mit dem Raumschiff durch einen Asteroidengürtel zu fliegen oder die Stadt vor einem bedrohlichen Meteoriten zu schützen. Außerdem bestand in »Nouvopolis« das Problem, dass die Bevölkerung immer weiter wuchs, der Lebensraum knapp wurde und die Umwelt gefährdet war. Während des Spiels war Cyco den Gefahren teilweise allein oder im Team ausgesetzt und musste versuchen, der Stadt zu helfen.

Mit diesem Projekt sollten neue Wege der Zielgruppenansprache im Internet in der Kombination mit einem Verfahren zur Vorauswahl erprobt werden. In der dafür entwickelten Anwendung verbindet »Challenge Unlimited« ein leistungsfähiges Online-Assessment mit einem attraktiven, spannenden Online-Spiel[2], welches zwischen drei und vier Stunden Zeit in Anspruch nahm. Die Teilnehmer erarbeiteten so im Laufe des Spiels ihr Kompetenzprofil, das die erzielten Ergebnisse in den Tests abbildete, im Bewusstsein, dass »Challenge Unlimited« für Siemens ein Rekrutierungsinstrument darstellt.[3] Innerhalb der Spielzeit im Netz nahmen fast 13.000 Spieler daran teil und über 10.000 User schalteten ihre Profile zur Prüfung durch die Recruiter frei.

7.1.2 Cyquest – »Erfolg-Reich-Spiel«, »Karrierejagd durchs Netz«

In der Zeit vom 15. Mai 2000 bis zum 19. Juni 2000 lief das »Erfolg-Reich-Spiel« und vom 1. Dezember 2000 bis zum 15. März 2001 die »Karrierejagd durchs Netz« unter www.cyquest.de. Ab Oktober 2001 wurde dann die »Karrierejagd durchs Netz 2« für sechs Monate, semesterbegleitend, durchgeführt. Cyquest versteht sich als Dienstleister und generiert durch den Einsatz verschiedener Frage- und Testverfahren im Rahmen interaktiver und webbasierter Anwendungen, bewerbungsrelevante Daten.[4]

Rahmenhandlung:

Die im »Erfolg-Reich-Spiel« gegründete virtuelle WG mit fünf kleinen Avataren (virtuellen Kunstfiguren) der Gattung Onleins wird von der finsteren Internetmacht DARQ bedroht. Zusammen mit NetEddy, Nelli, PIS-TS#5, Nerd und Netto hatte der Spieler Abenteuer zu bestehen. Eines

---

2 Vgl. Wild, B.; de la Fontaine, A.; Schafsteller, C. (2001): Fishing for Talents. Internet-Recruiting auf neuen Wegen. In: Personalführung 1/2001, S. 66–70

3 Vgl. ebenda

4 Vgl. CYQUEST GmbH (2002): Homepage – Zur Karrierejagd, online: http://www.cyquest.de/index.php?bereich=1500 (22. 06. 2002)

Tages war es F. I. S.H, einem DARQ-Agenten gelungen, in die WG einzu-
dringen und dabei die Schutzhülle der Wohnung zu beschädigen. Mit Hilfe
der Spieler können die Onleins zwar den Agenten stellen, brauchen aber,
um die Sicherheitslücke in ihrer Wohnungsaußenhülle zu stopfen, verschiedene besondere Materialien, die sich in den Weiten des Internets befinden. Auf der Reise durch das Netz haben die Onleins weitere Kontakte
mit DARQ-Agenten und eine von ihnen wird entführt. Erst am Spielende
kommen die anderen Onleins ihrer verloren gegangenen Mitbewohnerin
wieder näher und können sie schließlich befreien.

Cyquest, als Dienstleister, hat mit seinen Spielen nicht nur die teilnehmenden Bewerber als Zielgruppe, sondern auch Unternehmen, die – eingebunden in das Spiel – ihre Hochschul- und Personalbotschaft über das eigene Un-
ternehmensportal präsentieren. Dies wird dadurch erreicht, dass die Spieler
während des Spiels Fragen erhalten. Um diese beantworten zu können, müssen sie die Seiten der teilnehmenden Partnerunternehmen aufsuchen, um
sich einen Überblick über die Unternehmenskultur zu verschaffen.

7.1.3 CSC Ploenzke – »Mission Xtelligence«

Das IT-Beratungsunternehmen CSC Ploenzke führte in der Zeit vom
16. März bis zum 19. April 2001 das Spiel »Mission Xtelligence« unter
dem Motto: »If you can do IT – you can win IT« im Netz durch.

Rahmenhandlung:
Der Urgroßvater von Agnata Holgerson hinterlässt ein Tagebuch mit rätsel-
haftem Inhalt: Im Sommer 1905 fand er in seinem Garten eine seltsame
blaue Metallplatte mit einem merkwürdigen gelben Symbol. Durch einen
Zeitungsartikel wurde er darauf aufmerksam, dass sein Fund vielleicht das
fehlende Teil einer Maschine mit der Aufschrift »Xtelligence« sein könnte,
die Forscher vor Jahren gefunden haben. Nach Meinung der Forscher ist
die Maschine eventuell der Hinweis für die Existenz von fremder Intelli-
genz. Leider kann man die Symbole auf der Tafel nicht entziffern. Da Ag-
natas Urgroßvater glaubte, das fehlende Teil gefunden zu haben, machte er
sich mit der »Titanic« auf den Weg nach Amerika. Das Schiff sank und
mit ihm die Lösung des Geheimnisses um die »Xtelligence«. Nachdem
nun Agnata die Aufzeichnungen gefunden hat, will sie das Rätsel lösen.
Dazu braucht sie die Hilfe von IT-Spezialisten. Diese müssen die »Xtelligence« untersuchen, das fehlende Teil aus dem Wrack der Titanic bergen
und das Geheimnis um die mysteriöse Maschine lösen.[5]

---

5 Vgl. MissionXtelligence (2001): Story, online:
  http://www.missionxtelligence.de/it-titanic/it-beschreibung/index.html (22. 06. 2002),
  auch über CSC Ploenzke, online: http://www.ploenzke.de/#

Insgesamt meldeten sich 1.500 Spieler an und es wurden Teams zu je fünf Teilnehmern gebildet, die gemeinsam das Abenteuer um die »Xtelligence« bestehen mussten. Insgesamt spielten 286 Teams bis zum Ende. Die Teams besetzten fünf unterschiedliche Teamrollen (Projektleiter, Technologiearchitekt, Anwendungsentwickler, Prozessberater und Systemarchitekt). Während des Spiels gab es mehrere Phasen mit wechselnden Aufgabenstellungen und die Teilnehmer konnten jederzeit miteinander kommunizieren. Nach der Wahl seiner Rolle gab der Spieler Auskunft über sich und seine Branchenerfahrung und rundete mit der Beantwortung von Fragen zur Selbsteinschätzung sein Bewerberprofil ab. Danach wurden die ersten Fragen zum Spiel aus dem jeweiligen Fachgebiet gestellt. Die Lösungen waren Teil des Spielguthabens, das jeder Spieler in das Teamguthaben einbrachte. Durch die dynamische Ausrichtung des Spiels gewann am Ende derjenige, der während des Spiels am geschicktesten sein IT-Wissen einsetzen konnte.

7.1.4 Commerzbank – »Hotstaff«

Die Commerzbank hat mit dem virtuellen Karriereberater »Hotstaff« ein Personalmarketing-Tool entwickelt, das sich an Studenten und Absolventen richtet, die in Erwägung ziehen, in einer Bank zu arbeiten. Unter www.hotstaff.de können Interessenten die Commerzbank besser kennen lernen und ihr Bankwissen prüfen. Das Spielgeschehen ist in die virtuelle Umgebung des Hochhauses der Commerzbank in Frankfurt eingebunden.[6]

Ein interaktiver Karriereberater testet im englischsprachigen Frage- und Antwort-Spiel das Bankwissen der Teilnehmer, aber auch Soft Skills wie Kontaktstärke oder Frustrationstoleranz. Zu Anfang füllt der Spieler einen Fragebogen zur Selbsteinschätzung aus, der am Ende mit dem erspielten Profil verglichen wird. So erhält der Teilnehmer eine Online-Auswertung über seine Fähigkeiten und kann sich anschließend per Fragebogen bei der Commerzbank bewerben.

Peter Reggentin-Michaelis vom zentralen Stab Personal beschreibt »Hot staff« als eine Art Infotainment. Es geht hauptsächlich darum, die Bank besser kennen zu lernen und zu testen, ob der/die Bewerber/Bewerberin die Fähigkeiten und Kenntnisse besitzt um bei der Commerzbank zu arbeiten. »Es handelt sich also um einen spielerischen Potenzial-Check, der Informationsvermittlung und Spielspaß für den Interessenten mit Rekrutierungsvorbereitung für die Commerzbank verbindet.«[7] Somit kann »Hot-

---

6 Vgl. Commerzbank AG (2002): Homepage – hotstaff, Der virtuelle Karriereberater für Studenten, online: http://www.commerzbank.de oder http://www.hotstaff.de (22. 06. 2002)

7 Reggentin-Michaelis, P. (2000): Virtuelle Karriereberatung. In: Personalwirtschaft 1/2000, S. 45–50

staff« nicht als Online-Spiel, im engeren Sinne der getroffenen Definition, angesehen werden.

7.1.5 Take it – »Play4Job«

Die Personalberatung T@ke it hat ein Bewerbungsspiel entwickelt, das die Jobsuche mit der Möglichkeit, Wissen über sich und seine Fähigkeiten und Kenntnisse zu sammeln, verbindet. Unter www.takeit.co.at hat der Jobsuchende die Möglichkeit, auf spielerische Weise acht »animierte« Fragen zu beantworten, um herauszufinden, für welchen Job und welche Branche er geeignet erscheint. Es werden bspw. Fragen gestellt, wie man von einem guten Freund beschrieben würde, ob man lieber mit Zahlen oder mit Worten spielt, wie man mit Geld umgeht, oder wie es auf dem eigenen Schreibtisch aussieht. Aus einer vorgegebenen Auswahl muss nur die Antwort angeklickt werden, die am ehesten der eigenen Persönlichkeit entspricht. Nach Beantwortung der acht Fragen erscheint als Ergebnis eine kurze Einschätzung darüber, welche Tendenz aufgrund der Antworten erkennbar ist.

Danach müssen in einer weiteren Runde Angaben zur praktischen Erfahrung gemacht werden, wie bspw. in welchem Bereich man die meiste berufliche Erfahrung gesammelt hat, wie wohl man sich in diesem Bereich fühlt und wie zufrieden man mit den bisherigen beruflichen Aufgaben ist. Nach der Beantwortung erhält man ein »reales« Ergebnis der Antworten wie z. B.: »Nach ihren praktischen Erfahrungen sind sie am besten für das Marketing qualifiziert.« Die Einschätzung zu den ersten acht Fragen, hier als »Traum« bezeichnet, wird mit der »Realität« verglichen, um eine Übereinstimmung herauszufinden. Nach diesem letzten Schritt erscheint ein Link zu den Jobangeboten, die der »Realität« entsprechen und es kann in einer Jobbörse nach dem adäquaten Stellenangebot recherchiert werden.[8]

Bei diesem Spiel wird weder eine spielerische Rahmenhandlung geboten, noch stehen konkrete Arbeitskraft-Nachfrager mit einer zielorientierten Personalbeschaffung bzw. Personalauswahl zur Verfügung. Es dient den Arbeitskraft-Anbietern als Orientierungshilfe und zur persönlichen Positionsbestimmung.

7.1.6 WISO und KfW-Bank – »Schloss Lerchenberg«

»Schloss Lerchenberg«, das WISO zusammen mit der KfW-Bank veranstaltet hat, war ein virtuelles Unternehmensplanspiel speziell für Schüler

---

8 Vgl. TAKE IT Neumann GmbH & Co KG (2002): play4 job, online: http://www.takeit.co.at/at/at_home.htm (22. 06. 2002)

und Auszubildende. In diesem Spiel galt es, ein regional operierendes Sekt-unternehmen gewinnorientiert zu führen. Mit unternehmerischem Geschick und durch geeignete Strategien in insgesamt vier Spielrunden sollten möglichst hohe Gewinne erwirtschaftet werden. Die Teilnehmer hatten Entscheidungen zu Aufgabenbereichen wie Einkauf, Produktion, Werbung und Vertrieb zu treffen, aber auch externe Einflussgrößen, wie das Wetter oder die Börse zu berücksichtigen. Knapp 400 Teams von Auszubildenden und Schülern traten in einer Sonderwertung gegeneinander an. Dabei waren unter anderem die kaufmännischen Azubis von VW, Südfleisch, Aral AG, Unisys, Compaq, aber auch eine Vielzahl an Auszubildenden von kleineren Firmen.[9]

Die Rekrutierung von Mitarbeitern war nicht die Zielsetzung dieses Online-Spiels, sondern die Sensibilisierung und Heranführung unterschiedlicher Zielgruppen an das Wirtschaftsleben.

7.1.7 Kategorisierung der Online-Spiele

Für den Bereich der Online-Spiele als Recruiting-Instrument wurden hier per Definition folgende Merkmale festgelegt:

- Webbasierte Verfügbarkeit
- Existenz von Assessment-Center-Elementen
- Existenz einer spielerischen Rahmenhandlung
- Existenz eines konkreten Personalbedarfs
- Zielgruppenorientierung
- Dokumentation der Ergebnisse (Hard und Soft Skills)
- Möglichkeit zum Matching zwischen Soll- und Ist-Profilen
- Option zum automatisierten Bewerber-Screening/-ranking

Die Auswahl an Praxisbeispielen hat bereits gezeigt, dass nicht jedes Online-Spiel die o. g. Merkmale erfüllt. Die Ursache ist mit Sicherheit darin zu sehen, dass der Begriff Recruiting-Instrument hier sehr eng ausgelegt wurde. Handelt es sich auch bei Nicht-Erfüllung der o. g. Merkmale noch um Recruiting-Instrumente?

Wichtig ist an dieser Stelle die Unterscheidung zwischen Personalbeschaffung und Personalauswahl im Rahmen des E-Recruiting-Prozesses. Handelt es sich um ein Online-Spiel, welches bspw. als Personalmarketing-Maßnahme durchgeführt wird, so liegt ein Recruiting-Instrument i. w. S. vor. Findet das Online-Spiel Anwendung im Rahmen eines konkreten Personalbeschaffungsprozesses, zur Deckung eines tatsächlichen Personalbe-

---

9 Vgl. ZDFonline (2002): Schloss Lerchenberg, online: http://www.zdf.de/ratgeber/wiso/schlosslerchenberg/index.html (22. 06. 2002)

darfs, so wird das Online-Spiel zum integralen Bestandteil des digitalen Recruiting-Prozesses und wir sprechen von einem Recruiting-Instrument i. e. S. Somit könnte man bei den Online-Spielen, hinsichtlich des Kriteriums *Prozessintegration*, folgende Unterscheidung vornehmen:

Nicht-Integrierte Online-Spiele: In diese Kategorie fallen all jene Spiele, die losgelöst von einem konkreten Personalbeschaffungsprozess eingesetzt werden, eine hohe Streuung aufweisen und vor allem Ziele des Personalmarketings verfolgen.

Teil-Integrierte Online-Spiele: Dies sind all jene Produkte, die im Rahmen eines konkreten Personalbeschaffungs- und/oder -auswahlprozesses eingesetzt werden. Hier können die Online-Spiele z. B. zum Aufbau eines Bewerberpools beitragen oder aber auch in einer späteren Phase, nach einer Vorselektion, »nur« als ergänzendes Auswahlinstrument ihre Anwendung finden.

Voll-Integrierte Online-Spiele: Hierunter werden all jene Spiele verstanden, die fest in einen konkreten digitalen Personalbeschaffungs- und -auswahlprozess eingebunden sind. Dies bedeutet, dass diese Online-Spiele so integriert werden, dass sie sowohl dem Zweck der zielgerichteten Bewerberpool-Bildung dienen, aber auch darauf aufbauend den digitalen Auswahlprozess unterstützen.

Als weiteres Kriterium zur Unterscheidung der Online-Spiele kann die *Zwecksetzung* herangezogen werden. So können Online-Spiele ausschließlich auf Entertainment ausgelegt werden oder sich auf einen, sehr stringent an einem oder mehreren Anforderungsprofilen ausgerichteten, Recruitment-Prozess konzentrieren. (Die einzelnen Zwischenstufen bei einem zweipoligen Kontinuum können durch folgende Ausprägung gekennzeichnet sein: Spielcharakter, Informationscharakter, Selbst-Test und Reflexion, Testcharakter, Test- und Selektionscharakter).

Die **Unternehmensfokussierung** stellt ein weiteres Kriterium zur Kategorisierung dar. So kann ein Online-Spiel ausschließlich für ein Unternehmen entwickelt und konzipiert werden oder aber für mehrere Unternehmen. (Siehe Abbildung 90)

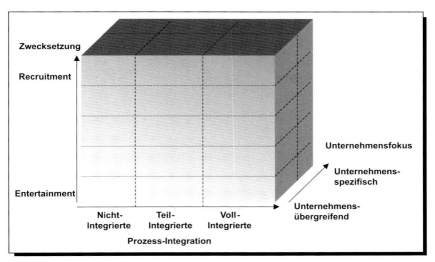

Abb. 90:   Kategorisierungsmöglichkeiten von Online-Spielen

7.2 Die Notwendigkeit und Funktionsweise von Online-Spielen

Wenn das E-Recruitment eine weit gehende Digitalisierung des Personal-beschaffungsprozesses bedeutet, ergibt sich allein aus dieser Tatsache bereits die Notwendigkeit des Einsatzes von Online-Spielen im Teilprozess der Personalbeschaffung (Bewerberpool-Bildung) und deren Einbindung im Teilprozess der Personalauswahl. Darüber hinaus sind zurzeit Online-Spiele »noch« etwas außergewöhnliches, etwas »Neues«. Damit können Online-Spiele Zielgruppen erreichen, die bis dato nicht angesprochen wurden. Hiermit spricht man also im Sinne der Theorie über die Arbeitskraft-Anbieter und -Nachfrager nicht ausschließlich die Arbeitskraft-Anbieter mit einem konkreten Bedarf an, sondern zielt auch bzw. gerade auf die Bedürfnisse der Arbeitskraft-Anbieter, d. h. es wird eine anbieterseitige Nachfrage initiiert. Konkret bedeutet dies, dass ein mit seiner beruflichen Situation zufriedener Arbeitskraft-Anbieter, ohne konkrete Wechselabsichten, an einem Online-Spiel teilnimmt und dieser hierdurch angeregt wird, über seine berufliche Situation nachzudenken und ggf. aktiv zu werden. Dieses Instrument führt somit zu einer bewusst hohen Streuung und erhöht die Reichweite einer Recruiting-Maßnahme, gegenüber den üblichen Online-Fragebögen, um ein Vielfaches.

Der Notwendigkeit der Nutzung eines solchen Recruiting-Instruments und den technischen, personellen und vor allem monetären Herausforderungen stehen dann ganz bestimmte Ziele der Unternehmen gegenüber.

7.2.1 Die Zielsetzung der Unternehmen für den Einsatz eines innovativen Recruiting-Instruments

Um die Notwendigkeit für den Einsatz eines innovativen Recruiting-Instruments weiter zu verdeutlichen, sollten die damit verbundenen Ziele der Unternehmen betrachtet werden:

- Konkrete Zielgruppenansprache
- Abheben vom Wettbewerb
- Transport eines innovativen Unternehmensimages
- Quantitative und qualitative Bewerberpool-Bildung
- Effektive Selektion und Entscheidungsunterstützung
- Optimierung des Recruiting-Prozesses

Als oberste Maxime der o. g. Ziele ist das Recruiting von leistungsfähigen und leistungswilligen Arbeitskraft-Anbietern zu nennen, die sowohl von ihren Fähigkeiten, Fertigkeiten und Kenntnissen als auch von ihrer Einstellung her optimal den Vorstellungen des jeweiligen Unternehmens entsprechen. Um diese oberste Zielsetzung zu erreichen, gilt es die einzelnen Teilziele zu verfolgen. Ein Unternehmen, welches Online-Spiele im Recruiting-Prozess einsetzt, zielt auf eine bestimmte Zielgruppe. Bei dieser konkreten Zielgruppe muss es sich um eine Klientel handeln, die auch ausreichend im Internet vertreten ist. Es gilt deren Interesse zu wecken und Aufmerksamkeit zu erreichen. Nur wer dieses Ziel erreicht, kann auch Informationen transportieren. Da die anvisierte Zielgruppe i. d. R. von einer Vielzahl von Unternehmen be- bzw. umworben wird, gilt es sich zunächst im Wettbewerb der Arbeitskraft-Nachfrager abzuheben. Online-Spiele sind heute noch die Ausnahme bzw. selten und deren Einsatz bedeutet für die Unternehmen, die ein solches Instrument einsetzen, ein bestimmtes Allein-Stellungsmerkmal beim Recruitment. Inwieweit dies auch noch zu erreichen ist, wenn der Einsatz von Online-Spielen die Entwicklung vom »Besonderen« zum »Normalen« bzw. zum Standard abgeschlossen hat, bleibt abzuwarten. Darüber hinaus wird ein Unternehmensimage transportiert, welches als innovativ und fortschrittlich bezeichnet werden kann. Unternehmen mit einem solchen Image werden von einer Vielzahl von Arbeitskraft-Anbietern als attraktiver Arbeitgeber empfunden bzw. angesehen. Beide Ziele zusammen führen zu einem verbesserten Personalmarketing, welches die angesprochene Zielgruppe zu Reaktionen herausfordern soll. Die geforderte bzw. angestrebte Reaktion ist die Teilnahme am Online-Spiel, und zwar von möglichst vielen der Zielgruppe. Dies führt zu einem quantitativen und qualitativen Aufwachsen eines Bewerberpools. Anschließend wird das Ziel verfolgt, aus einer möglichst hohen Anzahl an qualitativ hochwertigen Interessenten-Profilen diejenigen zu selektieren, die für das Unternehmen infrage kommen. Die Profile dienen somit zur Selektion, aber im nächsten Schritt auch der Entscheidungs-unterstützung. Des Weiteren zielt der Einsatz von Online-Spielen auf eine Optimierung des Recruiting-Prozesses. Optimierung dahingehend, dass ein medienbruchfreier Workflow über die Teilprozesse der Personal-beschaffung und -auswahl erreicht wird und ebenso bei den erforderlichen Ressourcen-Aufwendungen.

7.2.2 Die Motivation der Zielgruppen zur Teilnahme an Online-Spielen

Die andere Seite der Medaille sind die Arbeitskraft-Anbieter mit ihren Zielen und Bedürfnissen. Was motiviert grundsätzlich zur Teilnahme an solchen Online-Spielen und auf welche Weise können Unternehmen das Interesse wecken? Grundsätzlich lässt sich feststellen, dass bei einer noch so homogenen Zielgruppe, die eher in der Theorie als in der Praxis zu finden ist, die Beweggründe sehr unterschiedlich sein können. Diese sind u. a. abhängig vom jeweiligen Sozialisationsprozess, der Empfänglichkeit für unterschiedliche Anreize, der momentanen beruflichen und privaten Lebenssituation, dem Umfeld u. v. m. Unterstellt man, dass die Anreize für die Teilnahme an einem Online-Spiel im Rahmen eines Recruiting-Prozesses materieller oder immaterieller Art sein können, so ergeben sich hieraus vier unterschiedliche Spieler-Typen (siehe Abbildung 91).

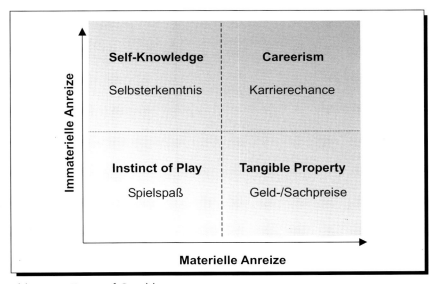

Abb. 91: Types of Gamblers

Der Spielertyp »Tangible Property« nimmt an einem Online-Spiel vorwiegend mit der Intention teil, einen gewissen, in Aussicht gestellten, materiellen Vorteil zu realisieren. So wurden in der Vergangenheit bspw. Sach- und Geldpreise ausgelobt. Dies reichte von Handys über Laptops, bis hin zu Reisen und Geldpreisen in Höhe von 25.000 €. Der Hauptanreiz an einem Recruiting-Spiel teilzunehmen, ist die Chance bzw. Aussicht auf ein Stellenangebot eines interessanten Unternehmens. Dieser Spieler-Typ (Careerism) lässt sich sowohl von materiellen, als auch immateriellen Anreizen gleichermaßen leiten. Der Schwerpunkt der Kommunikationsstrategie basiert somit bei allen Spielen auf der Tatsache, dass sie den Teilnehmern zu attraktiven Stellen, Ausbildungs- und/oder Praktikumplätzen, ggf. auch zu Diplom- oder Doktorarbeiten verhelfen sollen.

Ein weiteres Motiv für die Teilnahme an einem Recruiting-Spiel kann die Herausforderung sein, sich messen zu wollen bzw. eine eigene »Standortbestimmung« durchzuführen. Da in vielen Spielen die Möglichkeit besteht, gerade auch zu Spielende sein eigenes Profil einer Fremdeinschätzung bzw. einem Soll-Profil gegenüber zu stellen, erhält dieser Spielertyp (Self-Knowledge) wertvolle immaterielle Mehrwerte durch die Teilnahme an einem solchen Spiel. Der »Instinct of Play« ist ein Spielertyp der das Spiel an sich als Herausforderung empfindet. Spiel und Spaß stehen im Vordergrund und rücken andere Anreize in den Hintergrund.

Die reinen Erscheinungsformen der o. g. Spieler-Typen dürften in der Praxis wahrscheinlich eher selten anzutreffen sein. Dennoch macht diese Einteilung den notwendigen Mix der Anreize deutlich, die ein Online-Spiel im Rahmen eines Recruiting-Vorhabens aufweisen sollte. Je nach Zielsetzung können dann auch unterschiedliche Anreize verstärkt oder vermindert zum Einsatz kommen. Darüber hinaus ist die Kenntnis über solche Anreize nicht nur für die Teilnahmeentscheidung, sondern auch die Durchführung und den Erfolg eines Recruiting-Spiels ausschlaggebend. Dies bedeutet, dass die gewählten Anreize nachhaltig sein sollten und die Teilnehmer zu einem ziel- und ergebnisorientierten Handeln bewegt werden. So können z. B. materielle Anreize u. a. dazu führen, dass die Spieler dahingehend motiviert werden, das Spiel bis zum Ende durchzuspielen. Damit können materielle Anreize auch eine verstärkende Funktion wahrnehmen. Auch der Spielcharakter wirkt nicht nur als auslösender Anreiz, sondern bewirkt im Laufe eines Spiels die Abstraktion von der »typischen« Bewerbersituation und bietet somit gegenüber den klassischen Testsituationen Abwechslung und schafft eine gesunde Wettbewerbssituation.

7.2.3 Leistungskomponenten der Online-Spiele

Die einzelnen Online-Spiele sind hinsichtlich der elementaren Leistungs- oder auch Aufbaukomponenten meist sehr ähnlich. Es handelt sich hierbei i. d. R. um die Elemente Entertainment, Datenerhebung und Datenauswertung (siehe Abbildung 92). Wenn auch die Elemente Entertainment und Datenerhebung in den Phasen der Einweisung und der eigentlichen Spielphase (sichtlich) dominieren, ist die Datenauswertung für die Wertschöpfung gleichermaßen bedeutsam.

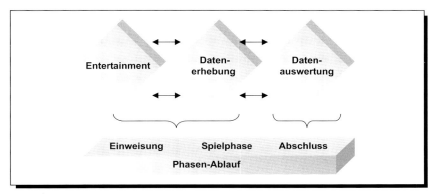

Abb. 92:   Aufbaukomponenten von Online-Spielen

Die besondere Herausforderung von digitalen Recruiting-Spielen liegt in der Balance zwischen Spiel und Testverfahren. Das **Entertainment-Element** ist hierbei für die spielerische Rahmenhandlung verantwortlich. Es beinhaltet im Wesentlichen eine interessante und für die Zielgruppe attraktive »Story«, innovative Spielszenarien und eine benutzerfreundliche und ansprechende technische und graphische Umsetzung. Die wesentliche Leistung der Entertainment-Komponente lässt sich wie folgt beschreiben:

■ Hoher Unterhaltungswert (Spaß)
■ Unterstützung des Spieltriebes
■ Erzeugung von Neugierde
■ Vermeidung von Monotonie
■ Darstellung einer Herausforderung
■ Identifikation mit den Figuren
■ Schaffung einer Wettbewerbssituation und
■ Auflösung der typischen Test-/Bewerbersituation

Die Leistungskomponente der **Datenerhebung**, als zweiter elementarer Leistungsbaustein, dient der Ermittlung von Personen- und Leistungsdaten. Zielsetzung ist hierbei die bewerberzentrierte Erstellung eines für den Recruiting-Prozess relevanten Kompetenzprofils, d. h. die sukzessive

Ermittlung von »harten« und »weichen« Faktoren. Den Orientierungsrahmen für die zu erhebenden Daten bilden meist die Kernkompetenzen oder das Leitbild des Unternehmens sowie die individuellen Anforderungen an eine Position.

Die personenbezogenen Daten werden entweder im Stil eines Fragebogens ermittelt oder mittels einzelner Fragen, die über das ganze Spiel verteilt, an bestimmten Stellen zu beantworten sind. Diese, auf einer Selbstauskunft beruhenden, Daten umfassen:

– Daten zur Person
– Biographische Daten
– Spezielle Kenntnisse
– Erfahrungswerte
– Persönliche Einstellungen
– Präferenzen
– Selbsteinschätzungen
– Einstellungsfragen

Neben den Fragebögen sind als weitere Komponenten Testverfahren (Intelligenztests, Leistungstests, projektive Tests etc.) zur Überprüfung der Leistungsfähigkeit in das Spielgeschehen integriert. Bei »Challenge Unlimited« wurden validierte psychometrische Testverfahren (erstellt in Zusammenarbeit mit Prof. Wottawa, Uni Bochum) eingesetzt. Die Leistungstests wurden in Anlehnung an das Siemens Kompetenzmodell mit den Dimensionen Lernfähigkeit, Teamfähigkeit, Kundenorientierung, Ergebnisorientierung und Kreativität entwickelt und durchgeführt.[10] Zur Ermittlung dieser Skills kann grundsätzlich ein Mix von unterschiedlichen Instrumenten angewendet werden, wie z. B. eine Postkorbübung, ein Business-Case oder Planspiele, Interviewfragen, schriftliche Dialoge, Intelligenz- und/oder Wissensaufgaben.

Durch die spielerische Umsetzung der Tests bzw. die Einbettung in eine spielerische Rahmenhandlung wird es ermöglicht, weitgehend ehrliche Antworten zu erhalten und gleichzeitig den »Stress« typischer Testsituationen zu relativieren. Im Ergebnis soll ein individuelles und aussagefähiges Kompetenzprofil entstehen, welches mit dem vorher definierten Anforderungsprofil verglichen werden kann.

---

10 Vgl. M. I.T newmedia (2001): Siemens rekrutiert High potentials über das Web. online: http://www.press1.de/ibot/db/945267302668595164 n2.html?s=0 (19. 07. 2001), siehe hierzu auch M. I.T Gruppe (2002): Challenge-Unlimited, The making of – Die Ergebnisse – Das Feedback online: http://www.mit.de/faqstuff/f3.pdf (22. 06. 2002)

Als dritte Leistungskomponente eines Online-Spieles ist die **Datenauswertung** zu nennen. Der Erfolg eines Recruiting-Spieles wird für die Beteiligten letztendlich dadurch definiert, inwieweit am Ende valides, aussagefähiges und auswertbares Datenmaterial vorhanden ist. Damit ist zu gewährleisten, dass alle Aktionen und Reaktionen eines Spielers, die Antworten auf Fragen, das Vorgehen, ebenso wie die Ergebnisse kontinuierlich aufgezeichnet, strukturiert und abgespeichert werden. Darüber hinaus sind unterschiedliche Auswertungsmethoden sicherzustellen und die Verwertbarkeit der Daten für die Beteiligten. Dies erfordert auf der Seite der Bewerber eine Feedback-Komponente in Form eines Kompetenzprofils, eines Profilvergleichs, einer Analyse und Auswertung von Einzelergebnissen, ein Ranking oder auch eine Leistungseinstufung etc. Auf der Seite der Arbeitskraft-Nachfrager erfordert es eine Screening- und Rankingoption, ein Skill-Matching, eine Möglichkeit zur Detailauswertung sowie einer adäquaten Kontaktmöglichkeit.

Der Erfolg eines Online-Spieles als Recruiting-Instrument wird nicht durch die Leistungsfähigkeit einer einzelnen Komponente definiert, sondern nur durch die Summe aller Leistungskomponenten und der Integration zu einer tatsächlichen Gesamtlösung.

7.3 Mögliche Grenzen der Online-Spiele

Neben den Chancen, wie die Steigerung des Bekanntheitsgrades, der Möglichkeit zum Image-Transfer bzw. zur Imageverbesserung, der optimierten und automatisierten Bewerber-Vorselektion, den eventuell zu realisierenden Zeit- und Kostenminimierungspotenzialen, sollten an dieser Stelle auch die zurzeit noch existierenden Grenzen beim Einsatz von Online-Spielen im Recruiting-Prozess angesprochen werden.

Eine erste Grenze findet dieses Instrument durch die Nutzung des gewählten Mediums. Die Nutzung des World Wide Web als Recruiting-Plattform trifft nicht bei allen Unternehmen, aber auch nicht bei allen Arbeitskraft-Anbietern, auf Akzeptanz.

Als zweite Grenze kann die Datensicherheit und der Datenschutz genannt werden. Es bestehen seitens der User häufig Ängste, dass die übermittelten Daten im Internet verloren gehen oder missbraucht werden. Auch wenn diese Ängste i. d. R. unbegründet sind, da die Spiele-Anbieter sehr viel Wert auf den Umgang und den Schutz bzw. die Anonymisierung der Daten legen, lassen sich die Vorbehalte bei dem betroffenen Personenkreis nur langsam abbauen. In diesem Zusammenhang sollten dann auch die Ängste vor Viren auf Seiten der Unternehmen angesprochen werden, die ungeachtet von dem Einsatz von Virenschutzprogrammen und Firewall-Lösungen, weiterhin bestehen.

Eine weitere Grenze beim Einsatz eines Recruiting-Spiels kann sich aus auftretenden Kapazitätsproblemen ergeben. In technischer Hinsicht resultieren diese teilweise daraus, dass zu viele Teilnehmer gleichzeitig auf das Spiel zugreifen, besonders dann, wenn ein Spiel neu im Netz ist. Kapazitätsengpässe führen dann zu sehr langen Ladezeiten oder ggf. zu einer Überforderung der technischen Ausstattung, so dass die Attraktivität dieses Instrumentes leidet. In personeller Hinsicht können sich jedoch auch Kapazitätsengpässe ergeben, wenn die Personalabteilung auf eine Vielzahl von Bewerbern nicht vorbereitet ist, so dass das Feedback unverhältnismäßig lange dauert. Positive Erfahrungen mit dem Recruiting-Spiel werden dann relativiert und bei einem zu langen Antwort-Zeit-Verhalten kommt es zu einer möglichen Neu- oder Umorientierung seitens der Bewerber.

Die Authentizität der Teilnehmer ist ein weiteres Problemfeld. Eine Garantie, dass die Aufgaben auch tatsächlich von der Person gelöst werden, die sich angemeldet hat, gibt es zurzeit nicht. Es erfolgt keine Personenkontrolle und damit besteht die Möglichkeit, dass die erhobenen Daten der Realität nicht entsprechen. In der Folge werden dann ggf. Kandidaten zu einem weiteren Auswahlprozedere eingeladen, die in keiner Weise dem Anforderungsprofil entsprechen.

Durch den Tatbestand bedingt, dass die Teilnehmer zu jedem Zeitpunkt die Möglichkeit haben, sich aus dem Spiel zu loggen und erst zu einem späteren Zeitpunkt wieder an dieser Stelle einzuloggen, haben sie immer die Möglichkeit, Stress-Situationen zu vermeiden. Des Weiteren werden durch diese Funktionalität und die nicht bindende Freigabe von Daten Übungs- und Lerneffekte provoziert, indem die Teilnehmer Übungen wiederholen können, so dass die Ergebnisse nicht authentisch sind. Auch durch die Eingabe bspw. eines falschen Namens oder zumindest nicht des eigenen, können User ein Online-Spiel theoretisch häufig üben, so dass die Ergebnisse mit der tatsächlichen Leistungsfähigkeit nur noch wenig gemeinsam haben.

Eine weitere Grenze beim Einsatz des Instruments ist die Veröffentlichung und Verbreitung von Lösungen während der Laufzeit. Seien es Offline-Publikationen oder meist Online-Veröffentlichungen im Internet. Lösungsmöglichkeiten werden diskutiert und ausgetauscht, Wissensfragen und deren Lösungen weitergegeben. Dies spiegelt wiederum nicht die tatsächlichen Leistungswerte eines Teilnehmers wider und die Vergleichbarkeit insgesamt zwischen den Bewerbern wird somit in Frage gestellt.

Eines der größten zu überwindenden Grenzen scheint die Bewertung der Soft-Skills. Inwieweit kann ein Online-Tool bspw. aussagefähige, verlässliche und valide Daten zur bspw. sozialen Kompetenz generieren. Fähigkeiten und Fertigkeiten, die im Rahmen einer sozialen Interaktion zum Tragen kommen und auch nur dort erkennbar und bewertbar sind.

Die Entwicklung von Online-Spielen steht erst am Anfang und mit Ausnahme vielleicht des letzten Punktes können bei einer Weiterentwicklung dieses Instruments die o. g. Grenzen überwunden werden.

7.4 Von der Innovation zur Akzeptanz: Die Zukunft der Online-Spiele

Online-Spiele im Rahmen des Recruitments haben noch keinen großen Bekanntheits- und vor allem noch keinen großen Verbreitungs- und Nutzungsgrad. Sie sind noch etwas »Besonderes« und werden eher als »digitales Event« zelebriert, anstatt als integraler Bestandteil eines ganzheitlichen E-Recruitment-Ansatzes. Gerade dies ist jedoch vielleicht in der jetzigen Phase auch der Vorteil eines solchen Instruments. Es wirkt mehr als Personal-Marketing-Maßnahme und dient vornehmlich dem Transport eines fortschrittlichen und innovativen Images. Aufgrund des jetzigen Status sind die Online-Spiele somit besonders geeignet, ein so genanntes »Talent-Pooling« durchzuführen. Sie sprechen eine Zielgruppe in der Breite an, motivieren zur Teilnahme und bieten die Möglichkeit, eine Vielzahl von Talenten zu evaluieren. Entscheidend wird sein, inwieweit man die gefilterten Talente kurz-, mittel- oder langfristig an das Unternehmen bindet. Ebenfalls wird die Zukunft der Recruiting-Spiele dadurch bestimmt, inwieweit dieses Instrument bei zunehmender Verbreitung einer Inflation unterliegt und damit verbunden, sinkende Teilnehmerzahlen.

Die Akzeptanz der Online-Spiele als Recruiting-Instrument wird jedoch noch von weiteren Faktoren abhängig sein. Zum einen wird es von der Akzeptanz des Mediums und dessen Nutzung für das Recruitment abhängen, zum anderen aber auch im Wesentlichen davon, inwieweit die Spiele als integraler Bestandteil in einen digitalen Personalbeschaffungs- und -auswahlprozess (Gesamtkonzept) eingebunden werden. Sie sind bereits heute zum Großteil geeignet, eine Bewerber-Vorauswahl durchzuführen und sicherzustellen. Die angesprochenen Problemfelder werden weitestgehend in den nächsten Entwicklungsschritten wahrscheinlich bereits nicht mehr auftreten. Bleiben wird vorerst das Problem der Authentizität und die Bewertung von Soft-Skills. Die Einrichtung regionaler Testzentren zur Behebung des Authentizitätsproblems macht das Instrument zum »Talent-Pooling« ungeeignet, weil damit fast sämtliche Vorteile des Mediums verloren gehen. Im Gegenzug erhält das Online-Spiel bei einer solchen Lösung, in

Bezug auf die Personalauswahl einen wesentlich höheren Stellenwert. Die Ermittlung valider und reliabler Soft-Skill-Daten wird dagegen aus heutiger Sicht zunächst einmal weiterhin ein Problemfeld mit Bestand sein.

Des Weiteren wird die Akzeptanz von dem zukünftigen Verbreitungs- und Nutzungsgrad abhängen. Dieser korreliert jedoch nicht unerheblich mit den finanziellen Aufwendungen für die Entwicklung, Konzeption und Realisierung solcher Online-Spiele. Die unternehmensindividuellen Lösungen werden wie bisher nur von wenigen Unternehmen realisiert werden können. Die Nutzung der Online-Spiele über einen Dienstleister erhöht jedoch die Attraktivität für zunehmend mehr Unternehmen (siehe Abbildung 93).

Abb. 93: Partnerunternehmen beim Online-Spiel »Karrierejagd durchs Netz 2«[11]

Der Dienstleister bietet ein Online-Spiel an, während unterschiedliche Unternehmen als Partner auftreten und damit Zugriffsrechte auf den Bewerberpool erhalten. Auch eine temporäre (bspw. monatliche) Beteiligung eines Unternehmens als Partner ist heute bereits möglich. Der Nachteil besteht jedoch darin, dass diese Unternehmen auch nur in dieser Zeit im Bewerberpool recherchieren können. Damit sinkt auch das Interesse einer Beteiligung. Eine denkbare Lösung wäre die Entwicklung eines Online-Spiels, welches der Affinität der Bewerber für einen bestimmten betrieblichen Funktionsbereich Rechnung trägt. D. h., während des Spielverlaufs

---

11 CYQUEST GmbH (2001): Karrierejagd durchs Netz 2 – Partnerunternehmen, online: http://www.cyquest.de (27. 11. 2001)

könnten die Bewerber sich für unterschiedliche Funktionsbereiche wie Personal, Vertrieb, Finanzen etc. entscheiden, und jeder Funktionsbereich kann durch ein Partnerunternehmen repräsentiert werden.

Eine weitere Möglichkeit für die Zukunft wäre auch, dass Unternehmen sich im Rahmen eines Zusammenschlusses gemeinsam zu einem Recruiting-Spiel entscheiden, bspw. Unternehmen einer bestimmten Branche, und somit ein Investitions-Sharing betreiben.

Neben den o. g. Entwicklungen werden die Online-Spiele nach und nach auch eine größere Anwendung bei anderen Zielgruppen finden. Eine weitere Zukunft, neben dem externen Recruiting, kann es dann für die Online-Spiele noch im Bereich des internen Recruitings geben bzw. im Bereich der Personalentwicklung. Gerade bei größeren Unternehmen könnten solche Recruiting-Spiele auch für ein internes »Talent-Pooling« angewendet werden oder als Element eines Personalentwicklungs-Assessment-Centers.

8. Traineeprogramme im Netz

Die Mannesmann-Sachs AG nennt es »MOVE«, die Philips GmbH »Young-High-Potential-Programm«, die Beiersdorf AG »Beyond Borders-Programm« und BMW nennt es »DRIVE«. Insgesamt handelt es sich hierbei um so genannte Einstiegs- und Qualifizierungsprogramme oder auch Traineeprogramme. Ein Traineeprogramm stellt ein Angebot zum Berufseinstieg seitens eines Arbeitskraft-Nachfragers dar und ist somit eine Alternative zum beruflichen Direkteinstieg. Solche beruflichen Einarbeitungsprogramme weisen in der Regel folgende Zielsetzungen auf:

■ Vermittlung betriebs- oder funktionsspezifischer Kenntnisse, Fertigkeiten, Fähigkeiten und Verhaltensweisen
■ Vermittlung von bereichs- und funktionsübergreifenden Zusammenhängen
■ Schaffung der Transparenz über die Unternehmenstätigkeiten und die Unternehmensorganisation
■ Vorbereitung zur Übernahme eines qualifizierten Aufgaben- bzw. Funktionsbereichs
■ Orientierung und Entscheidungsvorbereitung für den späteren Personaleinsatz
■ Ermittlung von Interessen, Neigungen und der Eignung der Trainees
■ Bildung von Beziehungs- und Informationsnetzwerken
■ Schaffung eines Führungskräfte-Nachwuchspools

Die Haupt-Zielgruppe für solche Traineeprogramme sind in Deutschland immer noch die Hochschulabsolventen (vorwiegend aus den Bereichen der Wirtschafts- und Ingenieurwissenschaften), für Auszubildende oder Nachwuchskräfte haben sie heutzutage einen vergleichsweise geringen Verbreitungsgrad in der Praxis.

Ein ganzheitliches Traineeprogramm ist eine instrumentelle Verknüpfung zwischen der Personalbeschaffung und der Personalentwicklung. Zu Beginn liegt der Schwerpunkt auf dem Recruitment von qualifiziertem Personal (externe Personalbeschaffung). Das Traineeprogramm selbst ist dann eher als Instrument der Personalentwicklung zu verstehen, welches in der Regel die vier Grundelemente Training on the Job, Training off the Job, Job-Rotation und Projektarbeit beinhaltet.[1]

---

1 Vgl. Gulden, H. (1996): Evaluation von Traineeprogrammen als Alternative zur klassischen Form des Berufseinstiegs; Betrachtung aus Firmen- und Studentensicht, München und Mering, S. 4

Während bei dem Element »Training on the Job« die systematische und praktische Vermittlung arbeitsplatzbezogener, betriebs- und funktionsspezifischer Kenntnisse im Vordergrund stehen, obliegt dem Element »Training off the Job« die Aufgabe der Vermittlung additiver Fach-, Methoden- und Sozialkompetenz. Das Element »Job-Rotation« gewährleistet die Einblicke in unterschiedliche Aufgaben- und Funktionsbereiche eines Unternehmens, aber auch mit zunehmender Globalisierung, ggf. die Einsicht in die Arbeitsweise bzw. Tätigkeitsgebiete unterschiedlicher (Auslands-) Niederlassungen, Tochterunternehmen etc. Das Element der »Projektarbeit« findet häufig seine Anwendung zur Professionalisierung der individuellen Problemlösungstechnik (selbstständiger Lösungsbeitrag des Trainees) und zur Optimierung der interdisziplinären Zusammenarbeit sowie der Integration des Trainees.

Dieser Instrumenten-Mix der Personalentwicklung dient somit zum einen der Bildung und Förderung des Mitarbeiters, zum anderen (indirekt) jedoch auch der »internen Personalbeschaffung« bzw. dem optimierten Personaleinsatz. Aufgrund der Laufzeit von Traineeprogrammen, welche zwischen 6 Monaten und 24 Monaten betragen kann (in Ausnahmefällen auch länger), ist unter Berücksichtigung der Interessen, Neigungen und Fähigkeiten der Trainees, eine verbesserte (interne), am Bedarf ausgerichtete, Personalauswahl- und -bedarfsdeckung möglich.

Die Effektivität und Effizienz wird im Wesentlichen durch die Ausrichtung auf die unternehmensindividuellen Gegebenheiten, Rahmenbedingungen und Bedürfnisse beschrieben und bestimmt. Eine solche zielorientierte Konzeption widerspricht somit Bemühungen zu unternehmensübergreifenden Vereinheitlichungen oder Standardisierungen bzw. steht diesen konträr gegenüber. Dies bedeutet, dass sich die »Landschaft« der Traineeprogramme in der Praxis als sehr heterogen darstellt. Eine Systematisierung bzw. Kategorisierung in unterschiedliche Programmtypen wurde von Staufenbiel, J. / Giesen, B. vorgenommen; sie unterscheiden folgende Programmarten:[2]

- das klassische ressortübergreifende Traineeprogramm,
- das ressortübergreifende Programm mit Fachausbildungsphase,
- das ressortbegrenzte Programm mit Vertiefungsphase,
- das projektorientierte Programm und
- das individuelle, flexible Programm.

---

2 Vgl. Staufenbiel, J. E. (1999): Berufsplanung für den Management-Nachwuchs. Mit Stellenanzeigen von über 200 Unternehmen. 19. Auflage, Köln, S. 86 f und Staufenbiel, J. E./ Giesen, B. (1999): Die Theorie der Unternehmung in Forschung und Praxis: Trainee- und sonstige Einarbeitungsprogramme für Wirtschaftswissenschaftler, Albach, Horst (Hrsg.), Berlin, Heidelberg und New York

Diese Klassifizierung von Programmarten lässt jedoch noch genügend Freiraum für die unterschiedlichsten in der Praxis auftretenden Variations- und Handlungs- bzw. Kombinations- oder Differenzierungsmöglichkeiten für Traineeprogramme. Die Abbildung 94 zeigt eine beispielhafte Listung von unterschiedlichen Profilmerkmalen, die sich dann wiederum noch einmal in den jeweiligen Ausprägungen unterscheiden können.

• **Generalisiertes Programm**	• **Aktive Lernformen**
• **Individualisiertes Programm**	• **Passive Lernformen**
• **Ressortübergreifend**	• **Fester Betreuerkreis**
• **Ressortbegrenzt**	• **Wechselnder Betreuerkreis**
• **Mit Fachausbildung**	• **Mit Mentor/Pate**
• **Ohne Fachausbildung**	• **Ohne Mentor/Pate**
• **Mit Vertiefungsphase**	• **Mit Beurteilung**
• **Ohne Vertiefungsphase**	• **Ohne Beurteilung**
• **Mit Projektorientierung**	• **Mit Berichtswesen**
• **Ohne Projektorientierung**	• **Ohne Berichtswesen**
• **Statische Konzeption**	• **Zeitraum**
• **Dynamische (flexible) Konzeption**	• **......**

Abb. 94: Profilmerkmale von Traineeprogrammen

Gerade die Unterschiedlichkeit und damit auch die Besonderheit von Traineeprogrammen (einschließlich der Chancen und Möglichkeiten) gilt es bereits im Rahmen des Personalmarketings einer breiten Öffentlichkeit zugänglich zu machen. Da die Programme, gerade für die Hochschulabsolventen, eine echte Alternative zum Direkteinstieg darstellen, meist sogar verbunden mit weiteren Mehrwerten (Auslandsaufenthalt etc.), sind diese auch in entsprechender Form beim E-Recruitment zu berücksichtigen. Trainee-Stellen werden im Internet zwar ausgeschrieben, eine optimale Informationspolitik hinsichtlich Ablauf und Inhalt etc. wird jedoch nur von wenigen Unternehmen verfolgt bzw. umgesetzt. Dies scheint aber umso notwendiger, wenn Gulden, H. zu Recht darauf hinweist, dass bei weitem nicht allen Hochschulabsolventen der konkrete Nutzen eines Traineeprogrammes, im Vergleich zum Direkteinstieg, bewusst ist.[3] Darüber hinaus sind sie wesentlich erklärungsbedürftiger als Stellenanzeigen und auch das Informationsbedürfnis des Einzelnen ist wesentlich stärker ausgeprägt. Ein weiterer Grund für eine verstärkte Internetpräsenz ergibt sich aus dem

---

3 Vgl. Gulden, H. (1996): a. a. O., S. 159

Sachverhalt, dass die Hauptzielgruppe den Hauptnutzern im World Wide Web entspricht.

8.1 Allgemeine Anforderungen an die Internet-Präsentation

Die formalen Soll-Vorgaben bzw. Anforderungen für die Internet-Präsentation von Traineeprogrammen entsprechen weitestgehend den Anforderungen an die Unternehmens- bzw. eigene HRM-Homepage. Hier sind neben dem intuitiven Zugang, dem benutzerfreundlichen Layout und der bedienerkonformen Navigation, die Mehrsprachigkeit, die Aktualität, der Datenschutz (Datensicherheit) und die Bereitstellung der Unternehmensinformationen (Unternehmensgeschichte, -philosophie etc.) zu nennen.

Herauszuheben ist an dieser Stelle der Zugang von der Unternehmens- bzw. HRM-Homepage zu dem bzw. den jeweiligen Traineeprogrammen. Diese sollten gesondert hervorgehoben werden und der Zugang unmittelbar über eine Zielgruppenansprache, d. h. einer Rubrik bspw. »Absolventen« oder »Einstiegsmöglichkeiten im Unternehmen«, erfolgen. Des Weiteren erscheint es zweckmäßig, die Unternehmensorganisation mittels eines oder mehrerer Organigramme darzustellen. Hierdurch erhalten die Arbeitskraft-Anbieter eine Orientierungshilfe und eine vorläufige Transparenz über die jeweiligen Einsatzbereiche (ggf. auch Einsatzorte) und vor allem über das gesamte Wirkungsgefüge des betreffenden Unternehmens. Dies ist für zukünftige Trainees deshalb von besonderem Interesse, da ein solcher Berufseinstieg sich gerade durch die Übernahme von unterschiedlichen Aufgaben, in unterschiedlichen Funktionsbereichen auszeichnet.

Daneben kann als weitere allgemeine Anforderung erhoben werden, dass die über das Internet bereitgestellten Informationen, dem Informationsangebot in den Printmedien (Informationsbroschüren oder teilweise auch Taschenbüchern) entsprechen sollten. Dies betrifft sowohl den Umfang, als auch vor allem den Inhalt des jeweiligen Informationsangebotes gleichermaßen.

Bei der Kontaktmöglichkeit ist darauf zu achten, dass diese zum einen personalisiert erfolgt und zum anderen verschiedene Möglichkeiten der Kontaktaufnahme zu dem jeweiligen Trainee-Beauftragten des Unternehmens (soweit vorhanden) bietet. So sind bei einigen Unternehmen spezielle Ansprechpartner aus der Personalabteilung abgebildet, ebenso wie deren Erreichbarkeit über unterschiedliche Medien. Diese Vorgehensweise erscheint insofern zweckmäßig, da jedes Traineeprogramm unterschiedliche Ziele, Inhalte, Abläufe etc. aufweist und somit die Anfragen auch möglichst konkret und detailliert von den jeweiligen Experten (z. B. für das

Traineeprogramm Marketing/Vertrieb oder Telekommunikation) unmittelbar beantwortet werden können.

8.2 Informationsangebot

Traineeprogramme sind nicht »nur« betriebsspezifische Einarbeitungsprogramme, sie stellen auch ein besonderes Angebot seitens der Unternehmen an die Arbeitskraft-Anbieter dar. Damit wird die ausschließliche Ausschreibung von Trainee-Stellen in den wenigsten Fällen dem Gesamtkonzept gerecht und vor allem nicht dem Informationsbedarf und dem Informationsbedürfnis der potenziellen Bewerber. Eine solche Verhaltensweise würde bedeuten, dass man die klassische Vorgehensweise in den Printmedien, auf das Internet adaptiert, nicht jedoch die damit verbundenen Chancen und Möglichkeiten nutzt. Gerade für solche erklärungs- bzw. aufklärungsbedürftigen, berufsvorbereitenden Maßnahmen bietet das Internet eine mehr als geeignete Plattform im Rahmen des E-Recruitments. Es stellt eine Informations- und Kommunikationsplattform dar, die unmittelbar auf die Zielgruppe zugeschnitten ist, interaktive Möglichkeiten bietet und vor allem die Gelegenheit einer adäquaten, bedarfsgerechten Informationsversorgung bietet. Hierdurch kann eine wesentlich bessere Zielgruppenansprache erfolgen und damit im Ergebnis auch einen verbesserten Bewerberpool (Qualität vor Quantität). Dies wird jedoch nur dann erreicht, wenn die Internet-Präsentation der Traineeprogramme nicht nur den formalen Aspekten genügt, sondern vor allem den inhaltlichen Anforderungen in jeder Hinsicht gerecht wird. Hierzu ist ein digitales Mindest-Informationsangebot zu präsentieren, welches im Folgenden dargestellt wird.

8.2.1 Anforderungs- und Kompetenzprofil

Durch die Formulierung von allgemeinen bzw. spezifischen Anforderungen können die Unternehmen ihre konkreten Vorstellungen an die jeweilige Qualifikations- bzw. Kompetenzstruktur der Bewerber artikulieren. Sind Traineeprogramme in dem ausschreibenden Unternehmen tatsächlich eine Alternative zum Direkteinstieg, d. h. ein Einstiegsprogramm für die zukünftigen Führungsnachwuchskräfte, gilt es dies auch im Besonderen im Anforderungs- und Kompetenzprofil auszudrücken. Hierbei ist es in der Praxis wenig hilfreich, vage oder unvollständige Informationen zu veröffentlichen. Erst die vollständige Transparenz über die geforderten Fähigkeiten, Fertigkeiten und Kenntnisse ermöglichen den Bewerbern einen Eignungsabgleich und den Unternehmen einen reduzierten, aber qualifizierten Bewerberpool.

In einer Befragung, die das Institut der deutschen Wirtschaft im Frühjahr 1999 durchführte, wurden die häufigsten Fähigkeiten bzw. Eigenschaften erhoben, die seitens der Unternehmen von Hochschulabsolventen für Traineeprogramme gefordert werden. Folgende Hauptauswahlkriterien wurden priorisiert:[4]

Studienbezogene Kriterien
Entsprechendes Fachstudium, Abschlussnote, Studiendauer

Schlüsselqualifikation
Kommunikative und kooperative Fähigkeiten, unternehmerisches Denken, Problemlösungsfähigkeit

Persönliche Einstellungen
Leistungsbereitschaft, Eigeninitiative, Flexibilität, persönliches Auftreten, Mobilität und Durchsetzungsvermögen

Zusatzwissen und Erfahrungen
Auslandserfahrung, Praktika, Fremdsprachenkenntnisse, Außeruniversitäres Engagement, Berufsausbildung

Als Beispiel können hier die Anforderungen der Internationalen Nachwuchsgruppe von DaimlerChrysler (INWG) angeführt werden: So wird für diese Gruppe hoch qualifizierter Top Talente folgendes Anforderungs- und Kompetenzprofil definiert:[5]

- Hochschul-/Fachhochschulabsolventen, gerne mit Promotion, MBA
- Überdurchschnittlicher Abschluss
- Fundierte Erfahrung außerhalb des eigenen Heimatlandes im Rahmen von Studium oder Praktika von mindestens 12 Monaten
- Sehr gute Sprachkenntnisse in Deutsch und Englisch
- Praxiserfahrung während des Studiums oder durch eine max. 2–3 jährige Berufserfahrung
- Strategische und unternehmerische Kompetenz, Offenheit und Lernbereitschaft für und in fremden Kulturen, Teamfähigkeit und hohe Veränderungsbereitschaft

---

4 Vgl. Konege-Grenier, C. (1999): Traineeprogramme: Berufsstart für Hochschulabsolventen, Köln
5 DaimlerChrysler (2002): Internationale Nachwuchsgruppe DaimlerChrysler, online: http://career.daimlerchrysler.com/S=c60 c48010 a26 bf9205 a8 b83 e1 e0 f60 da/syc/ (23. 06. 2002)

8.2.2 Programmtyp mit Beschreibung

Wie bereits erwähnt, können sich die Traineeprogramme in ihrer Ausrichtung sehr stark unterscheiden. Ein klassisches ressortübergreifendes Traineeprogramm ist nicht vergleichbar mit einem ressortbegrenzten Programm mit Vertiefungsphase. Diese Unterschiede werden den Hochschulabsolventen jedoch nur dann transparent, wenn die Programme mit ihren Inhalten und vor allem mit ihren Zielsetzungen detailliert beschrieben werden. Die Hochschulabsolventen können nur dann die Tragweite bzw. die Konsequenzen ihrer Entscheidung für das ein oder andere Traineeprogramm richtig einschätzen.

Als Beispiel kann das BEYOND BORDERS Human Resources der Beiersdorf AG dienen. Hier durchläuft der Trainee zwei Abteilungen: Die operative Personalabteilung und entweder Corporate Human Resources oder Personalgrundsatzfragen und Arbeitsrecht. Ergänzt wird das Programm durch einen Auslandaufenthalt (4–6 Monate) bei einer Tochtergesellschaft (siehe Abbildung 95).

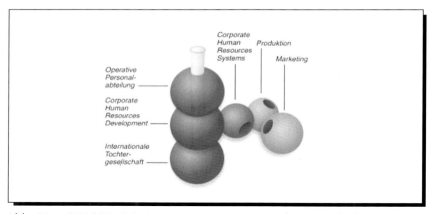

Abb. 95: BEYOND BORDERS Human Resources der Beiersdorf AG[6]

8.2.3 Lehr-/Lernformen

Die Angaben zu den angebotenen Lehr- und Lernmethoden können als Primärinformationen zu jedem Traineeprogramm verstanden werden. Hierdurch wird beispielsweise erst transparent, ob es sich um eine eher theoretische oder praktische Aufbauphase handelt, ob einzel- oder gruppenbezogene Ausbildungsabschnitte präferiert werden oder ein zielorientierter Mix

---

6 Beiersdorf AG (2002): Personal – Einstiegschancen, BEYOND BORDERS Human Resources, online: http://www.beiersdorf.de/menue/de/html/index.asp?LANG=de (23. 06. 2002)

an Lehr- und Lernformen die Besonderheit des jeweiligen Lernprogramms ausmachen.

8.2.4 Ausbildungsorte

Die Transparenz über die beabsichtigten Ausbildungsorte können die Attraktivität eines Traineeprogramms (bspw. bei Auslandaufenthalten) steigern, aber auch Klarheit über den geforderten Mobilitätsgrad der Bewerber vermitteln. Mögliche Ausbildungsorte sind in der Regel neben dem Stammhaus auch verschiedene Niederlassungen im In- und Ausland. Die Trainees sollen, je nach Programm, unterschiedliche Unternehmensbereiche und Standorte kennen lernen; einerseits zum besseren Verständnis der unternehmensspezifischen Zusammenhänge, andererseits zur Evaluation der späteren Einsatzoptionen für den Trainee.

8.2.5 Steuerung und Kontrolle

Jedes Traineeprogramm sollte hinsichtlich des Ablaufes und der gezeigten Leistungen der Trainees so gesteuert und kontrolliert werden, dass die damit verbundenen Zielsetzungen auch tatsächlich erreicht werden. Zur Steuerung und Kontrolle eignen sich organisatorische und personalpolitische Instrumente bzw. Maßnahmen, wie z. B. der Trainee-Beauftragte, ein fester Betreuerkreis in der Fachabteilung, ein Paten- bzw. Mentorensystem, regelmäßige Beurteilungen, aber auch Ablauf- und Stationsbeschreibungen oder Trainee-Berichte/-Befragungen/-Konferenzen. Solche Informationen verdeutlichen das Gesamtkonzept eines Traineeprogramms und sind gleichzeitig, für die Bewerberseite, von hoher Entscheidungsrelevanz.

8.2.6 Zielposition

Bei einem erfolgreichen Direkteinstieg besteht von Beginn an, hinsichtlich der einzunehmenden Position, Klarheit seitens des Bewerbers bzw. des Unternehmens. Die zu treffende Personal- bzw. Positionsentscheidung erfolgt hierbei jedoch unter einer relativ hohen Unsicherheit hinsichtlich der Eignung auf der einen Seite und zwischen Anspruch und Realität auf der anderen Seite. Traineeprogramme sollen sowohl dem Unternehmen als auch den Trainees die Möglichkeit geben, Personal anschließend dort einzusetzen, wo die höchste Wertschöpfung realisiert werden kann. Da bei Hochschulabsolventen i. d. R. nur eine relative Transparenz hinsichtlich einzelner Aufgaben- und Funktionsbereiche existiert, gilt es diese mit dem Traineeprogramm zu erhöhen. Somit können Zielpositionen meist nur hierarchisch oder funktions- bzw. aufgabenspezifisch umschrieben werden, nicht aber stellenbezogen. Dennoch sind die Informationen über die möglichen Einsatzoptionen nach erfolgreicher Beendigung des Programms im Unternehmen für die Bewerber im Rahmen der Entscheidungsfindung sehr wichtig. So werden in der Praxis beispielsweise Zielpositionen in einem Nachwuchspool, oder auch konkrete, bereits feststehende Positionen, bei entsprechender Eignung, angegeben.

8.2.7 Laufzeit / Dauer

Die Laufzeit bzw. Dauer von Traineeprogrammen ist sehr unterschiedlich und ist von den jeweiligen Zielsetzungen und den Rahmenbedingungen der einzelnen Unternehmen abhängig. Während beispielsweise bei BMW das Einstiegs- und Qualifizierungsprogramm eine Laufzeit von 18 bis 24 Monaten besitzt, erfolgt die Trainee-Ausbildung bei Audi in 12 – 15 Monaten. Die Angabe des zeitlichen Umfanges ist aus zwei Gründen von Bedeutung. Zum einen wird hierdurch die Anzahl der (zu durchlaufenden) Funktions- und Aufgabenbereiche bestimmt, einschließlich der jeweiligen Verweildauer an den unterschiedlichen Standorten. Zum anderen spiegeln die Bewerber die Gesamtdauer eines Traineeprogramms an den Chancen und Möglichkeiten eines Direkteinstieges.

8.2.8 Anzahl der Teilnehmer

Während größere Unternehmen eine Vielzahl von Trainee-Stellen jährlich anbieten, können kleinere Unternehmen oft nur vereinzelte Stellen dieser Art ausschreiben. Die Anzahl der Teilnehmer lässt keine Rückschlüsse auf die Qualität zu oder auf die Chancen einer Übernahme nach Beendigung des Traineeprogramms. Es gibt aber Aufschluss darüber, ob ein Informations- und Erfahrungsaustausch mit anderen Trainees grundsätzlich möglich ist oder nicht.

8.2.9 Bewerbungstermine

Die Angabe von Bewerbungsterminen ist für eine Internet-Präsentation von Traineeprogrammen zwingend. Die Notwendigkeit ergibt sich aus der erforderlichen Orientierungshilfe für die Bewerber, da die Traineeprogramme meist ganzjährig im Internet beworben werden. Des Weiteren vermeidet der Personalbereich hierdurch den Aufwand, der entsteht, weil ständige Anfragen von potenziellen Bewerbern zu Bewerbungsfristen zu beantworten sind bzw. Bewerbungen abgewiesen werden müssen, da diese nicht mehr zeitgerecht eingegangen sind. Die Bewerbungstermine reichen in der Praxis von einem Fix-Termin, über drei bis vier Bewerbungstermine im Jahr, bis hin zur Möglichkeit der ganzjährigen Bewerbung.

8.2.10 Verdienstmöglichkeiten

Mit der Angabe von Starteinkommen im Internet sind die Unternehmen sehr vorsichtig bzw. zurückhaltend. Der Grund ist im Wesentlichen darin zu sehen, dass die Unternehmen eine Bewerbungsstrategie der Gehaltsoptimierung vermeiden und auch den Gestaltungsspielraum bei der Trainee-Vergütung nicht verlieren wollen. Auf der anderen Seite ist es dann unverständlich, dass in entsprechenden Printveröffentlichungen die Trainee-Vergütungen von den Unternehmen angegeben werden. Insgesamt kann auch für dieses Kriterium gelten, dass die entsprechende Information für die Zielgruppe eine Orientierungshilfe darstellt.

8.2.11 Auswahlverfahren

Die Auswahlverfahren für Traineeprogramme sind oft mehrstufig angelegt. Der Vorteil im Rahmen des E-Recruitments liegt darin, dass bereits eine digitale Vorselektion der Bewerber im Internet erfolgen kann (soweit eine Online-Bewerbungsmöglichkeit besteht). Aus Gründen der Transparenz sollte daneben das Auswahlverfahren beschrieben werden, damit die Bewerber die Informationen über das Verfahren und die Dauer mit ihren Vorstellungen abgleichen können. Der Einsatz der Auswahlinstrumente reicht von der klassischen Bewerbungssichtung und dem anschließenden Auswahlgespräch, bis hin zu mehrtägigen Assessment-Centern und Planspielen.

Als Beispiel kann hier die ZF Friedrichshafen AG angeführt werden die bereits seit 1997 die Vorauswahl via Internet anbietet (siehe Abbildung 96).

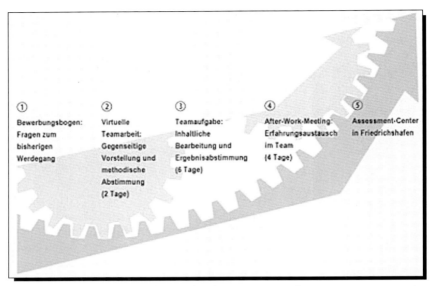

Abb. 96: Bewerbungsverfahren für das Internationale Traineeprogramm der
ZF Friedrichshafen AG[7]

8.3 Zusatz- und Serviceleistungen

Neben den allgemeinen Anforderungen an die Internet-Präsentation von
Traineeprogrammen und dem notwendigen Informationsangebot, werden
in der Praxis bereits verschiedene Zusatz- und Serviceleistungen in diesem
Zusammenhang realisiert. So wird neben den klassischen Online-Bewerbungsmöglichkeiten die Funktionalität der Verlinkung auf konkrete Stellenanzeigen angeboten bzw. umgekehrt, die Verlinkung von den Stellenanzeigen (Trainee-Stelle) zu den jeweiligen Informationsseiten des Traineeprogramms.

Positiv ist, dass zunehmend mehr bei Traineeprogrammen personalisiert
wird. So findet man im Internet zunehmend mehr Erfahrungsberichte ehemaliger Trainees (siehe Abbildung 97) oder wie bspw. bei DaimlerChrysler, eine Teil-Personalisierung der jeweiligen Anforderungen. So wird beispielsweise bei den geforderten Sprachkenntnissen oder der notwendigen
Praxiserfahrung ein ehemaliger Trainee mit Bild und den entsprechenden
Anforderungen eingeblendet.

---

7 ZF Friedrichshafen AG (2002): Jobs & Karriere – Traineeprogramm, online:
http://www.zf-group.de/defaultz.asp?lang=2 (23. 06. 2002)

Abb. 97: Auszug aus einem Erfahrungsbericht eines ehemaligen Trainees im internationalen Nachwuchsprogramm der Telekom[8]

Diese Tendenz setzt sich fort und führt bei einigen Unternehmen dazu, dass sie auch einzelne Statements der Trainee-Beauftragten bzw. -Verantwortlichen veröffentlichen. Am Ende dieses Personalisierungstrends stehen die Kontaktmöglichkeiten. Zum einen zeigt sich hier teilweise eine Spezialisierung in der Betreuung, wenn z. B. für unterschiedliche Traineeprogramme im Unternehmen unterschiedliche Verantwortliche kontaktiert werden können und zum anderen kann der zukünftige Bewerber sich ein Bild von den Trainee-Beauftragten machen, was im Fall einer Einladung auch den Wiedererkennungswert erhöht.[9]

Darüber hinaus bieten vereinzelt Unternehmen die Möglichkeit der interaktiven Kommunikation mit Trainees an. Hier können Fragen seitens der Bewerber gestellt werden, die man einen Trainee-Beauftragten nicht fragen würde. Zudem können persönliche Erfahrungshorizonte geschildert werden, die man in die Entscheidungsfindung mit einbeziehen kann. Als weitere Zusatz- und Serviceleistungen werden noch Bewerberinformationen, unterschiedliche Download-Möglichkeiten und Karriere-Newsletter,

8 Deutsche Telekom (2001): Das internationale Nachwuchsprogramm, Erfahrungsbericht, online: http://www.telekom.de/untern/jobs/trainee/start.htm (23. 12. 2001)

9 Vgl. hierzu E-Plus (2002): Jobs – Trainee, online: http://www2.eplus.de/ frame_it.asp?cont=http://www.eplusjobs.de/main.phtml (23. 06. 2002)

aber auch Übersichten zu Tochterfirmen/Niederlassungen und FAQ-Listen angeboten.

8.4 Checkliste für die Internet-Präsentation

Allgemeine Anforderungen	Eigenes Unternehmen	
Zugang zur Unternehmes-/HRM-Site		
■ Intuitive Eingabe der URL		
■ Traineeprogramm auf der Homepage bzw. HR-Seite (verlinkt)		
Benutzerfreundliche Navigation/Layout		
Mehrsprachigkeit		
Kontaktmöglichkeiten		
Aktualität		
Datenschutz		
Unternehmensinformationen		
Übereinstimmung mit dem Printmedium		
Organigramm/Unternehmensorganisation		

Informationsangebot		
Angaben zum geforderten Anforderungs-/Kompetenzprofil		
■ Studienbezogene Kriterien		
■ Schlüsselqualifikationen		
■ Zusatzwissen- und Erfahrungen		
■ Persönlichkeitskompetenz		
Programmtyp mit Beschreibung		
■ Programm-Ziele		
■ Programm Inhalte		
■ Programm-Ablauf/-Gestaltung		
Lehr- und Lernformen/-methoden		
Ausbildungsorte		

$\rightarrow$

Informationsangebot		
Steuerung und Kontrolle		
Zielposition		
Laufzeit/Dauer		
Anzahl der Teilnehmer		
Bewerbungstermine		
Verdienstmöglichkeiten		
Auswahlverfahren		

Zusatz- und Serviceleistungen		
Online-Bewerbungs-Möglichkeit		
■ E-Mail		
■ Online-Formular		
■ Ggf. Verlinkung auf Stellenanzeige		
Erfahrungsberichte ehemaliger Trainees		
Statement des Trainee-Beauftragten (w/m)		
Download-Möglichkeiten		
Bewerber-Informationen		
Übersicht Tochterfirmen/Niederlassungen		
Interaktive Kommunikation mit Trainees		
Karriere-Newsletter		
FAQs		

8.5 Unternehmen, die Traineeprogramme im Netz veröffentlichen

Unternehmen	Web-Adresse
AOK	http://www.aok.de
Audi	http://www.audi.com
Axel Springer Verlag	http://www.asv.de
Babcock Borsig	http://www.babcockborsig.de

$\rightarrow$

Unternehmen	Web-Adresse
BARMER	http://www.barmer.de
BASF	http://www.basf.de
Beiersdorf	http://www.beiersdorf.de
BMW	http://www.bmwgroup.com
Carl Zeiss	http://www.zeiss.de
Continental	http://www.conti-online.com
DaimlerChrysler	http://career.daimlerchrysler.com
Deutsche Bahn	http://www.bahn.de
Deutsche Bank	http://karriere.deutsche-bank.de
Douglas-Gruppe	http://www.douglas-holding.de
Epcos	http://www.epcos.de
E-plus	http://www.eplus.de
Fraport	http://www.fraport.de
Fresenius	http://www.fresenius.de
HeidelbergCement	http://www.heidelbergcement.com
Hewlett-Packard	http://www.hewlett-packard.de
Jenoptik	http://www.jenoptik.de
Jungheinrich	http://www.jungheinrich.com
Kaufland	http://www.kaufland.de
Lufthansa	http://www.lufthansa-careerlounge.de
Merck	http://www.merck.de
Münchener Rück	http://www.munichre.com
Pfizer	http://www.pfizer.de
Philips	http://www.philips.de
Preussag	http://www.preussag.de
Prosieben-Sat1	http://www.prosiebensat1.com
Rheinmetall	http://www.rheinmetall.de
Roche	http://www.roche.de
RWE	http://www.rwe.com
Sachs	http://www.sachs.de

$\rightarrow$

Unternehmen	Web-Adresse
SAP	http://www.sap-ag.de
Schering	http://www.schering.de
Schott Glas	http://www.schott.com
Schwarz Pharma	http://www.schwarz-pharma.de
Signal Iduna	http://www.signal-iduna.de/1611.html
Solvay-Gruppe	http://www.solvay.de
Spar	http://www.spar.de
ThyssenKrupp Automotive	http://www.thyssenkrupp-automotive.de
VW	http://www.vw-personal.de
WDR	http://www.wdr.de
Wüstenrot	http://www1.wuestenrot.de
ZF Friedrichshafen	http://www.zf-group.de

Stand: 23. 06. 2002

9. Zeitarbeitsfirmen im Netz

Seit über 50 Jahren existiert die Zeitarbeit, d. h. die gewerbsmäßige Arbeitnehmerüberlassung; synonym auch häufig Leiharbeit, Personalleasing oder auch Flexarbeit genannt. In dieser Zeit hat sich die temporäre Arbeitnehmerüberlassung aus einem Schattendasein zu einem bedeutenden Instrumentarium der Arbeitsmarktpolitik entwickelt. Inzwischen werden in der Bundesrepublik Deutschland jedes Jahr über eine halbe Millionen Zeitarbeitnehmer in den Unternehmen beschäftigt und tragen damit zur Überbrückung von Personalengpässen, aufgrund von Termindruck, Auftragsspitzen, Krankheit, Urlaub, Schwangerschaft u. ä., bei.[1] Europaweit, so eine Studie von McKinsey & Company und Deloitte Touche Bakkenist im Herbst 2000, sind weit über 2,2 Millionen Arbeitnehmer unter Vertrag, und für das Jahr 2010 könnten sich die Mitarbeiterzahlen auf rund 6,5 Millionen erhöhen.[2]

Das Dienstleistungsangebot der so genannten Zeitarbeitsunternehmen hat sich in den letzten Jahren weit über die o. g. temporäre Arbeitnehmerüberlassung hinaus entwickelt. So werden u. a. folgende zusätzliche Dienstleistungen angeboten:

- Personalvermittlung
- Personalberatung
- Outsourcing
- Outplacement
- Interimsmanagement
- Projektarbeit

Mit dieser bisher gezeigten Entwicklung geht ein entsprechendes Marktvolumen für die Anbieterseite einher. So realisierten die Top 10 der Zeitarbeitsunternehmen in Deutschland im Jahr 2000 einen Umsatz in Höhe von 2.473,4 Mio. Euro und im Jahr 2001 wurde ein Umsatz von 2.586,5 Mio. Euro erreicht.[3]

Die Zeitarbeit ist eine Branche, die auf die Flexibilität des Arbeits- bzw. Personaleinsatzes gesetzt hat und weiterhin setzt. Durch das Internet wird jedoch eine noch nie da gewesene Dimension erreicht. Was im Rahmen der Logistik als »Just-in-Time-Lösungen« bezeichnet wird, kann hier

---

1 Vgl. Bundesverband Zeitarbeit Personal-Dienstleistungen e. V. (2002): Zeitarbeit – Fakten – Eckpunkte der Zeitarbeit für die Arbeitsmarktpolitik, online: http://www.bza.de/ (23. 06. 2002)

2 Vgl. ebenda: Zeitarbeit – Internationales, online: http://www.bza.de/ (23. 06. 2002)

3 Vgl. Lünendonk GmbH (2002): Marktanalysen – Lünendonk-Listen, online: http://www.luenendonk.de/html/marktanalysen_listen_zeitarbeit.html (23. 06. 2002)

auf den Produktionsfaktor Arbeit angewendet werden, d. h. die warenähn-
liche Vermarktung bzw. Disposition von Personal. Wird hiermit das Zeit-
alter der Arbeitskraft auf Abruf oder auch das Konzept der »Manpower on
Demand« eingeläutet?

Fakt ist, dass das Internet zunächst von den Zeitarbeitsfirmen, den Zeitar-
beitnehmern und den Entleiherunternehmen als eine umfassende Informa-
tions- und Kontaktplattform genutzt wird. Hierbei werden zunächst von
den Zeitarbeitsunternehmen ähnliche Leistungen angeboten, wie von den
kommerziellen und nicht-kommerziellen Jobbörsen. So können Arbeitskraft-Anbieter Lebensläufe bzw. Stellengesuche eingeben, Suchagenten
anlegen und sich durch Matching-Verfahren (mit tagesaktuellen Stellenausschreibungen) über ihre Möglichkeiten informieren oder nach Stellenangeboten recherchieren bzw. Online-Bewerbungsmöglichkeiten in Anspruch nehmen. Die Arbeitskraft-Nachfragerseite kann online die Kan-
didatensuche bewerkstelligen oder auch die Personalanfrage digital unterstützt vornehmen. So können mittels Web-Formularen, in denen der
Arbeitskraft-Nachfrager die rudimentären Daten wie Beschäftigungsart,
Fachbereich, Qualifikationsstruktur/Anforderungsprofil, Zusatzkenntnis-
se, Anzahl der Mitarbeiter und benötigter Zeitraum etc. ausfüllt, Personal-
bedarfe artikuliert und schnellstmöglich übermittelt werden. Bei Randstad
kann der entsprechende Recruiter dann noch zwischen unterschiedlichen
Kontaktmöglichkeiten wie FAX, E-Mail, Brief, oder Telekommunikation
auswählen, wobei er gleichzeitig seine Erreichbarkeit im Web-Formular
vermerken kann.[4] Neben diesen Standardfeatures, die in der Praxis von
den Zeitarbeitsfirmen auch sehr unterschiedlich (sowohl in der Funktionalität, als auch der Qualität) angeboten und realisiert werden, existieren
Zusatzleistungen, wie die Vermittlung von Studenten- und Aushilfsjobs,
Informationsangebote (über Tarifverträge, Arbeitnehmerüberlassung, Ge-
setze), Verlinkungen zu anderen Seiten (bspw. zum Arbeitsamt, Bundesverband für Zeitarbeit, Arbeitsrecht 4 free, etc.), aber auch Hotline-Ange-
bote, FAQs, Veranstaltungskalender oder vereinzelt auch Success Stories.

Insgesamt können die Zeitarbeitsunternehmen, mit der zunehmenden Professionalität ihrer Web-Auftritte, eine erhöhte Transparenz über Angebot und Nachfrage erreichen. Darüber hinaus besteht mit der Option zur
Online-An- bzw. Abfrage die Möglichkeit, schnellere Reaktionszeiten
bei gleichzeitiger Reduzierung des Administrativ-Aufwandes zu realisieren, verbunden mit Kosteneinsparungen. Die Beschleunigung der einzelnen Prozess-Schritte wird dann noch durch die Zeitunabhängigkeit des Me-

---

4 Vgl. Randstad Deutschland GmbH & Co. KG (2002): Personalanfrage – Kontaktmedium,
   online: http://www.randstad.de/unternehmen/unter_f.htm (23. 06. 2002)

diums positiv beeinflusst, was der Zielsetzung der kurzfristigen Personalbedarfsdeckung sehr entgegenkommt. Problematisch ist zurzeit noch die
Arbeitskraft-Anbieterseite zu bewerten, die noch nicht unbedingt zur
Haupt-Nutzer-Gruppe des Internets gehört. Aus diesem Grunde werden
die Potenziale der digital unterstützten, temporären Arbeitnehmerüberlassung bei weitem noch nicht ausgeschöpft. Gemäß den Angaben des Bun-
desverbandes Zeitarbeit Personaldienstleistungen e. V. lässt sich die vornehmliche Klientel durch folgende Zielgruppen beschreiben:[5]

- Facharbeiter und Ungelernte
- Sekretärinnen, Bürokaufleute u. a.
- ältere Arbeit Suchende
- Mütter nach der Babypause
- Berufsanfänger
- Studenten
- Wiedereinsteiger nach längeren Berufspausen

Wenn auch in der Vergangenheit vorwiegend gewerbliche und kaufmännische Fachkräfte bzw. Sachbearbeiter oder Hilfskräfte im Fokus der Zeitarbeitsunternehmen standen, so wird in letzter Zeit zunehmend erkennbar,
dass die Zeitarbeit auch für andere Zielgruppen attraktiver wird. Hinzukommen die erweiterten Dienstleistungsangebote der Zeitarbeitsunternehmen, mit denen auch aktiv andere Zielgruppen angesprochen werden. Als
Beispiel kann hier das Stellenangebot der Bindan-Niederlassung Wiesbaden angeführt werden, indem neben kaufmännischen Mitarbeitern, auch
Chefsekretärinnen oder Diplom-Betriebswirte gesucht werden (siehe Abbildung 98).

Die Zeitarbeit ist ein Instrument flexibler Personalwirtschaft, das Internet
kann diese Flexibilität ggf. noch um ein Vielfaches steigern. Dies wird jedoch zukünftig davon abhängen, wie sich die gesellschaftliche Einstellung
zur Arbeit verändert, der Staat weitere Flexibilisierungsmaßnahmen z. B.
gesetzlich unterstützt, die Unternehmen die Flexibilität ihrer Mitarbeiter
fördern bzw. ihre Personalwirtschaft dynamisch flexibilisieren und von
den Zeitarbeitsunternehmen, inwieweit sie diese Entwicklungen forcieren,
erweiterte Dienstleistungen anbieten und diese digital unterstützen. Abschließend ist eine Aufstellung von Zeitarbeitsfirmen, die im Internet vertreten sind, auszugsweise abgebildet (siehe Abbildung 99).

---

5 Vgl. Bundesverband Zeitarbeit Personal-Dienstleistungen e. V. (2002): Zeitarbeit – Fakten –
  Sechs Argumente für die Zeitarbeit, online: http://www.bza.de/ (23. 06. 2002)

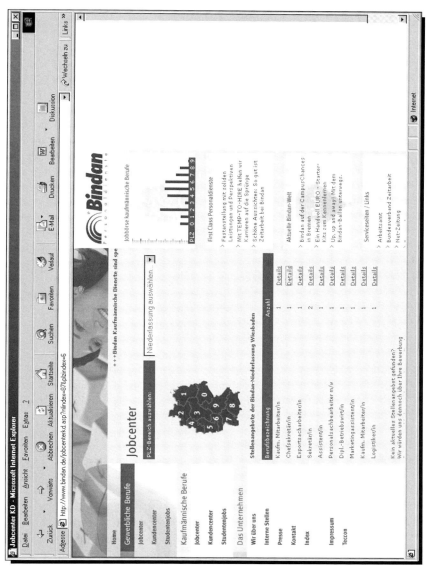

Abb. 98: Auszug aus dem Stellenangebot einer Bindan-Niederlassung[6]

---

6 Bindan-Gruppe (2001): Jobcenter, online: http://www.bindan.de/jobcenterkd.asp?nlindex=87&plzindex=6 (24. 12. 2001)

Zeitarbeitsfirmen	Web-Adresse
ABAKUS	http://www.abakus-zeitarbeit.de
Adecco	http://www.adecco.de
Allbecon	http://www.allbecon.de
Allzeit	http://www.allzeit2000.de
AMG Zeitarbeit	http://www.amg-zeitarbeit.de
Bindan	http://www.bindan.de/homepage.asp
Brunel	http://www.brunel.de
CENIS	http://www.cenis.de/main.html
DIS AG	http://www.dis.ag./welcome.html
EXTRA	http://www.extra-personal.de
FiRe	http://www.fire.de
FLEX Time	http://www.flex-time.de/start.htm
GPI	http://www.gpi.de
Hofmann	http://www.hofmann-personalleasing.de
Manpower	http://www.manpower.de
MS Mitarbeiter Service	http://www.mitarbeiterservice.de
Jobs in time	http://www.jobsintime.de
Just in time	http://www.justintime.de
Keller	http://www.kellergmbh.de
meantime	http://www.meantime.de
MPS	http://www.mpspersonalservice.de
NEXTIME	http://www.nextime.de
Persona service	http://www.persona.de
Personal Direkt	http://www.personal-direkt.de
Personal Springer	http://www.personal-springer.de
profi Zeitarbeit	http://www.profi-personal.de
Randstad	http://www.randstad.de
START Zeitarbeit	http://www.start-nrw.de
Timecraft	http://www.timecraft.de
Tuja Zeitarbeit	http://www.tuja.de

$\rightarrow$

Zeitarbeitsfirmen	Web-Adresse
UPZ	http://www.upz-gmbh.de
Vedior	http://www.vedior.de
Zeitwerk	http://www.zeitwerk-gmbh.de
ZAG Personaldienste	http://www.zag.de

Abb. 99:   Auszug von Zeitarbeitsfirmen im Internet Stand (Januar 2002)

10. E-Recruitment: Das digitale Evangelium oder die Apokalypse?

Während die digitalen Evangelisten die All-Herrlichkeit des Internets apostrophieren, sich nach der konsequenten Umsetzung sämtlicher personalwirtschaftlicher Prozesse im virtuellen Raum sehnen und bereits am fünften Buch ihres digitalen Evangeliums basteln, welches zeitgleich nicht als Postulat, sondern gleich als Dogma verkündet und veröffentlicht wird, stehen auf der anderen Seite die Apokalyptiker und beschwören den Untergang dieser Entwicklung, fassen jeden innovativen Fehltritt als Bestätigung ihrer Grundhaltung auf und bauen die traditionellen (nicht digitalisierten) personalwirtschaftlichen Konzepte weiter aus. Sind damit der Evangelist und der Apokalyptiker zwei unvereinbare »Extremtypen«, sind es Personaler unterschiedlicher Generationen oder handelt es sich vielmehr um einen innovativen Denk- und Handlungsprozess, bei dem auf jeden Trend ein Gegenreflex folgt? Geht es um Futurisierung und De-Futurisierung, um Vorwärtsbewegungen oder Rückwärtsbewegungen, um Fortschritt versus Resistenz, um virtuelles Gambling oder digitale Zweckmäßigkeiten? Oder ist es vielmehr ein notwendiges Phänomen, welches doch so häufig bei technischen Innovationen auftritt, ein Prozess der Balancierung?

Faktum ist:

- E-Recruitment ist Realität. Eine Realität, die in der personalwirtschaftlichen Aufgabenbewältigung ihren Platz eingenommen hat und in den nächsten Jahren noch weiter professionalisiert und ausgebaut wird.
- E-Recruitment verändert Prozesse, Aufgabenstellungen und Berufsbilder, ermöglicht aber auch neue Perspektiven und birgt gleichermaßen neue Gefahren und Risiken in sich.
- E-Recruitment ist nicht »nur« Technik, sondern gleichzeitig Vision und Strategie.
- E-Recruitment bietet neue Herausforderungen, denen man sich entziehen kann oder die man annehmen kann, um Entwicklungen voranzutreiben.

10.1 Das Zukunfts-Szenario »E-Recruitment«

Während 1999 gerade einmal 19 Prozent der Europäer im Alter von über 16 Jahren regelmäßig das Internet nutzten, lag ihr Anteil Ende 2001 nach Schätzungen von Forrester Research bereits bei 43 Prozent, was einer Nutzerzahl von 127 Millionen entspricht.[1] Bereits 2006 sollen etwa 200 Millionen (67 Prozent) Europäer im Internet präsent sein.[2] In Anbetracht einer solchen Entwicklung ist es wenig vermessen anzunehmen, dass mit der zunehmenden Verbreitung des Internets und seiner Verfügbarkeit für jeden Einzelnen, im Jahre 2010 plus, ca. 90% der Bevölkerung in den Industriestaaten einen Zugriff auf das Internet besitzen und somit im WWW vertreten sind. Unterstellt man weiter, dass auch zu diesem Zeitpunkt noch die Arbeit die Existenz jedes Einzelnen sichert, so ist die Wahrscheinlichkeit sehr hoch, dass nahezu jeder Erwerbsfähige im Jahre 2010 plus seinen Lebenslauf in mindestens einer Datenbank einer Jobbörse abgelegt hat und diesen auch ständig fortschreibt. Meta-Maschinen werden bis dahin in der Lage sein, alle diese Datenbanken abzufragen, so dass weltweit nahezu alle erwerbsfähigen Menschen (in Industriestaaten) mit ihrem Lebenslauf und ihren Qualifikationsprofilen in einer, wenn auch dislozierten Datenbank, vereinigt sind. Regionale oder nationale Arbeitsmärkte gehören der Vergangenheit an, es existiert nur noch ein Welt-Arbeitsmarkt.

Globalisierungs- und Diversity-Management-Konzepte gehören der Vergangenheit an, weltweit agierende Unternehmen beschäftigen Weltbürger. Diese bewerben sich nicht mehr bei den Unternehmen, sondern werden nachgefragt. Die Bewerbung ist im Jahre 2010 plus kein singulärer, sondern ein kontinuierlicher Prozess. Der aktualisierte Lebenslauf, in Verbindung mit einem entsprechenden Skill-Table, einem Persönlichkeits- und Mobilitätsprofil, sowie einem Auslastungs- und Verfügbarkeits-Tableau, bieten den Arbeitskraft-Nachfragern die Möglichkeit einer nahezu vollständigen Transparenz über den Ressourcen-Pool »Mensch«. Ein professionalisiertes Screening-Verfahren ermöglicht dann dem Recruiter ein unmittelbares Ranking vorzunehmen und nach einer ersten Sichtung sein Angebot den geeignetsten Arbeitskraft-Anbietern, via Internet, SMS oder auch über Video-Streams zukommen zu lassen. Angebote werden somit für einen Teil der Erwerbstätigen zur Regel, ggf. alltäglich.

Die Aufgabenstellungen in den Unternehmen besitzen mit 60% Projektcharakter, d. h. es handelt sich um Vorhaben mit einem ansteigenden Komplexitätsgrad, welche durch einen azyklischen Ablauf, mit einem definierten Anfangs- und Endzeitpunkt gekennzeichnet sind. Zehn Prozent der Tätigkeiten entfallen auf strategische Aufgabenfelder und Leitungsaufgaben, die anderen 30% sind Standard- und Routineprozesse, die synergetisch von Technik und Mensch gleichermaßen wahrgenommen werden. Diese Entwicklung führt zwischenzeitlich dazu, dass die Unternehmen den Anteil

---

1 Vgl. Robben, M. (2002): Internetnutzung in Europa – ein Puzzle mit 1000 Teilen?, online: http://www.ecin.de/marktbarometer/europa2 (07. 06. 2002)
2 Vgl. ebenda

an Langzeitangestellten auf 25–30% reduzieren. Die restlichen Mitarbeiter sind im Projektgeschäft tätig und werden auch hierfür temporär nachgefragt. Die heute noch als High Potentials bezeichneten Arbeitskräfte sind zu 90% im Projektgeschäft tätig und zeichnen sich durch ein besonders nachgefragtes »Skill-Portfolio« aus« und sind in der Lage und Willens, sich ständig veränderten Bedingungen anzupassen. Sie verfügen zwar über eine »Living-Base«, grundsätzlich wohnen sie aber an ihren jeweiligen Arbeitsorten. Die ständige Anfrage von Unternehmen nach ihrer Arbeitskraft wird von diesem Personenkreis zunächst als sehr angenehm empfunden, später, so etwa ab 2009, werden die täglichen Videoanfragen nur noch als lästig und störend empfunden. Dies führt dazu, dass sich zunehmend mehr Agenturen zur Bedarfs-Synchronisation bilden werden, um die High Potentials nach außen zu vertreten. Das Agenturgeschäft ist zum Vermittlungs- und Entwicklungscenter evolutioniert. In Phasen der Nicht-Auslastung wird an der Erwerbs- bzw. Arbeitsmarktfähigkeit der Klienten gearbeitet. Einige Agenturen konzentrieren sich auf bestimmte Nischen und stellen aus ihrer Klientel »Spezial Forces« zusammen, die als solche auch vermittelt werden. Im Laufe der Zeit stellen sich bestimmte »Premium-Skill-Worker« heraus, deren Qualifikation so stark nachgefragt ist, dass die Arbeitskraft dieser Klientel von HR-Auktionshäusern im Internet und TV an das meistbietende Unternehmen versteigert wird. Insgesamt wird sich das Beschäftigungsverhältnis ändern. Im Jahre 2010 plus arbeiten die High Potentials fast zu 100% als Selbstständige.

Der Wandel wurde bereits Anfang 2000 eingeleitet, nachdem die Unternehmen immer mehr Selbstständigkeit, unternehmerisches Denken etc. von ihren Mitarbeitern forderten, so dass etwa um 2007 die Selbstständigkeit fast zur Regel wird. Diese Entwicklung ist ein Prozess auf Gegenseitigkeit. Die Arbeitskraft-Nachfrager bauen die Langzeit-Angestellten-Stellen kontinuierlich ab und die qualifizierten Arbeitskraft-Anbieter, inzwischen eine Generation von »Vollblut-Hedonisten«, empfinden die Selbstständigkeit als neue Möglichkeit und erstrebenswerte Arbeits- und Lebensform. Aber nicht nur das Beschäftigungsverhältnis ändert sich, sondern auch das Bildungssystem. Nachdem die Unternehmen nach jahrelanger »Hochglanz-Broschüren-Politik« festgestellt haben, dass das Personal tatsächlich ihre wichtigste Ressource darstellt, wird beginnend um 2006, mit einer proaktiven E-Recruitment-Strategie der Ressourcen-Wettbewerb »Mensch« begonnen. Recruiter führen regelmäßig »Talent-Workshops« in Kindergärten durch und vergeben an die Besten Stipendien. Die Ausbildung der Stipendiaten wird flexibilisiert und aufgrund der vollständigen »Skill-Transparenz« durch kontinuierliche Datenbank-Recherchen, unmittelbar auf den zukünftigen Bedarf ausgerichtet. Die Ausbildungsorte sind neben der Schule und dem Internet auch die Unternehmen. Der klassische Schulabschluss wird seine Bedeutung überleben, im Jahre 2010 plus zählt das »Skill-Porfolio«. Der Erwerbstätige unterliegt der ständigen Qualifizierung, ohne eine langfristige Zielorientierung zu haben. Auch die Hochschulen werden sich zwischenzeitlich ändern. Die Präsenzphasen wechseln sich mit E-Learning-Phasen ab, die Kombi-Semester (Praxis und Theorie) nehmen zu, die Finanzierung erfolgt über 50% durch die Unternehmen. Alle Phasen der Bildung werden immer wieder durch Recruiter begleitet, sie sind zu rastlosen »Djangos« geworden, die sich immer wieder auf der Suche nach »Skills« befinden. Die demographische Bevölkerungsentwicklung, gerade in der Bundesrepublik Deutschland, wird auch dazu führen, dass der Recruiter seine Tätigkeit, ab ca. 2007 weltweit ausdehnt und sich ab diesem Zeitpunkt als »Skill-Hunter« auf dem Erdball verdingt. Die Lebenslauf- und Skill-Datenbanken werden weiterentwickelt und sind ein Spiegelbild dessen, was man Anfang 2000 nur im Bereich der Wertpapiere kannte. Es werden ab 2010 plus eigene Börsen für die Humanressource existieren, die auch weltweit gehandelt wird, d. h. Investitionen in Humankapital werden eine ganz andere Bedeutung haben. Der Mensch wird selbst zum Anlageobjekt.

Neben den o. g. Entwicklungen werden sich im Laufe der nächsten zehn Jahre weitere Trends, die sich bereits Anfang 2000 abzeichneten, bestätigen. Die anfängliche Euphorie über die Möglichkeiten des E-Recruitments werden sich bei einem Teil der Weltbevölkerung legen. Sie haben ihren Lebenslauf in einer Datenbank, müssen aber aktive Akquisition in eigener Sache betreiben. Dieser Personenkreis verfügt über ein »Standard-Skill-Portfolio«, welches weit verbreitet ist. Einige werden sich Agenturen der Massenvermittlung anschließen, andere versuchen über eigene Akquisitionswege eine temporäre Beschäftigung zu erhalten. Es werden am Anfang sehr schwierige Jahre, da die Transparenz über den Welt-Arbeitsmarkt zunächst dazu führt, dass die Arbeitskraft-Nachfrager zunehmend mehr Personal aus ehemaligen »Dritt-Ländern« temporär einstellen, da diese noch recht preiswert ihre Arbeitskraft anbieten und über eine sehr hohe Mobilität verfügen. Hierdurch können die Unternehmen auch den »Premium-Skill-Workern« Summen bezahlen, die Anfang 2000 noch als utopisch galten. Zwischenzeitlich wird ein Regulierungsprozess stattfinden der den »Standard-Skill-Workern« ein moderates Auskommen ermöglicht. Ändern wird sich aufgrund dieser Entwicklung die Einstellung der Arbeitskraft-Anbieter. Sie erkennen, dass die Verantwortung zur Verbesserung ihres »Skill-Portfolios« ausschließlich ihnen obliegt, dass sie sich während der gesamten Zeit der Erwerbstätigkeit in einem ständigen Wettbewerb befinden und die Mobilität und Flexibilität die Grundvoraussetzung ihrer Anstellung bildet. Durch die drastische Reduktion der Langzeit-Angestellten-Verhältnisse und der zunehmenden Automatisierung und Digitalisierung entwickelt sich jedoch auch eine Beschäftigungsklasse, die man als »Moderne Tagelöhner« bezeichnen könnte. Sie verfügen über ein unterdurchschnittliches »Skill-Portfolio« und werden von Unternehmen tageweise für bestimmte Aufgabenstellungen beauftragt. Hierzu werden im Internet Marktplätze eingerichtet, die als Schnittstelle zwischen Arbeitskraft-Anbieter und -Nachfrager fungieren. Der Arbeitskraft-Anbieter erhält am Abend eine digitale Benachrichtigung über sein Tätigkeitsgebiet und seinen Einsatzort. Dieser Erwerbstätigenkreis steht ständig an der Grenze zur ökonomischen Randständigkeit und führt ein Leben am Existenzminimum.

Der Betrachtungshorizont 2010 plus zeigt, dass u. U. ein »totaler« Wandel der Arbeitskulturen bevorsteht und man zukünftig sich mit folgenden Typen von Arbeitskulturen beschäftigen wird (siehe Abbildung 100).

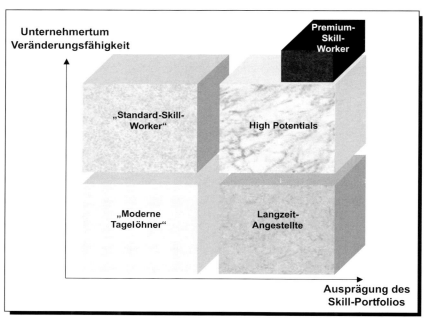

Abb. 100: Zukünftige Arbeitskulturen

Dieses Szenario ins Jahr 2010 plus soll eine Anregung zur Diskussion geben, aber auch gewisse Trends bzw. Entwicklungstendenzen deutlich machen, die auf die Arbeitskraft-Anbieter und -Nachfrager gleichermaßen zukommen. Es wurde aber auch deutlich, dass sich das heutige E-Recruitment sehr stark wandeln wird. Nicht nur die technischen Möglichkeiten werden weiter ausgebaut, sondern vor allem die Einsatzmöglichkeiten und die Inhalte. E-Recruitment entwickelt sich zu einem kontinuierlichen Prozess und zu einem kritischen Erfolgsfaktor eines jeden Unternehmens.

10.2 Jobbörsen 2010 plus

Betrachtet man die zukünftigen Arbeitskulturen und das E-Recruitment an sich, so stellt sich automatisch auch die Frage, welche Bedeutung und welche Aufgabenfelder die Jobbörsen der Zukunft einnehmen und annehmen werden. Bei einer heutigen Ex-post-Betrachtung lassen sich folgende Entwicklungsstufen der Jobbörsen erkennen (siehe Abbildung 101).

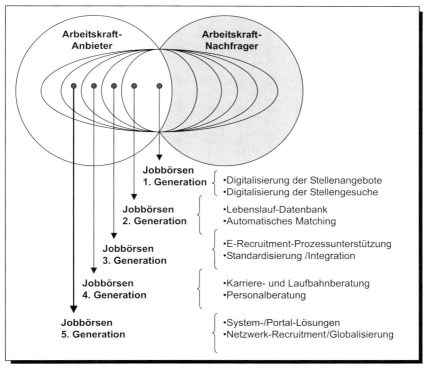

Abb. 101:   Bisherige Entwicklungsstufen der Jobbörsen

Den Ausgangspunkt bilden die Interessen bzw. Bedarfe der Arbeitskraft-Anbieter und Arbeitskraft-Nachfrager. Mit jeder Entwicklungsstufe der Jobbörsen wird eine professionellere Synchronisation von Interessen und Bedarfen angestrebt, so dass ein höherer Synchronisationsgrad erreicht wird. In den ersten Jahren des Internets wurden in Online-Stellenmärkten – vergleichbar mit dem Angebot von Zeitungen – lediglich Stellenanzeigen veröffentlicht (Jobbörsen der 1. Generation). Hier ergaben sich durch die überregionale Verfügbarkeit sowie Vereinfachungen bzw. Automatisierungen bei Suche und Bewerbung bereits Zeit- und Kostenvorteile gegenüber dem Printangebot. In einer nächsten Entwicklungsstufe kamen die Lebenslauf-Datenbanken dazu (Jobbörsen der 2.Generation). Arbeitskraft-Anbieter können ihren Lebenslauf online erstellen und verwalten. Das eigene Profil – anonymisiert oder nicht – kann freigeschaltet werden, so dass es Personalverantwortliche in der Lebenslauf-Datenbank finden können. Ergänzt um die Matching-Funktionalität erreichten die Jobbörsen eine weitere Entwicklungsstufe der Bedarfssynchronisation. Inzwischen werden die Bedürfnisse der Personalverantwortlichen durch komplette Software-Lösungen zur Unterstützung jeder Phase des Rekrutierungsprozesses erfüllt (Jobbörsen der 3.Generation). Vom Einstellen von Stellenanzeigen in Echtzeit, über das Verwalten der eingehenden Bewerbungen, inklusive Response-Management, bis hin zur Erfolgsmessung der Recruiting-Maßnahmen, lassen sich alle Workflows bequem und Zeit sparend im Internet koordinieren. Einzige Voraussetzung ist ein Internetzugang.

Zusätzlich wachsen diese technologisch als ASP (Application Service Providing) zur Verfügung gestellten Software-Lösungen durch standardisierten Datenaustausch mit den bestehenden Inhouse-Lösungen der Personalabteilungen zusammen. Standardisierter Datenaustausch zwischen Online-Stellenbörse und Unternehmen ermöglichen weit reichende Automatisierungen an vielen Stellen des Recruiting-Prozesses. Auch die Standardisierungs- und Kooperationsbemühungen zwischen Anbietern von ERP-Systemen (Enterprise Resource Planning) und großen Online-Anbietern werden zurzeit forciert. Zeitgleich werden vereinzelt auch Outsourcing- oder Insourcing-Projekte, entweder nur mit der technischen Lösung oder einschließlich der Dienstleistungen, avisiert und realisiert. Die 4. Generation der Jobbörsen wird eine weniger technisch dominierte Entwicklungsstufe sein und der Attraktivität des Dienstleistungsangebotes dienen. Hier wird auf Seiten der Arbeitskraft-Anbieter mehr Beratungsleistung im Bereich der Karriere- und Laufbahnberatung zur Verfügung gestellt und auf der Seite der Arbeitskraft-Nachfrager wird zunehmend mehr die Personalberatungsdienstleistung professionalisiert angeboten werden. Diese Entwicklungsstufe ist somit im Wesentlichen als Durchgangsstufe anzusehen; auf dem Weg zur 5. Generation von Jobbörsen. Hier werden die Jobbörsen als System- und Portallösungen auf dem Markt agieren und ein komplettes Informations- und Leistungsangebot für den Arbeitskraft-Anbieter und vor allem für den Arbeitskraft-Nachfrager bereitstellen. Gleichzeitig wird in dieser Entwicklungsstufe der globale Aktionsradius der verbleibenden Jobbörsen am Markt erweitert und damit auch der Forderung nach einem immer stärker zentral koordinier- und überwachbarem Recruitment, über die Landesgrenzen hinaus, Rechnung getragen.

Jede dieser Entwicklungsstufen ist bzw. wird mit einer weiter fortschreitenden Marktkonsolidierung bzw. -bereinigung verbunden sein. Somit wird es »nur« eine überschaubare Anzahl an leistungsfähigen Jobbörsen der 5. Generation geben, die als »Full-Service-Anbieter« global agieren. Dies bedeutet für die Zukunft (2010 plus), dass sich Nischen-Anbieter am Markt etablieren können und Jobbörsen, die in der Lage sind, mit differenziertem Dienstleistungsangebot, die zukünftigen Interessen und Bedarfe der Arbeitskraft-Anbieter und -Nachfrager noch besser abzudecken. Hierbei sind die folgenden zwei Trendentwicklungen denkbar:

- **Trend zur Individualisierung**
- **Trend zur Projektierung**

Während die Entwicklung zur (vermehrt) individualisierten Bedarfsdeckung zu so genannten »Agentur-Modellen« führen könnte, bedeutet der Trend zur Projektierung eine Entwicklung in Richtung »Skill-Börsen« (siehe Abbildung 102).

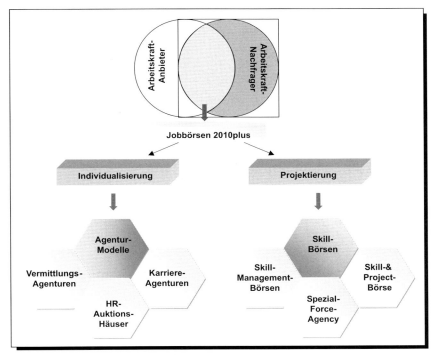

Abb. 102:   Jobbörsen 2010 plus

Eine Trennung dieser beiden Trends dient ausschließlich der Verdeutlichung und führt somit zu Typen von zukünftigen Jobbörsen, wobei alle aus heutiger Sicht möglichen und unmöglichen Mischformen denkbar sind.

Die zunehmende Individualisierung kann zu so genannten »Vermittlungs-Agenturen« führen. Sie sind im Wesentlichen dadurch gekennzeichnet, dass sie z. B. eine hohe Funktions- oder Branchenspezialisierung bzw. -fokussierung aufweisen, über Beitrittsreglements für Arbeitskraft-Anbieter verfügen und einen festen Kundenstamm an Arbeitskraft-Nachfragern besitzen.

Eine weitere Entwicklungsmöglichkeit wäre in Richtung »Karriere-Agenturen« denkbar. Karriere-Agenturen der Zukunft wären Institutionen, die frühzeitig Arbeitskraft-Anbieter an sich binden und gemeinsam den beruflichen Karriereweg gestalten. Die Arbeitskraft-Anbieter würden zeitlich befristete oder lebenslange Verträge mit einer solchen Agentur abschließen, die wiederum dafür Sorge trägt, dass die geplanten Karrieren Wirklichkeit werden. Im Gegensatz zu den Vermittlungs-Agenturen würden die Karriere-Agenturen nicht nur die Personalbeschaffung, sondern darüber hinaus auch die Laufbahnplanungen ihrer Kunden (Arbeitskraft-Nachfrager), in Teilen oder auch vollständig, übernehmen. Spezialisierungen auf Fach-, Führungs- und Projektlaufbahnen wären hier ebenso denkbar, wie die Übernahme von Konzern- oder Verbund-/Netzwerk-Laufbahnplanungen. Karriere-Agenturen würden der Forderung nach Individualisierung dann noch um ein Vielfaches mehr entsprechen, wenn sie bei den Arbeitskraft-Anbietern die berufliche Laufbahnplanung mit der Lebensplanung matchen und diese auch berücksichtigen.

Dem bereits im Szenario angesprochenen »Premium-Skill-Worker«, d. h. dem hoch qualifizierten oder -spezialisierten Arbeitskraft-Anbieter, würden so genannte HR-Auktionshäuser ihre Dienste anbieten. Die HR-Auktionshäuser würden somit Arbeitskraft-Anbieter betreuen, die aufgrund ihres Ausnahmeprofils, Wohlstandsoptimierung betreiben. Als Kunden kämen Arbeitskraft-Nachfrager in Betracht, deren Bedarf nach diesen Arbeitskräften exorbitant hoch ist und die es sich auch wirtschaftlich leisten können.

Betrachtet man die bisherige Entwicklung der Jobbörsen, so zeigt sich, dass zunehmend mehr daran gearbeitet wird, Skills zu erfassen und auch professionell und aussagefähig matchen zu können. Diese Bemühungen werden auch aus heutiger Sicht weiter vorangetrieben und führen zukünftig zu so genannten Skill-Börsen. Während heute nur rudimentär die Skills eingegeben werden, die sich vornehmlich auf Hard Facts konzentrieren, gilt es zukünftig darüber hinaus die Soft Skills vermehrt mit einzubeziehen und auch an Referenzsystemen zu arbeiten, um die Aussagefähigkeit und Zuverlässigkeit der Daten zu steigern und damit eine wesentlich verbesserte Informationsplattform anbieten zu können, als dies heute der Fall ist. Gleiches gilt für die Professionalisierung der digitalen Möglichkeiten zur Personalauswahl.

Der Trend zur zunehmenden Projektierung betrieblicher Aufgabenstellungen wird dazu führen, dass zunehmend mehr Arbeitskraft-Anbieter, mit einem ganz bestimmten »Skill-Portfolio«, für die Planung und Realisierung einer zeitlich begrenzten Aufgabenstellung nachgefragt werden. Hierzu dürfte es 2010 plus nicht mehr ausreichen, Skills in eine Datenbank einzupflegen und matchen zu können, sondern darüber hinaus gezieltes Skill-Management zu betreiben.

Eine Ausprägungsform könnten somit die »Skill-Management-Börsen« sein. Diese übernehmen im Rahmen ihres Dienstleistungsangebotes Aufgaben der Personalenwicklung. Aufgrund ihrer Transparenz der tatsächlichen Bedarfe der Arbeitskraft-Nachfrager, können solche Börsen aktiv und zielorientierte Ausbildungs-, Fort- und Weiterbildungsprogramme nicht nur anbieten, sondern auch durchführen. Während sich einige Börsen auf das zielorientierte Skill-Management von Auszubildenden konzentrieren, werden andere die Qualifizierung von Fach- und Führungskräften anvisieren. Hiermit ändern sich nicht nur die Aufgabenfelder, sondern auch die Zuständigkeiten der zukünftigen Jobbörsen dahingehend, dass sie verantwortlich zeichnen für die Arbeitsmarktfähigkeit ihres HR-Bestandes. Während die Arbeitskraft-Anbieter zunehmend für ihre Erwerbsfähigkeit selbst die Verantwortung tragen, sorgen die »Skill-Management-Börsen« für die Zielorientierung.

Die nächste Entwicklungsstufe könnte dann durch die »Skill- & Project-Börsen« gekennzeichnet werden. Während bis zu diesem Zeitpunkt die Synchronisation der Bedarfe von Arbeitskraft-Anbietern und -Nachfragern im Zentrum des Denkens und Handelns stand, werden diese Jobbörsen um eine weitere Dimension erweitert. Die Personalbedarfsdeckung für Projekte wird auf die Jobbörsen verlagert. Die Arbeitskraft-Nachfrager schreiben den qualitativen und quantitativen Personalbedarf von Projekten aus und die Jobbörsen synchronisieren jetzt die personellen Projektanforderungen mit den Bedarfen der Arbeitskraft-Anbieter. Die Arbeitskraft-Nachfrager werden solche Ausschreibungen an mehrere Jobbörsen (der Zukunft) vergeben, wobei die Jobbörse den Auftrag erhält, der es gelingt das summative Optimum zu erfüllen. Neben dem Preis, den Skills und der Verfügbarkeit des Einzelnen, wird somit das »Team-Skill-Portfolio« den Ausschlag über Erfolg oder Misserfolg geben.

Eine solche Entwicklung kann dazu führen, dass diesbezüglich eine Spezialisierung von einigen Jobbörsen angestrebt wird. Diese Ausprägungsform könnte als »Spezial-Force-Agency« bezeichnet werden. Die Arbeitskraft-Anbieter sind bei einer »Spezial-Force-Agency« angestellt und werden als Projektteam, z. B. für Krisenmanagement oder bestimmte Technik-Implementierungen etc., den Arbeitskraft-Nachfragern angeboten. Mit dieser Entwicklungsstufe erhalten dann die Jobbörsen die Verantwortung für die Arbeitsmarkt- und Erwerbsfähigkeit, als auch für den Einsatz bzw. die Auslastung ihres HR-Bestandes.

Bezogen auf die Jobbörsen-Typen der Zukunft kann festgehalten werden, dass neben den (geschilderten) reinen Ausprägungsformen, eine Vielzahl an Variations- und Kombinationsmöglichkeiten denkbar sind. Somit lassen die oben skizzierten Trends und Ausprägungen nur erahnen, welche Entwicklungs- und Gestaltungsmöglichkeiten die heutigen Jobbörsen noch vor sich haben.

10.3 Personalberatung, quo vadis?

Abschließend soll hier noch die Frage gestellt werden: Wer kann sich die o. g. Entwicklungsmöglichkeiten am besten nutzbar machen? Fest steht, dass die Informations-, Beratungs- und Servicedienstleistungen von Jobbörsen, Personalberatern und Headhuntern sowie von Zeitarbeitsfirmen sich langsam zunehmend mehr und mehr ähnlicher werden. Während die Jobbörsen als Technikfavoriten gelten dürfen, spricht für die klassische Personalberatung das HR-Know-how. Die Headhunter erreichten, gerade in den vergangenen Jahren, aufgrund ihrer hohen Zielorientierung, imponierende Wachstumszahlen und für die Zeitarbeitsfirmen gilt dies in gleichem Maße, da sie den großen Vorteil der Flexibilität vermarkten konnten. Mit den Möglichkeiten des E-Recruitments werden die Grenzen zwischen Personalberatung, Personalleasing, Headhunting und Jobbörsen-Aktivität ggf. weiter aufgelöst. Ob es nun die Jobbörse ist, die Beratungs-Know-how adaptiert oder ob es die Personalberatung ist, die sich das Know-how und die Technik der Jobbörsen zu Eigen macht; für den Auftraggeber wird weiterhin die Kompetenz und der Erfolg der nachgefragten Dienstleistung im Mittelpunkt stehen. Werden die innovativen über die konservativen Dienstleister siegen, wird Schnelligkeit und/oder Kapitalstärke den Ausschlag geben oder wird derjenige das Rennen gewinnen, der Visionen hat, der bereit ist für Veränderungen, der Risikobereitschaft zeigt und der dementsprechend eine strategische Geschäftsfeldpolitik aufbaut, die ihm die Marktanteile am zukünftigen HR-Markt sichern. Das Rennen, damit ist das bedarfssynchronisierte und zielorientierte Management der Ressource »Mensch«

gemeint. Hier einige Informationen zum Engagement in den Vor- und Qualifizierungsläufen für dieses Rennen, die bereits begonnen haben:

Mit über 39 Millionen visits, über 20 Millionen aktiven Nutzern, mehr als 1 Million aktuellen Stellenangeboten und 21 nationalen Websites mit lokalen Inhalten übernimmt zurzeit TMP Worldwide, mit ihrem Karriere-Netzwerk Monster eine Vorreiterrolle.[3] Futurestep, die Tochter der Executive Search Beratung Korn/Ferry International ist seit 1999 online und konzentriert sich vornehmlich auf das Recruiting von Fach- und Führungskräften im mittleren und gehobenen Management.[4] Eine vergleichbare Zielgruppe hat auch die Personalberatung Heidrick & Struggles mit ihrer Tochter LeadersOnline im Visier[5] und die Career-now.com GmbH setzt auf Online-Headhunting im Netz[6].

Auch wenn das Engagement der heutigen Marktteilnehmer nur exemplarisch und nicht vollständig aufgeführt ist, so zeigt sich dennoch, um in dem o. g. Bildnis zu bleiben, dass einige (auch namhafte) Personalberatungsgesellschaften sich für das Rennen noch nicht qualifiziert bzw. zu den Vorläufen angemeldet haben. Ist das Strategie oder ist es etwas anderes? Wird E-Recruitment lediglich als eine technische Neuheit mit ausschließlich instrumentellem Charakter verstanden, oder ist Beharrungsvermögen die Eigenschaft, die über den Ausgang des Rennens entscheiden wird? Ist E-Recruitment vielleicht eine technische Innovation mit Trivialitätscharakter, uneingeschränkter Adaptionsmöglichkeit und damit ein Instrument von vielen? Bleiben die Grenzen zwischen Personalberatung, Personalleasing, Headhunting und Jobbörsen-Aktivität vielleicht doch bestehen, oder werden die HR-Abteilungen der Arbeitskraft-Nachfrager zunehmend mehr die Möglichkeiten des E-Recruitments für ihre individuellen Bedarfszwecke professionalisieren und viele Dienstleistungen zukünftig extern gar nicht mehr nachfragen bzw. nachfragen müssen?

E-Recruitment bietet, im Rennen um das bedarfssynchronisierte und zielorientierte Management der Ressource »Mensch«, Chancen und Möglichkeiten für Arbeitskraft-Anbieter, -Nachfrager und Dienstleister gleichermaßen. Aber nur für diejenigen, die diese Herausforderung annehmen.

---

3 Vgl. Monster.de (2002): online: http://unternehmen.monster.de/monsterde/ (23. 06. 2002)
4 Vgl. Futurestep (2002): online: http://www.futurestep.com/cndt12/sign_in/aboutUs_main.asp (23. 06. 2002)
5 Vgl. LeadersOnline (2002): online: http://www.leadersonline.de/about.asp (23. 06. 2002)
6 Vgl. Career-now.com GmbH (2002): online: http://www.career-now.com/ (23. 06. 2002)

Literatur- und Internetquellen

Albach, H. (Hrsg.) / Staufenbiel, J. E./ Giesen, B. (1999): Die Theorie der Unternehmung in Forschung und Praxis: Trainee- und sonstige Einarbeitungsprogramme für Wirtschaftswissenschaftler, Berlin/Heidelberg und New York

Aschenbeck, A. (2002): Schnell zum neuen Job klicken. – Warum Internet-Stellenmärkte eine Konkurrenz für die etablierten Personalvermittler werden können, in: Financial Times Deutschland vom 12. Januar 2002

Beck, C. (2002): Professionelles E-Recruitment, in: Beilage der DUZ – das unabhängige Hochschulmagazin, 22. 03. 2002, S. 18

Beck, C. (2001): Personalbeschaffung und -auswahl, in: Maess, K. / Franke, D. (Hrsg.): PersonalJahrbuch 2002, S. 173–188

Bliemel, F. / Fassott, G. / Theobald, A. (2000): Electronic Commerce: Herausforderungen – Anwendungen – Perspektiven. 3. überarb. und erweiterte Aufl., Wiesbaden

Bröll, C. (2000): Der Markt für Internet-Jobbörsen ist in Bewegung, in: Frankfurter Allgemeine Zeitung vom 25. November 2000

Bundesverband Zeitarbeit Personal-Dienstleistungen e. V. (2002): Zeitarbeit – Fakten – Eckpunkte der Zeitarbeit für die Arbeitsmarktpolitik, online: http://www.bza.de/ (23. 06. 2002)

Burazerovic, M. (2001): Perlensuche am Computer, in: VDI-nachrichten, Nr. 30, 27. 07. 2001, S. 28

Capelli, P. (2001): Making the Most of On-Line Recruiting, in: Harvard Business Review, March 2001

Crosswater Systems Ltd. (2002): Die elektronischen Jobbörsen in Deutschland, Dossier #2: Jobbörsen-Rangliste Mai 2002, Stand: 21.Juni 2002,

Crusius, M. (2000): Jobs und Spiele, in: Personalwirtschaft, 10/2000, S. 44–47

Detken, K.-O. / Pohl, K. (2000): Personalauswahl online – Das Internet als zeitgemäße Jobbörse, in: Net 6/2000

Doenecke, G. (2000): Abenteuerlustige Cyber Consultants im Kampf um Nouvopolis, in: Frankfurter Allgemeine Zeitung, 01. 07. 2000, Nr. 150, S. V1

Dormann, S. (2001): Personalbeschaffung im E-Zeitalter, in: Personalwirtschaft, Sonderheft 9/2001, S. 20–23

Drosten, M. (2000): Kampf um die Besten, in: Absatzwirtschaft 6/2000, S. 12–18

Eimeren, B. von / Gerhard, H. (2000): ARD/ZDF-Online-Studie 2000: Gebrauchswert entscheidet über Internetnutzung, in: Media Perspektiven 8/2000

Eisele, D. S. (2001): E-Cruiting, in: HR Services 2/2001, S. 42–45

Eisele, D. S. / Horender, U. (1999): Auf der Suche nach den High Potentials, in: Personalwirtschaft 12/1999, S. 27–34

Eisele, D. S. / Kühnlein, S. (2001): E-Cruiting aus der Bewerberperspektive, in: CoPers 3/2001, S. 24–27

Finke, A./ Eckl, M. (2001): Evolution E-Recruitment – Das Internet als Rekrutierungsmedium, in: Hünninghausen, L. (Hrsg.): Die Besten gehen ins Netz; online: http://www.symposion.de/e-recruitment/e-recruit-12.htm (06. 06. 2002)

Frickenschmidt, S. / Görgülü, K. / Jäger, W. (2001): Human-Resources im Internet 2001, Erneuter Vergleich der 100 größten Arbeitgeber Deutschlands, 2. Aufl., Eine Marktstudie der Personalwirtschaft, Neuwied/Kriftel

Frölich-Krummenauer, M. / Bruns, I. (2000): Personalmarketing im Internet, Unternehmenspräsentation zur Ansprache von High Potentials, in: PERSONAL Heft 10/2000, S. 536–542

Fuchs, A. et.al. (2002): Portale für das Personalwesen, in: Personalwirtschaft, 3/2002, S. 82–84

Galensa, H. / Warnecke, V. (2001): Jobbörse Internet, 1001 Top-Adressen. Jobs, Business, Future, BW VERLAG

Grimm, E. / Dohne, V. (2000): Personal ködern im Datenmeer, in: Personalwirtschaft 10/2000, S. 36–42

Grimm, A. / Lehner, H. (2002): Per Mausklick zum Traumjob – E-Recruiting bei Siemens, in: Personal, Heft 05, S. 32 – 36

Gulden, H. (1996): Evaluation von Traineeprogrammen als Alternative zur klassischen Form des Berufeinstiegs; Betrachtung aus Firmen- und Studentensicht. München / Mering

Hesse, J. / Schrader, H. C. (1999): Erfolgreiche Bewerbung und Stellensuche im Internet, Der neue Weg zum Job, EICHBORN

Hofert, S. (2001): Praxismappe für die perfekte Internet-Bewerbung, Frankfurt am Main

Hofert, S. (2001): Online bewerben, Wie Sie sich erfolgreich über das Internet präsentieren, Frankfurt am Main

Hünninghausen. L. von (Hrsg) (2001): Die Besten gehen ins Netz, Report E-Recruitment: Innovative Wege bei der Personalauswahl, SYMPOSION PUBLISHING

Jacoby, A. (2001): Ende des Jobbörsen-Fiebers, in: Frankfurter Allgemeine, hochschul-anzeiger, Zeitschrift für den Fach- und Führungsnachwuchs, Ausgabe 56, Oktober 2001, S. 98–99

Jäger, M. (2001): Controlling des Einsatz von Jobbörsen, in: Personalwirtschaft, Sonderheft 5/2001, S. 30–38

Jäger, U. / Wittenzellner, H. (2000): Rekrutierung über das Internet, in: Personalführung Plus 2/2000

Jäger, W. (2000): Kandidaten meistbietend ersteigern, in: Personalwirtschaft, Sonderheft 5/2000, S. 18–19

Jäger, W. / Krischer, A. / Schuwirth, A. (2000): Human Resources im Internet, Neuwied/Kriftel

Jäger, W. / Straub, R. (2000): Die besten HR-Homepages – Ranking der 100 größten Arbeitgeber, in: Personalwirtschaft, Sonderheft 5/2000, S. 26–32

Jäger, W. / Jäger. M. (2001): Wie E-Business und Internet das Personalmanagement verändern, in: Personalführung, S. 72–74

Jansen, D. (2000): Jobs aus dem Supermarkt, in: Personalwirtschaft, Sonderheft 5/2000, S. 34–37

Karle, R. (2001): The Next Generation, in: Personalwirtschaft, Sonderheft 5/2001, S. 19–20

Karle, R. (2002): Streit um die Reichweite, in: Personalwirtschaft, Sonderheft 6/2002, S. 26–31

Karle, R. (2002): Jobbörsen zeigen Zuversicht, in: Personalwirtschaft, Sonderheft 6/2002, S. 34–35

Kauferstein, M. (2000): Schnelle Antworten durch EDV, in: Personalwirtschaft 7/2000, S. 46–50

Kirchgeorg, M. / Lorbeer, A. (2002): Was erwarten Nachwuchstalente von Arbeitgebern?, in: Personalwirtschaft, Sonderheft 6/2002, S. 6–10

Koch, S. (1999): Stellensuche und Bewerbung im Internet, München

Köhler, K. / Jüde, P. (2000): Electonic Recruiting, in: PERSONAL, Heft 03/2000, S. 152 ff

Köhler, D. / Klug, S. (2000): Stellenm@rkt Internet, Per Mausklick zum neuen Job, Frankfurt am Main

König, W. (2000): Interview zu Rekrutierungsmaßnahmen durch das Angebot von Internet-Spielen, in: Wirtschaftsinformatik Nr. 24 (2000), Sonderheft, S. 134–136

Konege-Grenier, C. (1999): Traineeprogramme: Berufsstart für Hochschulabsolventen, Köln

Konradt, U. / Fischer, P. (2000): Personalm@rketing mit Online-Assessments, in: Personalwirtschaft, Sonderheft 5/2000, S. 45–48

Konstroffer, M. / Westarp, F. von (2002): Karriere per Klick, Pläne, Tricks und Services für die berufliche Zukunft, Frankfurt am Main

Lenbet, A. / Erbeldinger, H.-J. (2001): Jobbörsen im Qualitätstest, in: Personalwirtschaft, Sonderheft 5/2001, S. 8–17

Ludsteck, W. (2001): Bald beginnt der Weg ins Internet an der Steckdose, in: Süddeutsche Zeitung vom 29. 3. 2001, S. 27

Lünendonk GmbH (2002): Marktanalysen – Lünendonk-Listen, online: http://www.luenendonk.de/html/marktanalysen_listen_zeitarbeit.html (23. 06. 2002)

Martin, C. (2000): Schwierige Suche nach dem richtigen Partner, in: Personalwirtschaft 10/2000, S. 56–58

Metzger, Roland / Funk, Christopher (2000): Bewerben im Internet. Stellenangebote und Bewerbungen online, Niedernhausen

Metzger, R. / Funk, C. / Post, K. (2002): Erfolgreich bewerben im Internet, Recherchieren – gewusst wie. Per E-Mail zum Traumjob, Falken

M. I.T newmedia (2001): Siemens rekrutiert High-Potentials über das Web. online: http://www.press1.de/ibot/db/ 945267302668595164 n2.html?s=0 (19. 07. 2001),

NetValue Deutschland GmbH (2002): Deutsche nutzen das Internet zur Karriereplanung, online: http://de.netvalue.com/presse/index_frame. htm?fichier=cp0047.htm (07. 06. 2002)

Nielsen//NetRatings (2002): Monster.de ist die beliebteste private Online-Stellenbörse in Deutschland vom 02. Mai 2002, online: http://www.monster.de/about/presse/mitteilungen/20020205/ (10. 06. 2002)

Nonnast, T. (2001): Umsätze vieler privater Internet-Stellenbörsen sinken -Job-Portale kämpfen ums Überleben-, in: HANDELSBLATT, Montag, 26. November 2001

Olesch, G. (2002): Ganzheitliches E-Cruiting, in: PERSONAL, Heft 05, S. 12 – 15

Püttjer, C. / Schnierda, U. (2001): Die gelungene Online-Bewerbung,Vom ersten Kontakt zum Vorstellungsgespräch, CAMPUS VERLAG

Reggentin-Michaelis, P. (2000): Virtuelle Karriereberatung, in: Personalwirtschaft 1/2000, S. 45–50

Robben, M. (2002): Internetnutzung in Europa – ein Puzzle mit 1000 Teilen?, online: http://www.ecin.de/marktbarometer/europa2 (07. 06. 2002)

Scholz, C. (2002): Die virtuelle Personalabteilung: Stand der Dinge und Perspektiven, in: Personalführung, 2/2002, S. 22–31

Scholl, J. (2000): Jobbörsen erobern die Personalabteilungen, in: Personalwirtschaft, Sonderheft 5/2000, S. 12–16

Schwertfeger, B. (2000): Zustände wie in Hollywood, Onlineheadhunter umwerben Fach- und Führungskräfte mit attraktiven Leistungen, in: Wirtschaftswoche, Nr. 45 / 2. 11. 2000, S. 311–312

Steffens-Duch, S. (2001): Zehn Erfolgsregeln für die HR-Homepage, in: Personalwirtschaft, Sonderheft 5/2001, S. 39–43

Steppan, R. (2001): HR-Portale im Internet: »Mehr als heiße Luft?«, in: Personalführung, 7/2001, S. 78–80

Stutzer, M. (2001): Mietsoftware für effektivere Personalarbeit, in: Personalwirtschaft, Sonderheft 10/2001, S. 23–25

Thiel, M. (2002): Top Ten der Jobbörsen, in: management & training, 6/2002, S. 26–27

TNS EMNID (2002): Studie: Die deutsche Internet-Teilung, online: http://www.emnid.tnsofres.com/index1.html (07. 06. 2002)

Trommsdorf, V. (2000): Personalmarketing im Internet, Die Welt online, Berlin

Viets, B. (2001): Der ideale Job via Internet, Die erfolgreiche Onlinebewerbung, MARKT UND TECHNIK

Vollmer, R. (2002): Bevorzugte Wege bei der Stellensuche, in: PERSONAL, Heft 05/2002, S. 20–22

Wallbrecht, D. / Clasen, R. (1997): Internet für Personalmanager – Nutzer und Anbieter im Netz der Netze, Neuwied/Kriftel/Berlin

Weideneder, M. (2001): Erfahrungsbericht: Personalvermittlung im Internet, in: PERSONAL Heft 7/2001, S. 384–387

Wild. B. / de la Fontaine, A. / Schafsteller, C. (2001): Fishing for Talents : Internet-Recruiting auf neuen Wegen, in: Personalführung, 1/2001, S. 66–70

Wohllaib, N. (2001): Online-Recruiting: Aus dem Kampf der Talente wird nicht selten auch ein Kampf um das richtige Medium, in: VDI-nachrichten, 25. 05. 2001

Jobbörsen

Agenturcafe	http://www.agenturcafe.de/jobs/index.htm
AgraNet	http://www.agranet.de
Agrijob	http://www.agrijob.de
Airport-Job	http://www.airport-job.de
alma mater	http://www.alma-mater.de
Arbeitsamt online	http://www.arbeitsamt.de
ArByte	http://www.arbyte.de
Berufsstart Aktuell	http://www.berufsstart.de
Career-now	http://www.career-now.com
CGE Hotelfachvermittlung	http://www.cge.de
Computer-Job.de	http://www.computer-job.de
Connect	http://www.connectjobs.de
Consultants.de	http://www.consultants.de
fvw Online	http://www.fvw-online.de
Futurestep	http://www.futurestep.com
Gastro	http://http://gastro.de/de/welcome.asp
GFZ-Logistics Airport	http://www.gfz-logistics.de
GULP	http://www.gulp.de
Health-Job Net	http://www.health-job.net
HighText	http://www.ibusiness.de
Hoga-Jobs	http://www.hoga-jobs.de
Hotelberuf	http://www.hotelberuf.de
hotel-career	http://www.hotel-career.de
Hoteljobs 2000	http://www.hoteljobs2000.de
IT-Jobs.de	http://www.it.jobs.de/index.phtml
JobConnect	http://www.jobconnect.cdi.de
jobfair24	http://www.jobfair24.de
Jobline	http://www.jobline.de
Jobmanager24	http://www.multimediajob24.de
Jobmonitor	http://www.jobmonitor.com
Jobpilot	http://www.jobpilot.de
JobRobot	http://www.jobrobot.de
jobs.de	http://www.jobs.de
JobScout24	http://www.jobscout24.de
jobsintown.de	http://www.jobsintown.de
JobTicket	http://www.jobticket.de/index.phtml
JobUniverse	http://www.jobuniverse.de
JobVersum	http://www.jobversum.de
Jobware	http://www.jobware.de

juracafe.de	http://www.juracafe.de
Karriere-Jura	http://www.karriere-jura.de
kliniken.de	http://www.kliniken.de
Landjobs	http://www.landjobs.de
LeadersOnline	http://www.leadersonline.de
mamas.de	http://www.mamas.de
Medienjobs	http://medienjobs.com
medizinische-berufe.de	http://www.medizinische-berufe.de/ jobboerse/view/Home.jsp
Monster	http://www.monster.de
multimedia.de	http://www.multimedia.de/jobs
Salesjob	http://www.salesjob.de
Softwarejob	http://www.softwarejob.de
Sport-Job	http://www.sport-job.de
stellenanzeigen.de	http://www.stellenanzeigen.de
Stellenmarkt.de	http://www.stellenmarkt.de
Stellenmarkt Agrar	http://stellenmarkt.zadi.de
Stellenmarkt AHGZ	http://www.ahgz.de
StepStone	http://www.stepstone.de
StepStone-IT	http://www.stepstone.de/it
Süddeutsche Zeitung	http://anzeigen.sueddeutsche.de/ indexb.html
Tophotel	http://www.tophotel.de
Travel-Job	http://www.travel-job.de/de/default.html
Travelkarriere	http://www.travelkarriere.de
Unicum Karrierezentrum	http://www.unicum.de/impressum/ index_jobs.html
Uni-gateway	http://www.uni-gateway.de
Vereinigung Cockpit e. V.	http://www.vcockpit.de
Verlagsjobs.de	http://www.verlagsjobs.de
Versum.de	http://www.versum.de
Vertriebsjobs	http://www.vertriebs-jobs.de
Vertriebsprofil	http://www.vertriebsprofil.de
Werbeagentur.de	http://www.werbeagentur.de/service/ jobboerse
Worldwidejobs	http://www.worldwidejobs.de
ZEIT-Robot	http://www.jobs.zeit.de/

Unternehmen / Institutionen

ABAKUS	http://www.abakus-zeitarbeit.de
ABB	http://www.abb.com
Adecco	http://www.adecco.de
Alcatel	http://www.alcatel.de
Allianz	http://www.alllianz.de
Allbecon	http://www.allbecon.de
Allzeit	http://www.allzeit2000.de
AMG Zeitarbeit	http://www.amg-zeitarbeit.de
AOK	http://www.aok.de
Audi AG	http://www.audi.com
Aventis AG	http://www.aventis.com
Axel Springer Verlag	http://www.asv.de
Babcock Borsig	http://www.babcockborsig.de
BARMER	http://www.barmer.de
BASF	http://www.basf.de
Bayer	http://www.bayer.de
Beiersdorf AG	http://www.beiersdorf.de
Bertelsmann AG	www.bertelsmann.de
Bindan-Gruppe	http://www.bindan.de
BMW Group	http://www.bmwgroup.com
Brunel	http://www.brunel.de
Carl Zeiss	http://www.zeiss.de
CENIS	http://www.cenis.de
Commerzbank	http://www.commerzbank.de
Continental	http://www.conti-online.com
Crosswater Systems Ltd.	http://www.crosswater-systems.com
CSC Ploenzke	http://www.ploenzke.de
CYQUEST GmbH	http://www.cyquest.de
DaimlerChrysler	http://daimlerchrysler.com
Degussa	http://www.degussa.de
Deutsche Bahn	http://www.bahn.de
Deutsche Bank AG	http://deutsche-bank.de
Deutsche Post AG	http://www.deutschepost.de
Deutsche Telekom	http://www.telekom.de
DIS AG	http://www.dis.ag./welcome.html
Douglas-Gruppe	http://www.douglas-holding.de
Dresdner Bank	http://www.dresdnerbank.de
E-on	http://www.eon.com
Epcos	http://www.epcos.de

E-Plus	http://www.eplus.de
ESG GmbH	http://www.esg-gmbh.de
EXTRA	http://www.extra-personal.de
FAG Kugelfischer	http://www.fag.de/NASApp/Access/index.jsp
FiRe	http://www.fire.de
FLEX Time	http://www.flex-time.de
Ford	http://www.ford.de
Fraport	http://www.fraport.de
Fresenius	http://www.fresenius.de
GPI	http://www.gpi.de
Hapag Lloyd	http://www.hapaglloyd.de/pages/d_index.html
HeidelbergCement	http://www.heidelbergcement.com
Heidelb. Druckmaschinen	http://www.heidelberg.com
Henkel	http://www.henkel.de
Hewlett-Packard	http://www.hewlett-packard.de
Hochtief	http://www.hochtief.de/index_explorer.htm
Hofmann	http://www.hofmann-personalleasing.de
Hypo Vereinsbank	http://www.hypovereinsbank.de
IBM	http://www.ibm.com/de/
Infineon	http://www.infineon.de
Jenoptik	http://www.jenoptik.de
Jobs in time	http://www.jobsintime.de
Jungheinrich	http://www.jungheinrich.com
Just in time	http://www.justintime.de
Karstadt	http://www.karstadt.de
Kaufhof	http://www.galeria-kaufhof.de
Kaufland	http://www.kaufland.de
Keller	http://www.kellergmbh.de
Linde AG	http://www.linde.de
Lufthansa	http://www.lufthansa.de
Mannesmann	http://www.mannesmann.de
Manpower	http://www.manpower.de
meantime	http://www.meantime.de
Merck KGaA	http://www.merck.de
METRO AG	http://www.metro.de
MPS	http://www.mpspersonalservice.de
MS Mitarbeiter Service	http://www.mitarbeiterservice.de
Münchener Rück	http://www.munichre.com
NEXTIME	http://www.nextime.de

Opel	http://www.opel.de
Osram	http://www.osram.de
Otto Versand	http://www.otto.de
Persona service	http://www.persona.de
Personal Direkt	http://www.personal-direkt.de
Personal Springer	http://www.personal-springer.de
Pfizer	http://www.pfizer.de
Philips	http://www.philips.de
Preussag AG	http://www.preussag.de
profi Zeitarbeit	http://www.profi-personal.de
Prosieben-Sat1	http://www.prosiebensat1.com
Quelle Gruppe	http://www.quelle.de
Randstad	http://www.randstad.de
Rheinmetall	http://www.rheinmetall.de
Roche	http://www.roche.de
RWE	http://www.rwe.com
Sachs	http://www.sachs.de
SAP	http://www.sap-ag.de
Schenker	http://www.schenker.de
Schering	http://www.schering.de
Schott Glas	http://www.schott.com
Schwarz Pharma	http://www.schwarz-pharma.de
Shell & DEA Oil GmbH	http://www2.shell.com
Siemens	http://www.siemens.de
Signal Iduna	http://www.signal-iduna.de/1611.html
START Zeitarbeit	http://www.start-nrw.de
Solvay-Gruppe	http://www.solvay.de
Spar	http://www.spar.de
Timecraft	http://www.timecraft.de
ThyssenKrupp Automotive	http://www.thyssenkrupp-automotive.de
Tuja Zeitarbeit	http://www.tuja.de
UPZ	http://www.upz-gmbh.de
Vedior	http://www.vedior.de
Volkswagen	http://www.vw-personal.de
WDR	http://www.wdr.de
WestLB	http://westlb.de
Wüstenrot	http://www1.wuestenrot.de
ZAG Personaldienste	http://www.zag.de
ZDFonline	http://www.zdf.de
Zeitwerk	http://www.zeitwerk-gmbh.de
ZF Friedrichshafen AG	http://www.zf-group.de